NOSTRADAMUS ÉCLAIRCI

OU

NOSTRADAMUS DEVANT Mgr DUPANLOUP

M. L. VEUILLOT ET NOS INTERPRÈTES DE

PROPHÉTIES MODERNES

PAR

H. TORNÉ-CHAVIGNY

Curé de Saint-Denis-du-Pin

Nonobstant que soubs nuée seront comprinses
les intelligences : « Sed quando submovenda
erit ignorantia ; » le cas sera plus esclaircy.
(Nostradamus à son fils César).

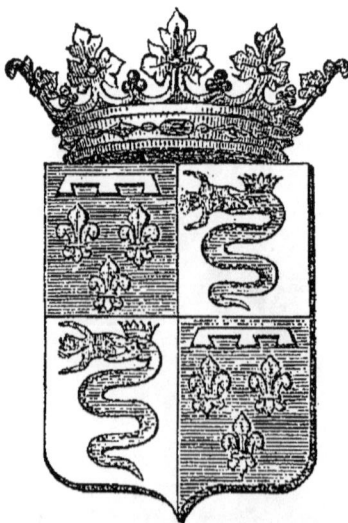

PRIX :

UN FRANC

DROITS

RÉSERVÉS

ARMOIRIES DU DUCHÉ D'ORLÉANS
D'après l'Histoire, l'Apocalypse et Nostradamus.

SAINT-DENIS-DU-PIN

PAR SAINT-JEAN-D'ANGÉLY (CHARENTE-INFÉRIEURE)

1874

NOSTRADAMUS ÉCLAIRCI

Saint-Denis-du-Pin, le 5 juin 1874.

Mon cher Monsieur ABEL GALISSON,

Je devais à ceux qui croient à mon travail d'interprétation des prophéties de Nostradamus de les fixer sur la valeur des attaques dont cet auteur vient d'être l'objet de la part de Mgr Dupanloup et de M. L. Veuillot. Ils seront heureux d'apprendre que j'ai vu l'un et l'autre de ces écrivains, et que le premier m'a autorisé à publier partout qu'il avait parlé de mon travail dans la *Lettre pastorale* sans en connaître quoique ce soit, si ce n'est le titre d'une de mes plus petites brochures, et que le second m'a déclaré qu'il ne connaissait rien de Nostradamus et de mes interprétations quand il a écrit son article *Crédulité*.

Voici comment j'ai obtenu ce double aveu. La *Lettre pastorale*, en date du 23 mars, m'étant parvenue dans les premiers jours d'avril, je mis aussitôt

NOSTRADAMUS DEVANT Mᵍʳ DUPANLOUP

Saint-Denis-du-Pin, le 6 avril 1874.

MONSEIGNEUR,

On voit par votre *Lettre sur les prophéties publiées en ces derniers temps* que vous ne connaissez de mes nombreux ouvrages sur Nostradamus que la brochure de 56 pages in-8° dont vous donnez le titre tout au long : *Portraits prophétiques d'après Nostradamus, ou Napoléon III, Pie IX, Henri V, d'après l'Histoire prédite et jugée par Nostradamus, l'Apocalypse interprétée par Nostradamus, et les Lettres du grand prophète.*

Ce titre indique clairement que ces *Portraits* sont le résumé de ce qui est dit de Napoléon III, Pie IX et Henri V dans mes autres ouvrages, et qu'il faut s'y reporter si l'on veut avoir la preuve que chaque trait a bien été pris dans Nostradamus, et que cet auteur s'en est servi pour dépeindre ces trois personnages. Aussi, avais-je mis en note : « Que le lecteur ne perde pas de vue que ces *Portraits* ne sauraient donner une idée de la prophétie de Nostradamus » (p. 36). Malgré cette note, l'absence de preuves et quelques erreurs d'interprétation vous ont déterminé à mettre les prophéties de Nostradamus au rang de celles qui méritent votre réprobation.

Je vous dirai tout d'abord, Monseigneur, que parmi ceux dont vous avez dit dans votre lettre: *Posuit episcopos regere Ecclesiam Dei*, plusieurs ont approuvé les prophéties de Nostradamus après avoir suivi sur le vieux texte mes interprétations.

En 1858, deux ans avant de rien publier, j'ai montré au cardinal de Bordeaux, mon métropolitain, dans une édition des Centuries vieille de trois siècles, la conspiration d'Orsini et le règne de Napoléon I⁰ʳ. Le cardinal m'a demandé alors de lui apporter mes manuscrits pour les examiner avec soin. Il m'a obligé après à lui donner pour l'empereur une copie de la *Vie de Napoléon III*.

J'ai eu l'honneur de le revoir souvent. Jamais il ne m'a reproché d'avoir mis ces mots en tête de mon prospectus : « Un prince de l'Eglise me disait après vingt minutes d'un premier entretien : Je suis plus convaincu que vous ne paraissez l'être. » Ce prospectus a paru le 28 novembre 1860. On y lit que la révolution italienne sous deux chefs distincts, V. Emmanuel et Garibaldi, s'emparera de Venise et de Rome.

Mon évêque, Mᵍʳ Landriot, me demandait chacun de mes ouvrages au fur et à mesure qu'ils paraissaient à Bordeaux. En lui remettant le premier, je lui ai cité un trait de l'histoire de Pompée pour expliquer comment j'avais cru devoir ne pas lui demander la permission de le faire imprimer (1). Il m'approuva fort et jamais il ne m'a rappelé les statuts diocésains qui exigent l'*imprimatur*.

Son successeur, Mᵍʳ Thomas, ne me les a rappelés qu'en 1872, après m'avoir laissé publier plusieurs autres ouvrages sur Nostradamus. J'ai été trouver alors le Nonce, à Paris, pour savoir s'il ne vallait pas mieux continuer à endosser seul la responsabilité de mes publications. Je commençai par expliquer Nostradamus à Mᵍʳ Capri puis au Nonce lui-même. Après je posai la question de l'*imprimatur*. Le Nonce me conseilla de voir l'évêque de Poitiers qui demanderait, espérait-il, à mon évêque de me laisser agir comme par le passé.

J'appris à Poitiers que Mᵍʳ Pie était en voyage. Je poussai alors jusqu'à Bordeaux où le Cardinal m'invita à parler de la prophétie devant ses hôtes, l'archevêque d'Avignon et l'évêque de Limoges. Je leur montrai, entre autres choses, les passages de mes *Almanachs du grand prophète Nostradamus pour 1872* et *1873*, où j'avais affirmé que les quatrains où on lit : « ... de Bourgoing... ambassadeur non plaisant, fera schisme, » allaient s'accomplir. M. de Bourgoing n'a été nommé ambassadeur qu'après la publication du premier de ces almanachs, en 1871, et il n'a rompu avec son gouvernement qu'après la publication du second, en 1872.

Je parlai après de l'*imprimatur*. On m'approuva de ne l'avoir jamais demandé. L'archevêque d'Avignon me dit même : « Si l'on veut vous y soumettre, faites imprimer dans mon diocèse. » Le Cardinal ajouta : « Parfois il faut savoir prendre seul la responsabilité de certaines publications. » En me présentant à ses collègues, Son Eminence avait dit : « Ce prêtre m'a remis ces mots pour l'empereur, en 1858 : « Napoléon III deviendra contraire au pouvoir » temporel de Pie IX, il suscitera des troubles qui causeront la ruine de cette » monarchie; V. Emmanuel, favorable aux idées des rouges, s'emparera des » états de l'Eglise ; les traîtres s'avanceront dans l'ombre. » — Pouvais-je demander l'*imprimatur* pour des choses de ce genre? Et un évêque pouvait-il laisser sous le boisseau une pareille lumière en refusant l'*imprimatur* ?

---

(1) Pompée se promenait en haute mer avec les triumvirs, ses ennemis ; le pilote lui dit à l'oreille: Veux-tu que je les jette à la mer ? — Misérable, reprit Pompée, il fallait le faire sans demander la permission. Je suis forcé de te dire : Non.

Le Cardinal de Bordeaux m'a reçu à Rome en 1867, et m'a adressé aux RR. PP. Jaendel et Rubillon qui ont écouté mes interprétations et m'ont interrogé. Le cardinal Antonelli m'a reçu seul et a terminé notre long entretien par ces mots : « Mon cher, vous avez su les évènements de l'avenir dès 1858 par la prophétie ; nous, nous ne les avons sus que depuis 1850 et seulement par prévisions ; mais nos prévisions ne nous tromperont pas plus que vos prophéties. Nous sommes perdus. »

Mes livres étaient connus à Rome depuis 1860. Outre les exemplaires complets qui m'avaient été demandés directement et ceux qui avaient été pris chez mes dépositaires, un avait été vendu, en 1862, par M. Mazeau, libraire de Nantes, à un prélat romain : « C'est pour le Saint-Père, lui avait dit ce prélat ; Pie IX veut se faire rendre compte des ouvrages de l'abbé Torné. »

Quand Pie IX a dit le 9 avril 1872, ainsi que vous le rapportez : « Les prophéties produites *récemment* ne méritent pas l'honneur d'être lues », il n'avait pas en vue les vieilles prophéties de Nostradamus et mes interprétations données *14 ans auparavant,* à une époque où personne ne pouvait prévoir les évènements qui ont suivi. En 1858 vous n'auriez pas dit de mes interprétations ce que vous avez publié dans votre *Lettre sur les prophéties :* « Les époques » troublées, comme la nôtre, sont ordinairement témoins et causes de pro- » phéties... Lorsque de grandes commotions politiques et sociales ont ébranlé » les esprits, quand des calamités inaccoutumées se sont abattues sur un peu- » ple, quand des révolutions profondes ont secoué une nation jusque dans ses » fondements, les imaginations émues entrent en travail ; elles cherchent à » percer l'obscurité des évènements, à entrevoir le mystérieux inconnu que » recèle l'avenir, à découvrir enfin quel sera le salut et le sauveur qu'on » attend. » J'étais seul en 1858 à interpréter des prophéties, et l'on ne me demandait ni d'où viendrait le salut ni quel serait le sauveur.

Je m'étais rencontré à faire le voyage de Rome avec mon ancien évêque, Mgr Landriot, et une foule d'évêques et de prêtres. Mgr Landriot m'appela à haute voix *prophète* pour me faire parler de Nostradamus. Ce fut un des plus éclatants triomphes de Nostradamus. Mgr de Tulle me fixa l'endroit et l'heure où je reprendrais mes interprétations au milieu des évêques. A l'heure fixée, il vint me dire, au nom de ses collègues, qu'on ne pouvait traiter publiquement cette question. On le comprend, je leur avait déjà annoncé que V. Emmanuel, à l'instigation de Napoléon III, s'emparerait de Rome. « Venez nous voir dans nos évêchés, ajouta Mgr de Tulle, nous vous écouterons. » C'était me confirmer dans la pensée que je devais longtemps encore prendre seul la responsabilité de mes interprétations. Plus libres les évêques étrangers de Babylone et de Cincinnati me questionnèrent longtemps.

J'ai vu des évêques français chez eux, et ils m'ont écouté. Si je ne vous ai pas vu encore, Monseigneur, ce n'est pas faute d'avoir frappé à votre porte. Dès 1860, je me suis présenté à l'évêché d'Orléans. Un grand vicaire m'a dit que vos occupations vous empêchaient de me recevoir. En 1871, j'ai été à votre domicile à Versailles. Pour être admis cette fois, je m'étais muni d'une carte de M. de la Rochette, qui me l'avait donnée à cet effet. Vous étiez sorti. Un grand vicaire me reçut. — Il partit d'un grand éclat de rire quand il sut le but de ma visite. — On ne parle pas de prophéties à l'évêque d'Orléans, me dit-il. — Ces prophéties sont de Nostradamus, repris-je. Le rire devint alors des plus gros. — C'est ainsi qu'on me reçoit assez souvent, ajoutai-je, quand pour la première fois on m'entend prononcer le nom de Nostradamus. Mais si l'on veut bien m'entendre pendant cinq minutes, on m'interroge après durant des heures.

Le grand vicaire m'accorda ces cinq minutes. Elles n'étaient pas finies que déjà commençait une série interminable de questions. Après être restés longtemps au salon, il fallut faire une longue promenade dans le jardin ; et quand je voulus aller attendre sur la route l'omnibus qui devait me conduire à l'à s-

semblée, on refusa de me quitter. La voiture parut enfin. Tandis que je me
hâtais vers elle, le grand vicaire courait après moi, me résumant, disait-il,
mes prophéties pour les rapporter à Votre Grandeur. Je l'entendis prononcer
une dernière fois le nom de Nostradamus quand la voiture m'emporta. Une
heure après nous nous retrouvions dans une loge de l'assemblée. Il m'indiqua
votre place et je vous aperçus. Comme il m'assura que je ne pourrais vous
aborder à la sortie, je partis avec le regret de ne vous avoir pas prouvé que
Henri V est bien « le Roy blanc » de Nostradamus.

Le regret a été plus grand encore quand je lus votre lettre à Henri V où
vous lui demandez de prendre le drapeau tricolore. Vous avez dit trop tard au
baron de Charette qui me l'a rapporté à la fin de 1872 : « Je voudrais bien
voir l'abbé Torné. »

Monseigneur, j'aurai l'honneur de vous voir à Orléans la semaine prochaine,
mardi 14 avril, à moins que vous ne préfériez un autre lieu et un autre jour.
Rien ne m'empêchera d'aller demander à votre conscience de réparer le mal
que vous avez fait à une vraie prophétie. Bien des passages de votre lettre fe-
raient traiter Jeanne d'Arc de visionnaire si l'on ne savait que vous demandez
sa canonisation et que dans de nombreux panégyriques vous l'avez nommée
le salut de la France.

Chose étrange, le chapitre LA LUMIÈRE SE FAIT de ma nouvelle *Lettre du
grand Prophète,* LE ROY BLANC ET LA FUSION, déposée le 27 mars, porte la date
du 23 mars, comme votre *Lettre sur les prophéties.* Chose plus étrange,
le 23 mars, je parlais de vous dans ce chapitre quand vous parliez de moi
dans votre lettre. Je disais :

« Le 15 septembre 1862 (jour de la célèbre convention), j'ai fait le dépôt légal de la photographie de NOSTRADAMUS ÉCRIVANT L'HISTOIRE PRÉDITE ET JUGÉE. Le tableau renferme les portraits
de personnes (mortes ou vivantes) qui figurent dans la prophétie. Henri V est là avec l'écharpe
blanche comme Henri IV. Il est au rang des souverains, mais après Napoléon IV. Là se trouvent
aussi Mac-Mahon, l'impératrice, le prince Napoléon, Garibaldi, V. Emmanuel, Cialdini, Pie IX,
Mgr Dupanloup et le traducteur. Je nommais dès lors ces neuf personnes en affirmant qu'elles sur-
vivraient à Napoléon III. Les ayant vues sous des expressions caractéristiques dans des passages
déjà accomplis, je pus affirmer, d'après le grand secret d'interprétation, qu'elles accompliraient
d'autres passages pour un avenir éloigné où l'on retrouve ces mêmes expressions. Qui oserait promettre à une personne vingt-quatre heures de vie ! Et pourtant je promettais des années de vie à
la fois à 12 personnes si nous comptons Napoléon III, Napoléon IV et Henri V. »

Après avoir écrit ces autres affirmations dans LE ROY BLANC : « Pour obéir à
» Dieu — je l'ai déclaré dans ma première publication en 1860 — j'ai tenu de
» court la traduction prophétique durant 14 ans; pour lui obéir encore je
» vais changer », je me demandais quel moyen je pourrais bien prendre pour
poser au public la question prophétique. Ne trouvant rien, j'écrivis il y a huit
jours, au directeur du *Journal de Florence* de vouloir lui-même appeler la
presse de Paris à m'écouter parler de la prophétie durant le courant de ce
mois. Bien que le directeur eût approuvé un peu auparavant ma détermination d'aller entretenir de la prophétie les journalistes de toute opinion politique et religieuse, je supposais qu'il me dirait ne pouvoir rien à cet égard pas
plus que moi. Le lendemain du jour où je lui fis cette demande, son journal
m'apporta un fragment de votre lettre, ce qui posait la question à la fois devant le journalisme et devant l'Église.

« *Dieu seul a tout conduit* », puis-je dire encore comme à Mgr de la Rochelle, il y a quelques semaines.

Au mois d'octobre, Sa Grandeur avait parlé de nouveau de me soumettre à
l'*imprimatur.* Cette fois, pour en finir, je demandai au directeur du *Journal
de Florence* s'il était autorisé à publier ce que je pourrais lui envoyer. Il me
sert sa feuille gratuitement « par sympathie » depuis deux ans. La réponse
m'arriva sur le journal même :

« Le Rév. Torné, curé de Saint-Denis-du-Pin, par une lettre du 16 octobre, nous annonce des
communications intéressantes que nous publierons avec plaisir. »

Je lui adressai sous forme de lettre coup sur coup, NOSTRADAMUS ET SON INTERPRÈTE, LES PRÉSAGES DE LA FRANCE, CONVERSATION PROPHÉTIQUE SUR LA FUSION, HENRI V A BALE, etc. Il mit en tête de ma première lettre ces mots :

« Cette lettre est du 26 octobre, c'est-à-dire antérieure à la publication du manifeste de M. le comte de Chambord. Eh bien! déjà à cette date, M. Torné sous l'impression de ses études sur les prédictions de Nostradamus, prévoyait l'issue malheureuse de négociations dont le succès semblait complètement assuré. »

A cette époque, Monseigneur, vous veniez d'écrire à votre clergé une lettre où vous annonciez que les princes dont Dieu se sert pour sauver les peuples savent, malgré des déclarations antérieures, se plier aux exigences légitimes de leur époque.

« Aujourd'hui que les idées de fusion reviennent sur l'eau, vous écrivez quelque chose d'approchant dans votre *Lettre sur les prophéties*. Plusieurs croiront que c'est le seul motif qui vous a porté à traiter ce sujet. Vous dites : « Les appuis humains sur lesquels nous devions le plus compter nous man- » quent (Nostradamus fait parler ainsi les princes d'Orléans dans LE ROY » BLANC ET LA FUSION). Tout instrument de la Providence a le devoir de » répondre à sa mission (« J'ai mission », a dit Henri V dans sa lettre de » Saltzbourg) étudiée dans la lumière et la sagesse de Dieu, et non dans les » illusions si faciles du jugement personnel, sinon Dieu le rejette ; car nul ne » lui est nécessaire. L'histoire des individus comme celle des peuples est » pleine de ces exemples... Sans recourir à de vains et suspects oracles, les » hommes peuvent trouver dans l'histoire de leurs pères et dans les souvenirs » du passé les secrets de la Providence et les espérances de l'avenir. »

Ces derniers mots terminent votre lettre. Ils nous rappellent en ce temps de République, que nos pères ont su où trouver *la meilleure des républiques*. LE ROY BLANC ET LA FUSION ou PRÉSENT ET AVENIR *par Nostradamus*, dit que les choses ne se passeront pas comme en 1830. On devait verser des larmes sur l'orléanisme ou moment où l'on s'occuperait du traducteur, disais-je, dans LE ROY BLANC ET LA FUSION.

Le *Journal de Florence*, ÉCHOS DE ROME, auquel sont abonnés Pie IX et Henri V, d'après ce qu'il a publié, a vu avec peine que vous traitiez mon travail comme la brochure dont vous donnez également le titre : *Au 17 février* LE GRAND AVÉNEMENT !! PRÉCÉDÉ D'UN GRAND PRODIGE !!!

« Qu'on veuille nous permettre d'insister, dit-il, sur les très-graves et très-sages observations de Mgr Dupanloup... Le JOURNAL DE FLORENCE insérait dès le 24 janvier une longue lettre de M. Torné où tout l'édifice prophétique élevé par M. Parisot, dans son livre ayant pour titre : LE 17 FÉVRIER LE GRAND AVÉNEMENT, PRÉCÉDÉ D'UN GRAND PRODIGE, était sapé dans ses fondements. »

Le lendemain, il publia sous le titre ECLAIRCISSEMENTS, un long article dont voici le commencement et la fin :

« La société chrétienne ne périra pas par un excès d'amour pour les études sacrées. C'est bien plutôt l'excès contraire qui nous expose aux justes châtiments de Dieu. Nous avons applaudi à l'éloquente pastorale de l'évêque d'Orléans parce qu'il venait arracher des mains des fidèles un nombre de recueils d'oracles apocryphes ou mal interprétés dont chaque page contredit l'autre...
» Que la génération actuelle, déjà si coupable envers le Saint-Esprit, n'ajoute pas à la série de ses crimes cet outrage suprême de mépriser les avertissements qu'il a toujours daigné et qu'il daigne encore nous envoyer par les prophètes. »

Voici comment ce journal parlait des prophéties de Nostradamus, le 10 décembre :

« Ce n'est pas à la légère que nous avons donné l'hospitalité dans le JOURNAL DE FLORENCE aux travaux de M. Torné ; c'est après nous être assurés par la lecture des publications précédentes de M. Torné sur Nostradamus qu'il avait rencontré juste mainte et mainte fois, en appliquant à des faits qui étaient en dehors de toute prévision humaine, des présages écrits des siècles à l'avance. »

J'ose espérer, Monseigneur, que vous ne refuserez pas de m'entendre après avoir dénoncé mes publications à la réprobation publique. Dans cette attente, je vous prie d'agréer l'assurance du profond respect avec lequel je me dis,

de Votre Grandeur,

le très-humble et très-obéissant serviteur,

H. TORNÉ.

La réponse à cette lettre du 6 avril m'arriva le 7 sur une *Carte postale :*

« Ne prenez pas la peine, monsieur le Curé, de venir, le 14, à Orléans. Vous n'y trouveriez pas Mgr qui est parti hier pour un voyage.

P. G., Vicaire général. »

Cette réponse n'était pas complète, car j'avais dit :

« Monseigneur, j'aurai l'honneur de vous voir à Orléans la semaine prochaine, mardi 14 avril, à moins que vous ne préfériez un autre lieu et un autre jour. Rien ne m'empêchera d'aller demander à votre conscience, de réparer le mal que vous avez fait à une vraie prophétie. »

Je me rendis à Orléans, le 14 avril, pour savoir le jour et le lieu où il me serait permis de voir Mgr Dupanloup. Un homme âgé, tout dévoué à Nostradamus et à son traducteur, m'accompagnait. Un vicaire général échangea rapidement ces paroles avec moi au bas d'un escalier où je le rencontrai : — On ne parle pas de prophéties à l'évêque d'Orléans. — Voulez-vous me permettre de vous gagner vous-même à la cause de Nostradamus comme j'ai fait de votre collègue, M. Lagrange qui m'avait dit, lui aussi, à Versailles : On ne parle pas de prophéties à l'évêque d'Orléans ! — C'est inutile. Si, pour vous être agréable, je vous laissais parler de ce prétendu prophète, je me poserais dans le même temps quelque problème d'algèbre pour ne pas me prêter à votre expérience. — J'admire votre franchise. Vous n'êtes pas tenu de m'entendre, car vous ne m'avez pas attaqué publiquement. Il en est autrement de Monseigneur que j'aurais l'honneur de voir à Paris, à son retour de Rome.

Le 6 mai, je fis tirer à 5,000 exemplaires le prospectus *Aux amis et aux ennemis de Nostradamus* où vous avez lu ces mots :

« J'attends à Paris l'occasion de faire partager à Mgr d'Orléans la manière de voir de tous ceux qui, dans l'Église et dans le monde m'ont entendu. »

Qui donc me poussa à vous annoncer, vingt-quatre heures après cette déclaration publique et formelle, que je partirais, le lendemain 8 mai, pour Orléans ! Je savais bien que Mgr Dupanloup se trouverait dans sa ville épiscopale pour la grande fête de Jeanne d'Arc, mais il y avait lieu de croire que ce jour-là il n'aurait pas un moment pour m'entendre parler de Nostradamus. Vous m'avez donné cette raison et bien d'autres, en me suppliant de revenir sur ma brusque détermination jusqu'au moment où le train m'emporta devant vous pour Orléans.

Je courais à mon insu vers un objet inconnu de moi, que je ne pouvais voir peut-être que ce jour-là, et seulement dans la cathédrale d'Orléans. O Monseigneur d'Orléans, je n'oublierai jamais que c'est à vous que je dois d'avoir vu dans votre cathédrale le duc d'Orléans de 1820, sous les traits d'un serpent, pour la meilleure confirmation de ma double interprétation des prophéties de Nostradamus et de St. Jean. Je dirai, au monde entier l'immense service que votre lettre contre *Nostradamus* et l'*Apocalypse interprétée par Nostradamus* a rendu à ces deux ouvrages, en me fournissant l'occasion de découvrir, une heure avant de vous aborder pour la première fois, que le serpent de l'Apocalypse et des Centuries est bien, ainsi que je l'avais publié depuis des années, le duc d'Orléans de 1820.

A 6 heures, je demandai M l'abbé Lagrange au portier de l'évêché d'Orléans. — Depuis ce matin tout est en l'air, me dit-il : on ne sait où prendre ces messieurs. Traversez la pièce que vous avez en face, tournez à gauche et questionnez les uns et les autres.

Dans la pièce, une personne vint à moi, en me disant : « Nostradamus est coulé pour toujours. Vous m'aviez annoncé à Versailles que l'Empereur mourrait à Biarritz. » M. Lagrange me dévoilait ainsi une des causes de la sortie de Monseigneur contre Nostradamus et son traducteur. Les plus incrédules avaient été frappés de voir dans le vieux livre ces mots : « Entre Bayonne et à Saint Jean de Lux Sera posé de Mars le promontoire, Puis suffocqué au lict sans adjutoire » et d'entendre l'application que j'en faisais à l'avance à la mort de l'Empereur. Mais après l'événement, on ne voulait plus regarder le texte, ni entendre la rectification de mon interprétation.

— Cette mort est le triomphe du prophète et de son traducteur, dis-je à M. Lagrange, et vous allez en convenir. L'erreur m'est personnelle, le prophète l'avait annoncée et je comptais bien la commettre puisque je disais dans mon *Almanach pour 1873*, publié le 8 novembre 1872, deux mois avant l'événement du 9 janvier 1873 (p. 177) :

« On reconnaitra que l'époque de la mort de Napoléon (III) est un secret augure pour le traducteur (XVII). »

Vous le lisez vous-même et vous voyez que c'est l'interprétation que je donnais à ces mots de Nostradamus :

(III. XVII)

Secret augure pour à un estre parque.

Ces mots surmontés des chiffres III et XVII que j'emploie partout pour Napoléon III et le traducteur ou la prophétie, disaient donc que Napoléon III, dont la vie ne tenait plus qu'à un fil, aurait sa mort avancée par une opération, qu'on le livrerait à la Parque en coupant ce fil, et qu'on saurait alors que l'augure sur sa mort était resté secret même pour le traducteur. Voici maintenant cet augure dans les quatrains où je vous avais montré l'événement, cette même *Réédition des Centuries* en main :

(III)

Entre Bayonne et à Saint-Jean-de-Lux
Sera posé de Mars le promontoire,
Aux Hanix d'Aquilon Nanar hostera lux,
Puis suffocqué au lict sans adjutoire.   VIII. 85.

Je vous disais : « Napoléon III a bâti la villa Eugénie sur le promontoire de Biarritz, entre Bayonne et Saint-Jean-de-Luz. Il s'y rend pour respirer la brise de la mer quand l'aquilon est sans souffle dans les villes. Il y mène la vie de Mars avec Vénus ; une prostituée l'y tuera. » J'avais fixé le sens de ces vers dans cette même *Réédition* (p. 48): « En grec, *Aniscus*, sans force ; *Nanaris*, femme prostituée ; en latin, *Lux*, lumière (la vie). »

Après avoir parlé de la vie que Napoléon III menait à Biarritz, le prophète emploie le mot « puis » qui veut dire *après, plus tard*. La cause est posée, l'effet suivra dans un avenir plus ou moins long. Toute mon erreur est de n'avoir pas tenu compte de ce petit mot. J'ai confondu ainsi le présent et l'avenir, Biarritz et Chislehurst. Les médecins déclarent avec moi que son état d'épuisement rendait l'opération impossible. Lisez ces lignes du docteur Constantin James :

« *Les Causes de la mort de l'Empereur* (p. 12) : « L'Empereur se trouvait dans des conditions de santé trop déplorables pour supporter l'épreuve du chloroforme, les inhalations devant nécessairement converger vers la partie fêlée. Toute maladie du cœur ou du poumon, par cela seul qu'elle prédispose à la syncope, ajoute aux dangers de la chloroformisation... (p. 10) Le chloroforme menace de *suffocation*. »

Mort suffoqué au lit sans qu'on ait pu le sortir de cette suffocation, Napoléon III a bien accompli ce vers : « Puis suffocqué au lict sans adjutoire (*Adjutorium*, secours). » Il a aussi accompli cet autre, où je vous l'avais montré frappé d'un coup de poignard :

(III)

Mars frappé par la gravée branche.   IV. 33.

Lisez ce que dit encore le Dr Constantin James (p. 25) :

« Le brise pierre est formé de deux branches, et grâce à une échelle *gravée* sur la plus longue *branche*, on connaît la grosseur du calcul. »

Celui qui avait été « Mars entre Bayonne et à Saint-Jean-de-Lux » et qui mourut « suffocqué au lict sans adjutoire, » ayant été trop endormi par le chloroforme, n'avait pu indiquer aux hommes de l'art le danger de leurs manœuvres. Il a été *frappé par la branche* la plus longue du brise-pierre, celle qui a l'échelle *gravée*.

Les premiers vers de ce quatrain annonçaient que lors de la pleine lune qui suivrait de près cet événement, Jupiter aurait moins d'influence sur la Lune que sur Vénus dans le signe des Poissons. Ce phénomène météorologique a eu lieu le 13 janvier 1873, à 4 h. 32. Comme il ne se reproduit pas deux fois tous les trois cents ans, il marquait bien l'époque de l'événement du 9 janvier 1873. Le 13, l'Empereur était exposé dans l'état décrit par le prophète :

(III)

Quand on viendra le grand Roy parenter,
Avant qu'il ayt du tout l'âme rendue,
On le verra bientost apparenter,
D'aigles, lions, croix, couronne vendue.   vi. 71.

Je vous avais encore interprété ce quatrain de la mort de Napoléon III ; ne l'y voyez vous pas aujourd'hui ?

« Quand on viendra, au sujet de Napoléon III, du vivant de son fils, devancer des funérailles que la mort naturelle préparait pour un jour prochain (*Parentare*, faire les funérailles d'un père. W.), on le verra bientôt exposé en apparat avec ses aigles, ses vêtements militaires, ses médailles rappelant les batailles gagnées, ses croix et sa couronne que la France aura eu à racheter de l'ennemi. (*Apparaté*, avec apparat. W. Le *lion* est pour un *guerrier* dans des quatrains).

Nostradamus aurait pu fixer l'époque de l'événement en donnant la position d'un autre astre que Vénus dans le signe des Poissons. Mais il a dit : « Vénus cachée sous la blancheur Neptune, De Mars frappé par la gravée branche » pour fixer et la cause et le lieu de cette mort. A Biarritz, « Mars » regardait baigner « Vénus », déesse qui naquit de l'écume de la mer ; en Angleterre, il voyait sur les monnaies « le grand Neptune » des quatrains que j'avais surmontés du chiffre III, ayant cru y trouver Napoléon III et l'Angleterre (III. 1, II. 78), comme dans 2 présages sur Chislehurst où le mot « Neptune » est 2 fois pour l'Angleterre (XII, XXXIX).

Les présages s'accomplissent mois pour mois. Je vous avais dit qu'ils sont « sur le moment actuel (*Réédition*, p. XXII) » et que celui-ci était sur la mort de l'Empereur :

Janvier.

... trespas du tyran...

Ainsi, dans des quatrains et présages que je vous avais interprétés de cette mort, je vous montre le mois, l'année, le lieu, la

maladie des reins, le brise-pierre, la suffocation, l'exposition en
apparat, n'est-ce pas assez pour vous redonner foi en Nostradamus, et faut-il vous faire bien voir plus expressément encore dans
cet auteur le chloroforme ! — Voyons, dit M. Lagrange qui avait
lu et le texte de Nostradamus et le texte des *Causes de la mort
de l'Empereur* pendant que je lui donnais les explications précédentes :

(III)

..... timide,
Par trop bon doux à mourir provoqué,
Crainte esteinte la nuict de sa mort guide.   X. 11.

Timide en face de la douleur, Napoléon III a pris un moyen *par
trop bon pour l'adoucir*, ce qui l'a *provoqué à mourir*. La *crainte
éteinte* du contact du brise-pierre (« la gravée branche ») a été le
guide de sa mort dans *la nuit* du labyrinthe. Le Dr Constantin
James justifie mon interprétation entrevue du quatrain :

« Le chloroforme est très-rarement employé dans la lithrotitie. C'est qu'il
est bon que les malades aient la conscience de leurs sensations pendant les
manœuvres de l'instrument à la recherche de la pierre. Elles servent à
guider la main du chirurgien. »

Le prophète a d'autres détails tout aussi précis sur cette mort.
Mais je m'arrête, sûr que vous ne répéterez plus : Nostradamus est
coulé. Oui, dit M. Lagrange, mais un traducteur prédit ne doit pas
se tromper.—Pas même, n'est-ce pas, quand il traduit les passages
sur le fait que le prophète a déclaré ne devoir pas être compris
de son traducteur ? — Non, mais pourquoi ne s'est-il pas exprimé
là de façon à être compris de vous ? — Pour sauvegarder la liberté
de chacun. On ne donne plus alors une foi absolue à toutes les
parties de l'interprétation d'une prophétie qui n'a bien qu' « un
seul sens et unique intelligence », mais qui présente un « sens
perplexe, œnigmatique » jusqu'au jour de son accomplissement.
L'Empereur savait qu'il serait « Mars suffocqué au lict, Mars frappé
par la gravée branche », et pourtant il se faisait opérer en justifiant cet autre passage de la prophétie :

(III)

..... tyran trouvé mort au lict...
Qui n'avoit peur mourir de cruelle mort.   II. 42.

Il comptait, ainsi que moi, qu'il reprendrait le pouvoir pour accomplir les 2 derniers vers de ce quatrain :

(III)

Par le decide de deux choses bastards,
Neveu du sang occupera le règne,
Dedans lectoyré seront les coups de dards,
Neveu par peur pliera l'enseigne.   VIII. 43.

Ce quatrain appartient à un récit où vous voyez au règne « le chef d'Orléans avare et l'Ogmion » ou l'Hercule des monnaies de la République française. Par la chute (en latin, *Decido*) des deux gouvernements illégitimes de L. Philippe et de la République de 1848, le neveu de Napoléon Ier (neveu par un frère) s'emparera du trône. A la fin il pliera l'enseigne, parce qu'il y aura eu des coups de dards dans le lit (en latin, *lecto*).

Je croyais donc que Napoléon III, « suffoqué au lict, trouvé mort au lict, » aurait reçu des coups de dards, ce qui me paraissait être aussi la « gravée branche (poignard: *lourd*, en latin *gravis*). » Il n'y a rien eu de semblable. Mais le neveu a bien replié l'enseigne à Sedan, il faut alors reconnaître qu'une des causes de la capitulation a justifié ces mots : « Dedans lectoyre seront les coups de dards. » Le Dr Constantin James me tire encore d'embarras (p. 26 et 33) :

« De là des douleurs lancinantes (*lancea*, dard: W.) et des spasmes pendant lesquels la vessie se blessera elle-même en se contractant sur la pierre... Je tiens de source certaine que, pendant les deux jours qui ont précédé la bataille de Sedan, l'Empereur urinait du sang presque pur. Et pourtant il est resté à cheval cinq heures de suite pendant la bataille, sans proférer une seule plainte ! »

Je viens de Paris ; le *Pays*, le *Gaulois*, l'*Ordre*, c'est-à-dire les journaux de l'Empire, m'ont entendu comme M. Ravelet du *Monde*, M. Poujoulat de l'*Union*, M. Bourgeois de la *Gazette*, comme la *Semaine religieuse* du diocèse de Paris, comme des professeurs du grand séminaire de St-Sulpice, tous les professeurs, le supérieur en tête, du grand séminaire du Saint-Esprit, comme cinq chevau-légers, des généraux, des préfets, etc., personne ne se lassait de m'entendre démontrer par le passé, que Nostradamus a bien connu l'avenir, et tous après m'interrogeaient sur ce qui va avoir lieu. — Je ferai comme eux, dit M. Lagrange. — Je n'ai pourtant pas été heureux au sujet du « secret augure pour à un estre parque. » — C'est égal. Que va-t-il arriver ? — Dans ce mois-ci, en mai, dès les premières séances de l'assemblée, les chevau-légers, les radicaux et les bonapartistes renverseront M. de Broglie, le peuple souverain se retournera vers le prince impérial, et l'on ne doutera plus de la résurrection de l'Empire. — C'est impossible. — J'ai annoncé des faits plus invraisemblables et qui se sont accomplis, lui dis-je. Regardez cette photographie que je vous ai montrée à Versailles en 1871.

Il y vit Mac-Mahon, placé immédiatement à la suite des souverains, Napoléon IV entre Napoléon III et Henri V, Mgr Dupanloup dont la joue touche l'écharpe blanche de ce Roi. --- Les personnes que je vous nommais alors et que je nomme depuis 1862, année où j'ai fait le dépôt de cette photographie, comme devant être témoins

de l'accomplissement de ces mots: « Mars suffocqué au lict, etc. »,
vivent toujours. — Revenez à huit heures, me dit M. Lagrange,
Monseigneur vous recevra aussitôt son dîner.

C'est alors que je me rendis à la cathédrale d'Orléans où l'orléanisme est représenté sous le symbole du serpent de l'Apocalypse
et de Nostradamus. Quand je revins à l'évêché, je connus que
Nostradamus n'avait pas cessé d'être devant Mgr d'Orléans depuis
la lecture de ma lettre du 6 avril. Les mots de *Biarritz* et de *Nostradamus* percèrent plusieurs fois la cloison qui me séparait des
convives et parvinrent bruyamment à mon oreille.

La porte s'ouvrit; Mgr Dupanloup, précédant de quelques pas le
personnel de son évêché et un ou deux laïques, vint à moi. Je
courus à sa rencontre et je tombai à ses pieds pour baiser son
anneau ; car c'était bien l'évêque que j'abordai. Il retira sa main et
me dit : Que me voulez-vous, monsieur ? — Vous parler de Nostradamus, monseigneur, dis-je en me relevant. — Je ne veux rien
connaître de lui. — Ma petite brochure, dont vous avez cité le
titre, a dû pourtant vous le faire connaître un peu. — Non, je ne
connais de votre brochure que le titre. — M'autorisez-vous, monseigneur, à dire que vous avez condamné Nostradamus et mes interprétations, en ne connaissant que le titre d'une de mes plus
petites brochures ? — Oui, monsieur. — Vous m'autorisez, monseigneur, à publier partout que vous avez condamné Nostradamus
et mes interprétations, en ne connaissant que le titre d'une de mes
plus petites brochures ? — Oui, monsieur ; à l'honneur de vous
revoir. — Monseigneur, accep erez-vous cette lettre du général
de Cathelineau au sujet de mes publications ? — Non, monsieur.

J'allai droit à M. Lagrange qui me prit par le bras pour m'ac-
compagner jusqu'à la rue. Au milieu d'un corridor fort étroit, il me
demanda la lettre du général de Cathelineau. Il lut tout le prospectus où elle figure. Et comme il est parlé là aussi de mon entrevue avec M. L. Veuillot, contre qui il était en guerre dans le
moment même, il me demanda comment les choses s'étaient
passées. Sur ce que je lui appris, il me répondit : Pourtant il ne
se déjuge jamais.

Durant ce temps, Mgr Dupanloup passa seul auprès de nous et
entra chez un ecclésiastique. Il repassa peu après à me toucher.
J'étais bien tenté de lui adresser la parole, mais peut-être ne le
désirait-il pas, et puis au fond, dans la circonstance présente, tout
ne pouvait qu'atténuer l'effet de ces paroles : « Publiez partout
que j'ai parlé de Nostradamus et de vos interprétations sans avoir
lu autre chose que le titre de vos *Portraits prophétiques.* »

M. Lagrange reprit la conversation où nous l'avions laissée deux
heures auparavant. — Ainsi, d'après Nostradamus, dans ce mois-
ci, en mai, les chevau-légers, les bonapartistes et les radicaux

renverseront M. de Broglie. C'est impossible. — Je suis venu ici,
lui dis-je, pour parler à Monseigneur. Trouvez bon que je n'ajoute
rien de plus. Il m'accompagna jusqu'à la rue et me serra la main.

Ce qui naturellement a déplu à Mgr d'Orléans dans ma lettre du
6 avril ne suffit pas pour expliquer la réception qui m'a été faite
et moins encore l'aveu qu'il m'a été si doux d'entendre. Les témoignages nombreux et du plus grand poids, donnés là en connaissance de cause à Nostradamus et à mes interprétations, réfor-
maient le jugement si peu fondé que Fénelon lui-même, comme
tant d'autres, a porté sur Nostradamus (le texte est en latin) :

« Petite fut son érudition, très-grand son désir de faire parler de lui. Sans
qu'il l'ait mérité, on loue çà et là cet imposteur, qui rassemblant d'une façon
énigmatique un tas de choses sans ordre de lieu, de temps et de personnes,
trompe les esprits légers. Par hasard quelques mots ambigus et vagues
s'adaptent à des événements connus, mais cela est dû surtout au savoir-faire
de ceux qui se plaisent à des fables. »

Fénelon, l'esprit le plus perspicace et le moins entraîné par la
passion politique ou religieuse, et possédant la science la plus
étendue et la plus profonde, ne pouvait rien voir dans la prophétie
de Nostradamus qui a dit : « Le tout écrit sous figure nubileuse
plus que du tout prophétique, combien que *Abscondisti hœc a sa-
pientibus et prudentibus, id est potentibus et regibus, et enucleasti
ea exiguis et tenuibus*. » Tout, dans Nostradamus, est plus voilé
que dans tout autre écrit prophétique. Car Dieu, dit Jésus, a caché ces choses aux sages et aux prudents, c'est-à-dire aux puis-
sants et aux souverains, et il les a révélées aux petits et aux
ignorants. Cette parole de Jésus est une prophétie pour tous les
temps et pour tous les lieux.

M. Lagrange avait fort intrigué Mgr Dupanloup, en 1871, en lui
rapportant notre conversation, et celui-ci ne s'en était point caché
puisqu'il avait parlé d'étudier la question, en disant au général de
Charette : « Je voudrais bien voir l'abbé Torné. » Mais la mort de
Napoléon III était venue replonger dans le mépris, dont on la cou-
vrait depuis trois siècles, la prophétie de Nostradamus, et Monseigneur ayant à vouer à la réprobation générale les prophéties
exhumées ou inventées chaque jour, y mêla celle de Nostradamus. Ma lettre du 6 avril, la nouvelle conversation que je venais
d'avoir avec son grand vicaire lui firent prendre son parti dans la
question : Il dira publiquement la vérité, — ce qui l'honore et met
hors de cause son intelligence — mais il refusera d'entendre
un seul mot sur un prophète qu'il a combattu sans le connaître,
et l'on ne dira pas qu'il s'est déjugé.

Ce que j'ai vu dans la cathédrale d'Orléans renversera bientôt
plus d'un Paul sur le chemin de Damas : le persécuteur se ran-

gera encore du côté de ses victimes et délaissera ses protégés les plus chers.

La ville d'Orléans rappelle, le jour de la fête de l'*Apparition de saint Michel* (8 mai), le souvenir de sa délivrance par Jeanne d'Arc, parce que saint Michel, l'ange de la France, donna à Jeanne d'Arc la mission de sauver la France. Parmi les bannières appendues dans la cathédrale à cette occasion et qui toutes ont trait à ce souvenir, deux fixèrent particulièrement mon attention : l'une à l'image de *Saint Michel terrassant le serpent;* l'autre, au-dessus de ces mots en grosses lettres : DUCHÉ D'ORLÉANS, réunit *les armes des ducs d'Orléans* et *le serpent qui veut dévorer l'enfant que protège saint Michel.*

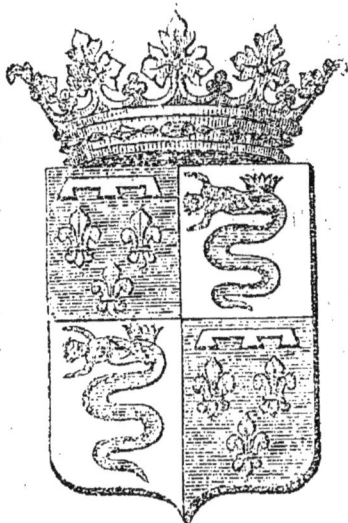

DUCHÉ D'ORLÉANS

ARMES DE LOUIS-PHILLIPE I

Telles qu'il les a portées dans les premiers jours de la révolution de 1830, qui l'obligea bientôt à remplacer les fleurs de lys par le coq.

BLASON DU DUCHÉ D'ORLÉANS

Ce blason réunit les armes des ducs d'Orléans, telles que les portent aujourd'hui encore les ducs d'Orléans *(aux trois fleurs de lys avec le lambel des branches cadettes)* et les armes de Valentine de Milan *(un serpent couronné qui dévore un enfant).*

Ouvrez la *Vie de L. Philippe* que j'ai publiée en 1860 (p 10), et vous comprendrez ma stupéfaction. Là, je disais, d'après l'Apocalypse et Nostradamus que le duc d'Orléans de 1820, en présence de la duchesse de Berry qui mit au monde Henri V, le jour de la

Saint-Michel, fut *un serpent couronné qui dévore un enfant !!!* Nostradamus avait dit :

> Un serpent veu proche du lict royal
> Sera par dame nuict chiens n'aboyeront :
> Lors naistre en France un prince tant royal,
> Du ciel venu tous les princes verront.   IV. 93.

Madame verra la nuit proche de son lit royal le duc d'Orléans qui, protestant contre la légitimité de l'enfant naissant, s'efforcera, dès lors de lui ôter la vie politique. Ceux qui devraient protéger la mère et son enfant se tairont. Alors sera né en France un prince de la famille la plus illustre d'entre les rois, et tous les princes le diront *Dieudonné* et l'*Enfant de l'Europe.*

Nostradamus et l'Apocalypse se répondent et se complètent.

(Chap. XII) « Dans le ciel une femme criait ressentant les douleurs de l'enfantement. Un serpent couronné s'arrêta devant la femme afin de dévorer son fils. Elle mit au monde un enfant mâle qui devait gouverner toutes les nations avec une verge de fer ; et son fils fut enlevé à Dieu et à son trône. Alors il y eut un grand combat dans le ciel : Michel et ses anges combattaient le serpent. »

Il m'est démontré : 1o que les armes de Milan ont été empruntées à l'Apocalypse ; 2o que le blason de Louis d'Orléans et de Valentine de Milan est aujourd'hui encore le véritable blason du duché d'Orléans ; 3o que ce blason doit être pris pour le duc d'Orléans de 1820, conformément aux deux prophéties de saint Jean et de Nostradamus sur ce prince ; 4o que Nostradamus renvoie ailleurs à ce blason qu'il connaissait, et cela précisément pour le duc d'Orléans, chassant, en 1830, l'enfant qu'il avait voulu dévorer, en 1820.

Les armes de Milan sont aujourd'hui encore « d'argent à une guivre (couleuvre) d'azur, couronné d'or, à l'enfant issant (sortant) de gueule. » En voici l'origine :

Encyclopédie du XIXe siècle : « VISCONTI. La plus puissante des familles seigneuriales de Milan fut la maison des Visconti. La première croisade fonda l'illustration de cette race. Au siége de Jérusalem, un Sarrazin d'une taille gigantesque, défiant au combat le plus brave de l'armée chrétienne, Otton Visconti se présenta aussitôt, perça le géant, arracha l'aigrette de son casque, qui était *une vipère entourant un enfant de ses replis*, et la cloua sur son bouclier. Cette dépouille devint son écu et comme un augure favorable. La couleuvre des Visconti fut bientôt connue par son avidité. — BLASON : Les serpents se posent en pal, en fasce, en rond et en se mordant la queue. Le *serpent* se nomme Bisse et Guivre, on le représente dévorant un enfant. »

Moréri : « VISCONTI. Maison illustre d'Italie. Elle est originaire d'*Angera*, bourg du Milanais, près du Lac Major. Elle descend d'Ubert, dit d'*Angera*. Hors d'*Angera*, à l'endroit où est l'église de St-Denis, il y avait une caverne d'où sortait une vapeur pestilentieuse, qui avait tué quelques centaines de personnes. Comme l'on eut découvert qu'à certaines heures, un dragon sortait d'entre certains rochers, qui, par son haleine pestiférée empoisonnait l'air, et qu'on ne savait point quel parti prendre pour faire cesser ce mal, Ubert, plein de valeur et d'amour pour sa patrie, voulut exposer sa vie pour la délivrer de ce malheur. Avec courage, il alla tout armé attaquer le dragon, le tua, et, en délivrant sa patrie, il acquit une gloire immortelle.

« Otton, en Terre-Sainte, tua en combat singulier le prince Trasgiordan, surnommé *Volucer*, qui était d'une stature gigantesque et très-vaillant. Ce prince portait, sur le cimier de son casque, *une couleuvre, tenant un enfant écorché dans sa bouche, les bras ouverts* ; et Otton et ses descendants ont toujours eu pour armes une couleuvre. »

De ces deux versions sur l'aigrette du sarrazin : *Une vipère entourant un enfant de ses replis* ou *une couleuvre tenant un enfant écorché dans sa bouche*, on devine facilement quelle est la véritable. Otton a couronné le serpent et lui a mis à la bouche l'enfant qu'il avait dans ses replis, afin que son triomphe d'un chrétien sur un mécréant rappelât celui de l'*Ange* S. Michel sur le Serpent couronné qui veut dévorer un enfant. Il rappelait aussi, en renvoyant par là au passage de l'Apocalypse, le triomphe du chef de sa famille, qui tua le dragon d'*Angera*, dont le souffle empestait l'air quand il sortait de l'abîme (1). Cela semble emprunté encore à l'Apocalypse:

(Chap. IX-XI) « La fumée s'éleva du puits de l'abîme d'où sortirent Apollyon, l'Exterminateur, des sauterelles et des chevaux qui, vomissant du feu, de la fumée et du soufre, tuèrent la troisième partie des hommes par le feu, la fumée et le soufre. Un ange fort et puissant descendit du ciel, et la bête qui monte de l'abîme lui céda la puissance. »

Saint Jean se trouve avoir écrit dans l'ordre chronologique l'histoire de Paris à partir de l'époque de la grande Révolution politique et religieuse. L'Apocalypse nous dit les fautes et le châtiment de la « neufve Babylone ». La tête de Louis XVI, le soleil de la nation, tombe dans le sac noirci par le sang de la guillotine, « *le soleil devient noir comme un sac de poil* ». Le gouvernement de la Montagne est « *la grande montagne en feu* » L'aigle de Napoléon Ier est « *l'aigle qui crie trois fois malheur !* » Napoléon est lui-même « *Apollyon, l'Exterminateur.* » Louis XVIII, revenant d'Angleterre la charte à la main, est « *l'Ange qui a un pied sur la mer, un pied sur la terre et qui tient à la main un petit livre ouvert.* » Louis XVIII est encore avec son frère (Charles X), devenu son

---

(1) On m'a envoyé, au moment du tirage, d'autres documents qui confirment ce que j'avais dit du blason de Milan: ORIGINE, ÉTYMOLOGIE ET SIGNIFICATION DES ARMOIRIES, Paris, 1867: « Les ducs de Milan avaient UN SERPENT À SEPT TOURNANTS dévorant un enfant, en souvenir de la mort donnée par le comte Boniface, un de leurs ancêtres, à un énorme serpent qui emportait un enfant. » — LA SCIENCE HISTORIQUE, TRAITANT DE L'ORIGINE DES ARMES, Paris, 1644 : « Un enfant qui s'élance de la gueule d'un serpent sinueux est la glorieuse armoirie des ducs de Milan. Nous voyons qu'Alexandre-le-Grand faisait frapper à ce coin ses monnaies, et qu'il avait choisi cet emblème pour célébrer la mémoire de son origine réputée incomparable, voulant enseigner qu'il était fils d'Ammon (Jupiter), par sa mère autrefois victime de la séduction d'un serpent, et qu'il était du sang des dieux. » — TRAITÉ DE SAINT-ESPRIT, par Mgr Gaume : « De là vient que, sur ses médailles, Alexandre est représenté par un enfant sortant de la gueule d'un serpent. » — DICTIONNAIRE UNIVERSEL DE TRÉVOUX : « L'origine des armoiries de Milan est diversement expliquée par Alciat, Paul Jove, Plutarque et autres auteurs. »

Si la vue des médailles du « Dieudonné » Alexandre a inspiré la figure dont s'est servi saint Jean pour la naissance d'un enfant « dans le ciel », il faut reconnaître qu'en donnant sept têtes au serpent qu'il nomme plus loin « le démon, l'ancien serpent » à une seule tête, il a voulu exprimer que toutes les mauvaises passions seraient éveillées pour l'accomplissement du fait prédit. Il avait entendu dire à Jésus : « Quand le démon a été chassé d'un homme, il prend sept démons pour réoccuper sa place. » Le serpent à sept têtes n'a plus qu'une tête d'où sort l'enfant, mais on lui donne sept tournants pour conserver le nombre sept.

lieutenant-général du royaume, « *les deux témoins que la bête qui monte de l'abîme vaincra dans la grande ville et qui mourront pour trois jours et demi (trois mois et demi); les nations leur redonneront la vie.* » Louis-Philippe est « *le serpent couronné qui proteste contre la naissance de l'enfant dont il usurpera le trône, son œuvre satanique sera combattue par S. Michel* ». Napoléon III est « *la bête qui donne vie à une autre* (la révolution italienne), *et dont le nombre est 666 par son caractère et le nombre de son nom* ». Les lettres du nom NAPOLÉON valent en grec 366 et la lettre T, qui est *le caractère du Mal* ou *Typhon*, vaut 300. Saint Jean a pris le T sur les hiéroglyphes et le serpent sur le blason du duché d'Orléans. « *Un ange crie : Babylone est tombée ! et quelqu'un qui ressemble au Fils de l'homme apparaît assis sur une nuée blanche, la faux en main pour vendanger la vigne de la terre et en fouler les raisins dans la cuve de la colère de Dieu.* » C'est « *l'enfant enlevé à Dieu et à son trône qui revient gouverner toutes les nations avec une verge de fer.* »

Voyons maintenant comment les armes de Milan ont été unies à celles des ducs d'Orléans, et comment ce blason est resté par excellence celui de ce duché :

Moréri. « ORLÉANS. Le duché d'Orléans fut créé pour *Philippe* de France, *cinquième fils* du roi Philippe de Valois, Ce premier duc d'Orléans mourut sans enfants légitimes, l'an 1375.

« *Louis* de France, *second fils* du roi Charles V, fit la branche royale d'Orléans. Il épousa en 1389 *Valentine de Milan*, fille de Jean Galeas, premier duc de Milan, et d'Isabelle de France, dont il eût Charles, *duc d'Orléans et de Milan*. Celui-ci eut pour fils Louis XII du nom, roi de France, qui succéda à Charles VIII, mort sans enfants, comme étant le Prince de son sang qui en approchait le plus.

« *Du chef de Valentine, la maison d'Orléans devait succéder au duché de Milan.* Les premiers desseins de Louis XII furent de recouvrer le duché de Milan qui lui appartenait du chef de Valentine son ayeule, et d'où il chassa, en 1499, Ludovic Sforce, qui l'avait usurpé.

« Louis fut investi du duché de Milan à Trente par l'Empereur le 14 juin 1510. Il perdit le Milanais par la guerre en 1512, et mourut sans enfants l'an 1515.

« François 1er, premier Prince du sang, lui succéda. *Il prit le titre de duc de Milan*, parce que le duché lui appartenait à cause de Valentine de Milan sa bisayeule. Il gagna la bataille de Marignan en 1515, et s'empara de Milan et de toute la Lombardie. En 1521, les Français perdirent Milan que le Roi reprit en 1524. Prisonnier à la bataille de Pavie, il perdit de nouveau Milan. L'Empereur Charles-Quint, en passant en France, promit à François 1er l'investiture du duché de Milan pour lui ou pour ses enfants, mais ayant refusé de tenir sa parole, le Roi entra en Italie, etc.

« Henri II, fils de François 1er, porta le titre de duc d'Orléans, puis de dauphin après la mort de son frère aîné. Il continua les guerres de son père.

« François II ne fit que passer sur le trône...

« Charles IX porta d'abord le titre de duc d'Orléans et succéda à son frère François II. »

« MILAN. Les rois de France devaient succéder aux Visconti par le droit qu'ils avaient suivant même les termes de mariage de Valentine. »

Vous le voyez, les armes de Milan, au serpent couronné qui dévore un enfant, sont unies à celles de la branche cadette de France dans des conditions bien différentes de celles qui unissent pour leur vivant seulement les armes de deux époux. Les successeurs du duc d'Orléans, chef de la branche cadette de France, se sont dits comme lui *ducs d'Orléans et de Milan.* Le roi de Sardaigne se dit encore roi de Jérusalem et de Chypre, bien que, depuis des siècles, les rois de Sardaigne aient perdu tout pouvoir sur Jérusalem et sur Chypre. De même Louis-Philippe, chef de la branche cadette d'Orléans, pouvait se dire, en 1820, *duc d'Orléans et de Milan.* Au moment même où, se tenant devant la duchesse de Berry, il protestait contre la naissance du chef de la branche aînée, il pouvait donc être représenté non-seulement par ses trois fleurs de lys et le lambel des branches cadettes, que portait Louis, duc d'Orléans et de Milan, mais aussi comme duc de Milan, par le serpent couronné qui veut dévorer un enfant.

C'est pour renvoyer expressément à ce blason du *duché d'Orléans* que Nostradamus s'exprime ainsi pour le fait de 1830, comme je l'ai publié en 1860, sans pouvoir m'expliquer alors pourquoi il parlait là du duché de France :

> Le successeur de la Duché viendra,
> Beaucoup plus outre que la mer de Toscane,
> Gauloise branche la Florence tiendra
> Dans son giron d'accord nautique rane. V. 3.
>
> Le gros mastin de cité déchassé
> Sera fasché de l'estrange alliance,
> Après aux champs avoir le cerf chassé
> Le Loup et l'Ours se donront défiance. V. 4-9.

Henri V, successeur de la Duché par excellence comme successeur du Duché de France (les ducs de France étant devenus rois de France), habitera bien au-delà de la mer de Toscane sur les bords de laquelle, branche aînée de la Maison de France, il aura pris pour épouse une héritière de la vieille Maison d'Este, dont les ancêtres furent changés en monstres marins, selon la Fable (*Rana*, grenouille). Cette Maison appartient à la Toscane dont Florence, aux armoiries fleurdelisées, est la capitale.

L.-Philippe (3 fois et toujours « le gros mastin » des centuries) sera fâché de l'alliance à l'étranger, de celui qu'il aura chassé à force ouverte de Paris, la cité par excellence du duché de France. Après s'être unis pour envoyer en exil le roi chasseur Charles X, l'orléanisme et le républicanisme se défieront mutuellement l'un de l'autre.

Le mariage qui ouvre ce récit sur Henri V et Louis-Philippe, se retrouve en tête d'un long récit sur l'exil du « successeur de la Duché » :

> Du vrai rameau de fleur de lys issu
> Mis et logé héritier d'Étrurie,
> Son sang antique de longue main issu
> Fera Florence florir en l'armoirie. V. 39-46.

L'héritier issu de la branche aînée des fleurs de lis sera exilé (*missus*, banni) et habitera un moment l'Étrurie, où son sang, le plus vieux de tous les sangs royaux, ajoutera par un mariage à l'éclat du blason fleurdelisé de Florence.

On voit de plus en plus l'intention formelle de Nostradamus de renvoyer au blason en parlant de mariage : Henri V, « successeur de la Duché, gauloise branche et héritier du vray rameau de fleur de lys », pourrait écarteler les armes de France de celles de son épouse, comme fait Nostradamus, qui met d'un côté les trois lys de la branche aînée (par conséquent sans le lambel), et de l'autre la « nautique rane » ; comme « le successeur *du duché d'Orléans, seconde gauloise branche et héritier du second* rameau de fleur de lys », pourrait écarteler les armes des ducs d'Orléans, en mettant d'un côté les armes qu'il a encore, ou les trois lys avec le lambel des branches cadettes et de l'autre « *le serpent couronné qui dévore un enfant.* »

Ce serpent figurerait aussi justement dans le blason de « l'héritier et successeur du *duché d'Orléans* » que la « nautique rane » dans le blason de « l'héritier et successeur du *duché de France* ». La « nautique rane », tout en rappelant les *monstres marins* de la Maison d'Este, rappelle que les plus anciens rois de France avaient pour armes trois crapauds à la place de trois lys.

Il faut étudier tous les mots de Nostradamus qui a fait, dit-il, ses prophéties « n'y meslant rien de superflu. » Nous en trouvons plus d'une preuve dans les quatrains cités plus haut, où le serpent, chef de la meute des chiens qui ne prirent pas la défense de la mère et de son fruit, est « le gros mastin » comme dans deux autres endroits de la prophétie. L'orléanisme et le républicanisme, ou « le Loup et l'Ours » ont chassé, en 1830, le nouveau Joas :

      Athalie. Où dit-on que le sort vous a fait rencontrer ?
      Joas. Parmi des *loups* cruels prêts à me dévorer...
            Un malheureux enfant aux *ours* abandonné...

Figaro, 27 juin 1871 : « *Le jeune Henri* de Méhul fut joué en 1802 et 1826. Cette seconde fois, on voyait au morceau de la *chasse*, un *cerf* célèbre alors, dressé par François, le *cerf Coco*, qui complétait l'illusion. Ce mélodrame, traduction de la musique de Méhul, et accompagné par elle, fut joué six fois. C'était une gracieuseté à l'adresse de *Charles X, le roi chasseur.* »

Bien souvent des articles de journaux ou des passages de livres anciens ou nouveaux sont venus justifier de la façon la plus claire et la plus inattendue mes interprétations. La découverte du blason du duché d'Orléans vient encore parler aux yeux des plus simples et des plus ignorants. En apprenant à quelles circonstances je dois cette découverte, ils répéteront cette parole que je serais tenté d'écrire de nouveau à Mgr d'Orléans : *Dieu seul a tout conduit* !

L'homme s'agite et Dieu le mène. Libre dans le choix du bien et du mal qui décide de son avenir éternel, l'homme, à son insu, est souvent poussé *fortement* ou *suavement* à coopérer à l'action de Dieu dans le monde. Il devient un instrument de justice ou de miséricorde. Quel est l'homme qui n'a pas pris souvent des déterminations indifférentes en soi et qui ont eu les plus graves conséquences pour lui et peut-être pour des multitudes? Saül était déjà sacré roi quand le sort le désigna *suavement* pour roi à tout un peuple. Après, David fut sacré roi à l'insu de ceux auxquels Dieu devait un jour l'imposer par les armes. S'il triompha de Goliath, il le dut à Dieu, et c'est à Dieu qu'il faut reporter l'honneur du triomphe d'Otton sur le Sarrazin. Otton le reconnut, et Dieu l'inclina à modifier l'aigrette du vaincu de façon à ce que sa vue rappelât le triomphe de S. Michel sur le démon. L'entrée du blason d'Otton dans les armoiries du duché d'Orléans et sa conservation n'ont eu rien que de naturel jusqu'à ce jour. Maintenant ce blason marque l'Orléanisme du sceau de la malédiction de Dieu.

Les savants, ou si l'on veut les « sages et prudents », avoueront que ce blason réunit bien les armes des ducs d'Orléans de la seconde branche de la Maison de France et le serpent de l'Apocalypse, mais ils épilogueront et refuseront d'y voir, comme les « ignorants », le duc d'Orléans de 1820. Les princes, des prêtres et les grands de la nation ne s'aveuglaient-ils pas tous les jours davantage à mesure qu'ils étudiaient, à la lueur de leur raison, Jésus, le vrai Soleil de Justice? Les petits, « enfants de la lumière », moins « prudents » que « les enfants du siècle », disaient dans leur ignorance : « Il éclaire, il échauffe et il vivifie. Les *dons de Dieu* étaient pour eux, et non pour les savants, sages et prudents ». A la lumière de S. Jean et de Nostradamus, le blason du duché d'Orléans est une révélation. S. Jean désigne Louis-Philippe par « le Serpent » de ce blason comme Nostradamus devait désigner bien des fois les Napoléon et Pie IX par « l'Aigle » et « le Lyon » de leurs blasons qui n'existaient pas de son temps.

Oui, je puis écrire encore à Mgr d'Orléans comme le 6 avril » *Dieu seul a tout conduit !* Vous n'en doutez pas, vous qui savez comment Dieu m'encourage, non par des voix ou des apparitions, mais par des faits d'ordre purement naturel, à poursuivre sans crainte un travail dont le mérite n'appartient qu'à lui. Pour rendre hommage à la vérité, je citerai quelques-uns de ces faits qui ont eu lieu durant ce voyage ou que ce voyage a rappelés.

Je vous disais dans une rue de Paris : Le 5 août a été une « nouvelle tromperie », d'après Nostradamus. Une personne me croisait alors. Ses yeux me lancèrent des éclairs, mais je ne fus pas foudroyé. Cette personne n'était autre que M. de Broglie, que je ne connaissais pas. Vous le connaissiez, et vous me fîtes remarquer qu'il entrait à l'Elysée.

Sur ma demande d'un *celebret* à l'évêché de la Rochelle, on m'avait écrit : « Avant de vous l'envoyer, Monseigneur désire savoir où vous allez ». J'avais répondu : « A Paris ». On craignit que le *celebret* ne devint dans mes mains un passe-partout pour m'introduire auprès de Mgr Dupanloup et de M. L. Veuillot, et il ne me fut pas envoyé. Je vous compte mon embarras. Vous me parlez d'un prêtre attaché à Saint-Sulpice, qui a connu en province votre père, mais qui ne vous connaît pas. Vous me menez chez lui, il était sorti. Nous le trouvons aussitôt dans la rue. Je n'ai que le temps de vous dire : Tenez, ne lui parlez pas du *celebret* ; je préfère aller tous les jours, comme ce matin, à 3 kilomètres, dire la messe à la Madeleine sur la simple recommandation d'un prêtre de mes amis, le neveu de Mgr Alouvry. Vous abordez M. Mesle et vous lui parlez de votre père. A la fin, ce prêtre me dit de lui-même : Pourriez-vous dire demain la messe à 9 heures à Saint-Sulpice ? Je cherche un prêtre pour cela. — Bien volontiers, me hâtai-je de répondre ; et, si vous le permettez, j'y dirai tous les jours la messe durant mon séjour à Paris. Je suis à l'hôtel Saint-Joseph, à toucher votre église. — Certainement.

Je ne savais pas le général de Cathelineau à Paris. Une personne à qui il m'avait présenté en 1872, nous procura l'agréable surprise de nous réunir à sa table. Le général raconta comment nous nous étions vus pour la première fois. J'avais pris, dit-il, le train express de Tour à Paris, la nuit. Dans le compartiment où j'entrai, tout le monde dormait. Je pris place vis-à-vis de l'abbé, qui tenait sur ses genoux, d'une main crispée, le portefeuille que vous lui voyez encore. On se réveilla un peu avant d'arriver à Paris, et des voyageurs s'entretinrent de politique. Les événements prochains qu'ils annonçaient n'étaient pas ceux qu'attendait l'abbé. Il le dit, et demanda à prouver ce qu'il avançait. On fut bientôt tout oreille, car après avoir prouvé en quelques minutes que Nostradamus est bien prophète et que lui-même avait trouvé dans ce prophète, des années à l'avance, les derniers événements, il nous lut ce qu'il venait de publier sur les événements prochains. Je lui dis alors : Puisque vous connaissez l'avenir, dites-moi donc comment se termineront les affaires d'Espagne. — Voilà ce que j'ai dit en 1862, me répondit-il en me montrant sa réédition des centuries :

> Les deux grands frères seront chassés d'Espagne,
> L'aisné vaincu sous les monts Pyrénées.

On était arrivé, et les voyageurs descendaient. Nous étions, l'abbé et moi, les derniers au fond du wagon. Quand nous fûmes seuls, je lui dis : Je suis Cathelineau. Il me regarda un moment, puis me dit : Non. Il ne devait pas en effet me reconnaître dans l'état où j'étais ; mais je lui prouvai mon identité et il m'accompagna à l'hôtel, où vous nous avez vus. Je revenais d'Espagne...

Cette rencontre était bien providentielle, car c'est à elle que j'ai dû de régler une première fois la grave question de l'*imprimatur*. Le général de Cathelineau m'adressa au général de Charette, qui m'ouvrit les portes de la Nonciature. Comment n'aurai-je pas vu le doigt de Dieu dans cet événement, qui se produisit aussitôt l'envoi de cette lettre, dont 4 cachets de la poste attesteront toujours l'authenticité. Je l'avais adressée sans enveloppe à M. A. Neveu, qui a bien voulu me la remettre.

Saint-Denis-du-Pin, le 20 juin 1872.

Monsieur,

Depuis que je me suis plongé dans l'étude du surnaturel divin, j'ai dit bien des fois, avec le serviteur d'Abraham : Seigneur, Dieu d'Abraham mon maître, si c'est vous qui m'avez conduit dans le chemin où j'ai marché jusqu'à présent, que la première personne que je rencontrerai soit celle que je cherche.

J'arriverai à Paris lundi matin par le train express pour voir y régler bien des choses au sujet de la prophétie. Il n'y a qu'un instant que je me demandais à qui je pourrais bien m'adresser pour la question de librairie, et aussitôt j'ai ouvert la première lettre que le facteur m'apportait : c'était la vôtre. Vous êtes à Paris, chez un libraire, et vous me dites : « Si j'avais quelque titre à votre bienveillance, il me serait bien agréable et bien précieux de posséder quelques traits prophétiques sur le moment actuel, écrits de votre main. »

Je n'ose vous demander d'être à la gare d'Orléans à m'attendre, mais dites-moi, courrier par courrier, l'heure où il me sera facile de vous entretenir chez M. Pasteau ou ailleurs.

Je vous adresse *Henri V à Anvers* et *Nostradamus et l'Astrologie*.

Recevez, Monsieur, l'assurance de mon entier dévouement.

H. TORNÉ.

M. Neveu m'écrivit qu'il serait le lundi matin à la gare d'Orléans. Il me manqua de 5 minutes et me vit passer dans la compagnie du général de Cathelineau.

Le général m'a présenté à ce dernier voyage aux dominicains. Il a raconté aux Pères Monsabré, Larcher et Didon comment nous nous étions vus et revus. Il a dû être surpris de m'entendre dire alors au P. Monsabré : C'est une seconde édition de notre histoire. J'étais seul dans les environs du Colysée de Rome, quand je vis de loin un religieux qui s'avançait un peu dans ma direction. J'allai à lui avec la pensée de lui parler de Nostradamus Je ne cherchai pas même à connaître à quel ordre il appartenait quand je lui dis : Le P. Monsabré est-il à Rome ? — C'est moi, Monsieur. Nous ne nous étions point vus depuis sept ans ; nous fûmes un moment à nous reconnaître, et plus encore à nous remettre de notre surprise. Je vous dis que je n'avais prononcé votre nom qu'afin de pouvoir dire au religieux quel qu'il fut que j'abordais : Le P. Monsabré m'a entendu parler à Paris en 1860, d'une prophétie qui vous intéressera, je n'en doute pas. Pendant que je vous faisais cet aveu, un laïc passa auprès de nous, et vous l'appelâtes : M. Genest ? — Etes-vous M Genest de Libourne, lui dis-je ? — Oui, pourquoi ? — Votre ami et le mien, M. le curé de Saint-Loubès, m'a donné cette lettre pour vous. Il la lut et me dit qu'il se ferait un plaisir de me piloter à Rome, ainsi qu'on l'en priait. Je le remerciai, en lui disant : Je compte bien trouver à Rome ce que je cherche, puisque j'y trouve ce que je ne cherche pas.

Quand je raconte ce voyage, je dis que je suis arrivé à tout comme une lettre à la poste. Personne ne m'avait recommandé à M. le baron de Charette, et pourtant il a bien voulu me recevoir plusieurs fois. Un jour, il me fit parler de Nostradamus devant les chefs de l'armée pontificale : Eh bien ! disait-il au colonel Aleth, vos prophéties sont-elles de la force de celles-là ? Une autre fois, je lui demandai une carte pour la fête du centenaire. — Vous l'aurez, me dit-il. Une autre fois, j'osai lui demander si je ne pourrais pas voir François II. — Vous le verrez ! Je vais vous donner une lettre pour le duc de la Regina. En me la remettant, il me dit : En ce moment, il est au palais Farnèse, auprès du roi ; attendez à demain pour le voir chez lui.

Ne pourrais-je pas faire d'une pierre deux coups en allant droit au palais Farnèse, me dis-je dans la rue ? Je trouvai au palais plus de trois cents personnes de Naples, de Rome et de France, qui attendaient dans une salle le moment de saluer le roi qui devait passer. François II parlera sans doute aux uns et aux autres, mais que pourrais-je lui dire ici ? J'élevai la lettre du baron de Charette, et je dis : Le duc de la Regina ? Un huissier vint pour prendre la lettre. — Non, je dois la remettre moi-même. — Venez. Une porte s'ouvre et je me trouve en face du duc qui allait sortir. Il prend la lettre et avant de l'ouvrir jette un regard au-dessus de mon épaule. Je me détourne et m'écrie : François II ! en me portant vers lui, la main tendue. Ce mouvement involontaire n'échappa pas au roi. Je lui dis : Sire, j'ai eu la douleur de connaî re à l'avance les maux qui vous ont frappé et qui frappent encore l'Eglise en votre personne. Henri V vous remettra au trône et rendra au Pape ses Etats. Il entendit l'explication des quatrains qui le concernaient et me dit : Je sortais quand vous êtes entré. Je voudrais vous entendre plus longuement, mais je ne puis, on m'attend. Revenez me voir. — Sire, lui dis-je, je ne vous cache pas que je serai plus libre pour parler de la prophétie au duc de la Regina qui vous rapportera mes paroles. — Soit. Monsieur le duc, donnez votre heure à M. l'abbé. — Demain soir, à huit heures. Je m'inclinai. Le roi me prit la main, accepta la photographie de NOSTRADAMUS ÉCRIVANT L'*Histoire prédite et jugée*, et gardant toujours ma main dans la sienne, entra dans la salle où je saluai cette majesté digne du respect de tous.

Le lendemain, je trouvai le duc de la Regina avec une autre personne de la cour. Il me montra tout d'abord la photographie que lui avait remise le roi pour avoir des explications. Je les donnai. Je dis, entre autres choses que j'avais placé François II auprès de Lamoricière et de Larochejaquelein comme représentant la légitimité dont ces généraux ont pris la défense ; et je montrai auprès trois traîtres que la révolution a enfantés : Talleyrand, Murat et Ney, et au-dessous trois autres traîtres de la famille d'Orléans : le Régent, Philippe Ier Egalité et Ferdinand. Que François II laisse Rome, dis-je après avoir parlé longuement de la prophétie ; la révolution n'a pas fini son œuvre. Victor-Emmanuel viendra ici ; c'est l'heure des ténèbres, mais Dieu aura son jour.

N'est-il pas vrai que ces faits et bien d'autres sont de même origine que la découverte du blason d'Orléans, et n'y a-t-il pas dans le fait de cette découverte une preuve de plus que l'heure des ténèbres s'achève et que le jour de Dieu va commencer ?

Il me reste à vous rapporter mon entretien avec M. L. Veuillot. Cet écrivain a pris depuis bien des années la défense de l'Eglise avec l'ardeur d'un néophyte qui brûle ce qu'il a adoré et adore ce qu'il a brûlé. Depuis quelques mois, il prend avec une ardeur égale la défense de la légitimité Espérons donc que dans quelques jours il prendra la défense de Nostradamus qu'il n'a attaqué que parce qu'on n'avait pas encore mis « le grand prophète » en face de lui.

NOSTRADAMUS DEVANT M. L. VEUILLOT

Mgr Dupanloup venait d'écrire aux prêtres de son diocèse :

« Devant cette multitude de manifestations surnaturelles, qu'il paraît aussi difficile de rejeter que d'admettre sans discernement, les âmes sincères, qui ne veulent être ni rebelles ni trompées, se sentent troublées et inquiètes, et elles demandent une direction. L'Eglise ne la refuse pas, et je viens l'offrir, pour ma part, à vous, messieurs, et aux fidèles de mon diocèse. »

A peine cette *Lettre pastorale* du 23 mars fut-elle publiée, que M. Louis Veuillot publia le 4 avril son article *Crédulité* avec la pensée de faire une fois encore la leçon à son auteur. Il m'a dit, quand je l'eus forcé à m'entendre :

« Lisez mon article et vous y verrez ceci : Ou ces prophéties ne peuvent
nuire à la religion, alors pourquoi vous en occuper, ou elles lui nuisent, et
alors pourquoi ne leur donnez-vous pas un de ces coups de crosse pastorale
dont elles ne pourraient se relever ? ».

C'est bien là, en effet, le fond de son article dont voici le commencement, le milieu et la fin :

« La crédulité la plus niaise est un des caractères de ce temps... Le fléau du
monde est la crédulité à ce qui n'est pas croyable... La foule des chrétiens,
protégée encore par une ombre au moins de vérité, d'humilité et de l'*obéis-
sance*, ayant au moins le nom et la notion de Dieu, le respect inné de l'autorité et le sentiment de la justice, s'est mieux défendue contre le succès
général de l'imposture. Néanmoins, les triomphes insolents du mal l'ont
entamée, et *il est bon d'y pourvoir. La foi aussi peut être ravagée par
l'incrédulité.*

« Quelques personnes en ont peur. On craint les faux miracles, les faux
mystiques, surtout les fausses prophéties... Aucun faux miracle ne résisterait
à une *censure épiscopale*, ne pourrait tenir un instant contre *un coup de
crosse légitime.*

« Il n'en est pas tout à fait de même des fausses prophéties. Elles abon-
dent, et quelques-unes, malgré leur évidente absurdité, ont la vie dure. On
en voit naître pour ainsi dire tous les matins... Les deux pièces brillantes
du négoce prophétique sont deux vieilles inepties inintelligibles. L'une est
cette inexterminable mystification des centuries de Nostradamus; l'autre, cette
niaiserie de 1830 qu'on appelle la « prophétie d'Orval »... *La sainte Église a
des mesures contre tous ces dangers et des évêques pour les appliquer à
tous.* Personne n'osera contester à l'*évêque*, gardien et juge, le devoir de
sauvegarder l'intégrité de la foi. Il a le droit, il a la grâce, et il trouvera les
cœurs soumis...

« *Les prophètes actuels sont sots et relativement innocents... Nos évêques
nous remettront en possession de l'ampleur du vrai.* »

Quel triomphe pour Nostradamus, me disais-je en lisant cet article, si je parviens à le faire accepter par son auteur comme
« grand prophète » ! Pensant bien trouver le journaliste à son bu-
reau, je ne lui annonçai pas ma visite comme je venais de le faire
à l'évêque qui aurait pu être en tournée épiscopale, ou en voyage
au loin ou à Versailles quand je serais arrivé à Orléans.

Vous fûtes témoin de ma rencontre avec M. E. Veuillot : « Mon
frère est absent pour quelques jours, me dit-il. Il ne vous a pas
nommé dans son journal. Vous n'obtiendrez pas de lui qu'il publie
une réponse de vous à son article. » Je répondis : « Votre frère
croirait aujourd'hui à mes prophéties si j'avais voulu les lui faire
connaître en 1858 et, loin de les combattre, il les soutiendrait depuis longtemps. Cela ne devait pas être, car le moment de mettre
ces prophéties au grand jour n'était pas encore venu. Son Em. le
cardinal de Bordeaux m'avait dit en 1858, après un de nos plus
longs entretiens sur Nostradamus: Parlez donc de cela à M. Louis
Veuillot qui est ici, à l'archevêché. — Non, Monseigneur. — Pourquoi ? — Il attaque toujours Mgr Dupanloup. — Oh ! c'est le fils de

l'Ogresse, mais il n'a mangé personne. — Le fils de l'Ogresse? — L'Ogresse, dans les *Mystères de Paris*, est une virago qui tient tête à la fois aux hommes les plus forts qui hantent son auberge, mais elle a le meilleur cœur. — C'est égal! je ne verrai pas M. Veuillot... » Après seize ans, je tiens à le voir et j'attendrai son retour.

La présence d'un témoin, me dites-vous en sortant, vous fera certainement refuser l'entretien qu'on paraît si peu disposé à vous accorder; revenez seul.

Huit jours après, quand j'entrai sous la porte cochère, un monsieur passa près de moi, se rendant à la rédac'ion. — C'est peut-être M. Louis Veuillot, me dis-je; à tout hasard, arrêtons-le, car on me refuserait sans doute d'arriver jusqu'à lui: — Etes-vous M. Louis Veuillot? — Oui, Monsieur. — Je suis l'abbé Torné. Je désire vous parler de Nostradamus. — Je n'ai pas le temps de vous entendre. — A Rome, en France, des cardinaux, des évêques, les plus grands de l'Etat m'ont entendu. — C'est qu'ils avaient du temps à perdre. — Que penserez-vous de l'auteur de l'article *Crédulité* le jour où tout le monde croira en Nostradamus? — Qu'il était de bonne foi en l'écrivant. — Non, monsieur, car vous savez qu'on n'est pas de bonne foi quand on condamne un ouvrage sans l'avoir étudié... Le journaliste se tut. J'ajoutai: Vous ne publieriez rien de moi sur l'*Univers* en réponse à votre article *Crédulité*? — Rien. — Il ne me reste donc qu'à écrire une *Nouvelle lettre du grand Prophète* sous ce titre assez piquant: NOSTRADAMUS DEVANT Mᵍʳ DUPANLOUP ET M. LOUIS VEUILLOT. Les deux frères ennemis n'ont pu s'entendre que pour me frapper à qui mieux mieux, coup sur coup. — Venez demain à trois heures, me dit enfin M. L. Veuillot.

-A l'heure dite, j'entrai dans la grande pièce où le rédacteur en chef de l'*Univers* travaille seul. Je pris une chaise et me plaçai auprès de lui, de façon à ce qu'il pût suivre commodément mes explications sur le texte même. Je débutai ainsi: Voici plusieurs vieilles éditions des Centuries de Nostradamus qu'on a réimprimées cent fois depuis 300 ans parce que de temps en temps des évènements qui semblaient y avoir été prédits reportaient l'attention sur elles. L'auteur a bien prétendu faire des prophéties. Voyez le titre de son livre: LES PROPHÉTIES DE M. MICHEL NOSTRADAMUS. Lisez ces lignes:

« *Mes prophéties seront accomplies... Prophéties composées tout au long, limitant les lieux, temps et le terme perfix que les humains après venus verront, connaissant les aventures avenues infaillliblement.* »

J'ai trouvé dans ces *Prophéties* notre histoire *tout au long* depuis 300 ans avec *les lieux* des évènements et *le temps et terme* rigoureusement exact où ils se sont accomplis. Je crois en Nostradamus *après avoir connu que ses prophéties jusqu'à ce jour se sont accomplies infailliblement*, c'est-à-dire sans la moindre erreur. Cette date est-elle assez précise :

LE PASSÉ.

« *Sera faicte plus grande persécution que n'a été faicte en Afrique* (par les Vandales) *l an mil sept cens nonante deux* (en 1792) *que l'on cuydera être une rénovation de siècle* (Lettre à Henri II). »

C'est bien en 1792, et non en 1791 ou 1793, qu' l'Eglise a été persécutée plus qu'en Afrique, et le 21 septembre 1792 *on a bien cru renouveler* pour toujours *le siècle*, en abandonnant l'ère *chrétienne* pour dater de l'an I de la République.

Ne suffirait-il pas pour me donner foi en Nostradamus de cette date rapprochée de ces deux vers en voie de s'accomplir durant la « plus grande persécution » :

> Car Mars fera le plus horrible trosne
> Ce Coq et d'Aigle de France frères trois.   VIII. 46.

Mars (ou la guerre civile qui commença en 1789 et qui dure encore) fera le plus horrible trône de celui que se disputeront le Coq de la République et de L.-Philippe, l'Aigle de l'Empire et trois frères de la Maison de France : Louis XVI, Louis XVII et Charles X. Tous les gouvernements, sans exception, de *l'époque révolutionnaire* sont dans le dernier vers, où l'on ne voit qu'eux seuls. Jamais auparavant on n'avait vu au trône ou le coq ou l'aigle, on les a vus depuis, et c'est à une des époques bien rares où trois frères de France se succèdent au trône, et ce trône alors est « le plus horrible trosne » pour ceux qui l'occupent : Louis XVI est mort sur l'échafaud, Louis XVIII a passé 23 ans en exil où il est retourné — c'est par exception qu'il a repris le pouvoir pour le garder jusqu'à sa mort — ; Charles X est mort en exil, le coq républicain sur l'échafaud ou en exil, le coq de L.-Philippe en exil, ainsi que l'aigle des trois premiers empereurs. La fin du coq et de l'aigle justifiera de nouveau cette lugubre expression : « le plus horrible trosne ». Alors finira *l'époque révolutionnaire*. Quelle précision, et quelle connaissance de l'avenir !

Ces deux vers sont une conclusion, puisqu'ils commencent par le mot « car » Regardez alors au-dessus. Vous lisez :

> ... Par avarice viendra vexer les siens chef d'Orléans... VIII. 42
> ... Neveu du sang occupera le règne...   VIII. 43

Nous n'avons vu au trône, depuis que la prophétie est faite, qu'un d'Orléans. Il était le « chef » de cette branche, et son avarice l'a caractérisé entre les souverains. Nous n'avons jamais eu au trône qu'un « neveu ». Or, ce neveu est précisément « neveu du sang » (par un frère et non par une sœur), et précisément il s'est emparé par force du trône après le chef d'Orléans. L'un a mis au trône le coq, l'autre l'aigle, à l'époque du « plus horrible trosne de coq et d'aigle de France frère trois ».

Parler du « neveu », c'est rappeler l'*oncle*. Je vais vous montrer celui-ci dans 24 vers, dont le premier vous rappelle forcément le *soldat-empereur* :

> De soldat simple parviendra en empire.

Veuillez, je vous prie, regarder le texte sans chercher jamais à devancer mes interprétations. Vous allez voir la chose du monde la plus extraordinaire, ainsi que tout le monde me le dit, comme me l'ont dit en particulier MM. Guéroult et Léon Plée, de l'*Opinion nationale* et du *Siècle*, car il n'y a rien d'entêté comme un fait, et l'évidence s'impose aux plus incrédules.

« De soldat simple parviendra en empire » — Napoléon Ier a dit : « Je suis le soldat parvenu sur le premier trône du monde... Les alliés se trouvaient-ils offusqués de voir un simple soldat parvenir à la couronne..

« De robe courte parviendra à la longue, » — *La longue robe* est portée au sacre. V. Hugo a dit : « Venez donc recevoir et le sceptre et le globe, Le Saint-Empire, ô roi, vous revêt de la robe. » J'ai relevé ces étiquettes au *Musée des Souverains* :

« 229. Habit porté par l'Empereur le jour de son sacre et faisant partie du *petit habillement*. — 228. Manteau qui a fait partie du *petit habillement* de l'Empereur le jour de son sacre. — 223. *La robe longue* qui a fait partie du *grand habillement* de l'Empereur le jour de son sacre. »

« Vaillant aux armes » — « De soldat simple *il* parviendra en empire » parce qu'il est vaillant aux armes.

« En Eglise » — « De robe courte *il* parviendra à la longue » parce qu'il est membre d'une Eglise qui sacre les souverains.

« En Eglise où plus pyre, Vexer les prestres comme l'eau fait l'esponge. » — Où trouver dans l'Eglise un homme qui ait plus vexé les prêtres par des envahissements successifs dans le spirituel et le temporel de leur Eglise comme l'eau fait à l'égard de l'éponge, l'envahissant peu à peu dans toutes ses parties? Le soldat simple *parvenant* à l'Empire avait imposé au Pape un premier Concordat. Il l'obligea à venir le sacrer; et aussitôt, malgré ses protestations, il joignit au Concordat les *Articles organiques*. A la fin, il prit le reste du pouvoir spirituel en contraignant le Pape à signer le Concordat de 1813. Il a agi de même à l'égard du pouvoir temporel : « Je me saisis, a-t-il dit, des forte-

resses de Pie VII, je m'emparais de quelques provinces, je finis
même par occuper Rome ». Relisez ce quatrain :

> De soldat simple parviendra en empire,
> De robe courte parviendra à la longue,
> Vaillant aux armes, en Église où plus pyre,
> Vexer les prestres comme l'eau fait l'esponge.   VIII. 57.

Ce quatrain s'applique parfaitement à Napoléon Ier, et ne peut
s'appliquer qu'à lui. Il n'a ainsi, comme le déclare Nostradamus
de tous ses quatrains, « *qu'un seul sens et unique intelligence.* » Je
n'ai jamais trouvé en défaut cette déclaration, qui met à néant ce
qu'on a dit et redit sans examen, qu'ils sont *une chaussure à tout
pied.* Le contexte va rendre plus évidente encore cette déclaration du « grand prophète » :

« Regne en querelle aux frères divisé » — Napoléon Ier a bien eu
plusieurs frères ; il a bien divisé entre eux son règne en querelle, ou la partie de ses Etats qu'il avait acquise les armes à la
main et qu'on lui disputait les armes à la main : à l'un la Hol-
lande, à l'autre la Westphalie, à un troisième Naples, à un qua-
trième Madrid.

« Prendre les armes et le nom Britannique, Tiltre anglican sera
tard advisé » — Ayant divisé entre ses frères son règne en querelle, il avise de prendre les armes et le nom Britannique ; il ne
réussit pas, car tard il avise de prendre le titre anglican. Le
vainqueur prend le nom du peuple vaincu. Scipion ayant pris les
armes des Africains, prit le nom d'*Africain ;* l'empereur Claude
ayant pris les armes des Bretons, prit le nom de *Britannique.*
L'idée fixe et la suprême ambition de Napoléon furent de soumettre la puissance anglaise pour mériter d'être dit moins
Napoléon-le-Grand que *Napoléon-le-Britannique.* Quand il avisa le
titre anglican, en demandant à vivre en Angleterre sous la protection des lois anglaises comme les Anglais, on lui répondit par
ce mot des révolutions triomphantes : *Il est trop tard !*

« Surprins de nuict mener à l'air Gallique » — C'est à Waterloo
qu'il dut renoncer à prendre jamais le nom de *Britannique.* S'il
avisa presque aussitôt le titre anglican, c'est qu'il avait été surpris durant cette bataille par l'arrivée de Blücher et que par suite
de cette surprise de l'ennemi, il avait été mené de nuit l'épée
dans les reins, de l'air de la Belgique à l'air de France. « Voilà
Grouchy, avait-il dit, la victoire est à nous ! » c'était Blücher. On
lit dans le rapport officiel : « L'obscurité de la nuit empêcha de
rallier les troupes. » Relisons ce quatrain :

> Règne en querelle aux frères divisé,
> Prendre les armes et le nom Britannique,
> Titre anglican sera tard advisé,
> Surprins de nuict mener à l'air Gallique.   VIII. 58.

Là, à Waterloo, Napoléon fut renversé pour la seconde fois d'un trône où il s'était élevé deux fois par lui-même. Voyez ce que Nostradamus ajoute aussitôt, dis-je à M. L. Veuillot, en découvrant ce vers sur lequel je tenais le doigt :

> Par deux fois haut, par deux fois mis à bas.

Depuis que j'avais commencé mes explications, M. L. Veuillot n'avait soufflé mot ; ses yeux ne s'étaient détachés du texte de loin en loin que pour se porter à mon front. — C'est extraordinaire ! dit-il enfin. Je repris :

« L'Orien aussi l'Occident foyblira » — Il a affaibli l'Orient par la campagne d'Egypte, l'Occident par 15 années de guerres.

« Son adversaire » — Le « Britannique » du quatrain précédent, « l'Anglais » du quatrain suivant.

« Après plusieurs combats. Par mer chassé au besoing faillira ». — Après plusieurs combats, l'Anglais, le plus acharné de ses adversaires et qui avait fait contre lui que ligues continentales, l'ayant chassé au-delà des mers faillira au besoin du *Martyr de Ste-Hélène*. « Nous manquons ici des premiers besoins de la vie », a dit l'empereur :

> Par deux fois haut par deux fois mis à bas,
> L'Orient aussi l'Occident foyblira,
> Son adversaire après plusieurs combats,
> Par mer chassé au besoing faillira.   VIII. 59.

« Premier en Gaule, premier en Romanie » — Empereur de France, roi d'Italie.

« Par mer et terre aux Anglois et Paris » — Il a fait la guerre aux Anglais, d'abord par mer à Aboukir, à Trafalgar, puis par terre sur tous les champs de bataille de l'Europe, et enfin sous les murs de Paris.

« Merveilleux faits par celle grand mesnie »—*Ménis*, colère ; c'est le premier mot de l'Illiade où nous renvoie Nostradamus pour développer sa prophétie : « *Menine acide thea...* Muse, chante là « colère d'Achille qui causa des maux innombrables aux Grecs, » fit descendre chez Pluton tant d'âmes de héros et livra leurs « corps aux chiens et aux animaux de proie. Ainsi le voulait Jupi- « ter. C'était à qui l'emporterait d'Achille et d'Agamemnon. » C'était à qui l'emporterait de Napoléon et des Anglais. « Merveil- leux par cette grande *colère* aux Anglois par mer et terre et Paris. » Les grands événements de la vie politique de Napoléon ont eu pour cause sa haine contre l'Angleterre. C'est l'Angleterre qu'il poursuivait à Toulon, en Egypte, à Rome, à Naples, à Lisbonne, à Madrid, à Moscou, partout.

« Violent terax perdra le NORLARIS. »— *Ther*, lion, *thera*, chasse, en grec. La *Genèse* cite ce proverbe : « *Violent chasseur*

devant le Seigneur comme Nemrod. » Napoléon fut un plus *violent
chasseur* d'hommes que Nemrod. Du temps de Nostradamus, les
savants mêlaient le grec et le latin au français sans avoir le motif
sérieux du prophète de voiler leur pensée. Montaigne a dit en
français-grec-latin : « Ce te sera *mnémosunon tui sodalis* (un souvenir de ton ami). » Ils faisaient aussi des anagrammes. Nostradamus les a imités et vous lisez dans les *Observations* que porte
cette très-vieille édition que NORLARIS est pour *LORRAINS*. Le
« *violent chasseur* » que nous venons de voir « chassé par mer »
n'a-t-il pas perdu le pays des Lorrains ? La Lorraine, *ravagée* à la
chute de l'*oncle*, a été *perdue* plus complètement à la chute du
» neveu du sang ». Ce quatrain annonçait les grandes choses du
premier Empire et leurs tristes résultats :

> Premier en Gaule premier en Romanie,
> Par mer et terre aux Anglois et Paris,
> Merveilleux faits par celle grand mesnie,
> Violent terax perdra le NORLARIS.   VIII. 60.

Poursuivrai-je l'interprétation de ce récit ou bien passerai-je à
autre chose ? dis-je à M. L. Veuillot, déjà profondément frappé. —
Veuillez continuer, je vous prie, me répondit-il.

« Jamais par le découvrement du jour, Ne parviendra au signe
sceptrifère » — Cet homme qui « de soldat simple parviendra en
empire », ne parviendra jamais par une marche au grand jour à
saisir le sceptre qui est le signe du commandement suprême et
héréditaire ; il fera toujours son chemin par des voies ténébreu-
ses. C'est au cri de *Vive la République !* qu'il fait le dix-huit bru-
maire, qu'il se fait nommer Consul pour dix ans, et après deux
ans pour dix autres années, puis Consul à vie.

« Que tous ses sièges ne soyent en séjour, Portant au coq don
du TAC armifère. » — Il attendra que toutes les situations gou-
vernementales où il s'assoiera momentanément comme général
de l'armée d'Italie, chef de l'expédition d'Egypte, consul, aient
préparé les esprits au séjour fixe de l'Empire, portant au coq de
la République le don d'une épidémie guerrière. — *Tac* dit N. *Landais*, maladie contagieuse des moutons. *Tac*, dit le *Glossaire*,
maladie contagieuse qui régnait à Paris au commencement du
XVe siècle. Au temps du « plus horrible trosne de coq et d'aigle
de France frère trois », Napoléon Ier combattit pour le coq de la
République qu'il remplaça par l'aigle de l'Empire. « De soldat
simple parviendra en empire... Vaillant aux armes... » On trouve en
quelque sorte dans ce quatrain l'époque où devaient s'accomplir les 24 vers du récit :

> Jamais par le découvrement du jour,
> Ne parviendra au signe sceptrifère,

> Que tous ses siéges ne soyent en séjour,
> Portant au coq don du TAC armifère.   VIII ,61.

Le *Soldat-empereur,* » vaillant aux armes, en Eglise où plus pyre vexer les prestres comme l'eau fait l'esponge », est renversé par « les armes » dans les premiers quatrains et renversé par « les prestres » dans les derniers :

« Lorsqu'on verra expiler le saint temple, Plus grand du Rhône leur sacrez prophaner » — Le Rhône (en grec *Ruon*, qui entraîne) est pour le torrent révolutionnaire alors qu'il menaçait de tout entraîner. Lorsqu'on verra dépouiller la Sainte Eglise, le plus grand de la Révolution française, celui qui se dira *la Révolution fait homme*, mettre la main sur le chef de l'Eglise, Sa Sainteté,

« Par eux naistra pestilence si ample, Roy fuit injuste ne fera condamner ». — par eux, Napoléon Ier, ou « le plus grand du Rhosne », et Pie VII, ou « leur sacrez », sera fait le Concordat de 1813, acte si pestilentiel qu'il ne fera condamner injustement l'Empereur et Roi en fuite. A Fontainebleau, dans le palais même où Napoléon venait de contraindre son prisonnier Pie VII à signer la ruine de l'Eglise par ce Concordat, Napoléon, fuyant devant ses ennemis, est venu signer son abdication :

> Lorsqu'on verra expiler le saint temple
> Plus grand du Rhosne leur sacrez prophaner,
> Par eux naistra pestilence si ample,
> Roy fuit injuste ne fera condamner.   VIII. 62.

« Quand l'adultère » — Il divorça malgré le Pape et épousa une seconde femme du vivant de la première.

« Blessé sans coup » — Il voulut mourir à Waterloo, mais il tomba blessé seulement au moral. Nostradamus nous prépare ainsi à entendre au moral le reste du quatrain.

« Aura meurtry la femme et le fils par despit » — Il a meurtri Joséphine et son fils d'adoption Eugène Beauharnais, par dépit de n'avoir pas d'héritier.

« Femme assommée l'enfant estranglera » — Il a laissé rasterre Marie-Louise, la fille des Césars, et il a privé de la vie politique son enfant Napoléon II.

« Huit captifs prins » — Il a laissé à la disposition de ses ennemis les huit autres membres de sa famille : sa mère, ses trois sœurs et ses quatre frères (« Règne en querelle aux frères divisé »).

« S'estouffer sans respit ». — Il s'est condamné à étouffer privé d'air et d'espace jusqu'à son dernier jour.

« *Là, c'est là,* disait-il en montrant sa poitrine au docteur Antomarchi. Celui-ci lui présenta un flacon d'alcali. « *Eh non ! ce n'est pas faiblesse,* s'écria-t-il ; *c'est la force qui m'étouffe, c'est la vie qui me tue...* » Puis, s'élançant à une fenêtre et regardant le ciel : « *17 mars,* dit-il, *à pareil*

*jour, il y a dix ans (nous étions à Auxerre, venant de l'île d'Elbe), il y avait
des nuages au ciel. Ah ! je serais guéri si je revoyais ces nuages (Hist. pop.
de l'Empereur, p. 200) »*

> Quand l'adultère blessé sans coup aura
> Meurtry la femme et le fils par despit,
> Femme assommée, l'enfant estranglera,
> Huit captifs prins, s'estouffer sans respit.   VIII. 63.

Dans ce récit « tout au long », qui commence avec la vie
politique de Napoléon Ier : « De soldat simple parviendra en
empire » et s'achève avec elle : « s'estouffer sans respit »,
n'avez-vous pas vu une prophétie admirable à tous les points
de vue comme étendue, précision, jugement historique et morale
religieuse? — C'est vrai, dit l'auteur de l'article *Crédulité*, mais
pourquoi s'exprimer de la sorte? — Nostradamus le dit :

*« L'injure du temps, ô sérénissime Roy (Henri II), requiert que tels secrets
événements ne soyent manifestez que par enigmatique sentence, n'ayant
qu'un seul sens et unique intelligence, sans y avoir rien mis d'ambigue
d'amphibologique calculation : mais plustost sous obnubilée obscurité par
une naturelle infusion, approchant à la sentence d'un des mille et deux
Prophètes, qui ont été depuis la création du monde. »*

C'est-à-dire : Pour soustraire l'annonce d'événements en dehors
de toute prévision humaine au temps qui détruit tout et dont la
malice des hommes ne devance que trop souvent l'action, il faut
s'exprimer de manière à n'être compris qu'après l'accomplissement de la prophétie. On reconnaîtra alors qu'elle se rapporte
bien à tel événement et qu'elle ne pourra jamais se rapporter à
un autre, tant elle est précise et justifiée dans tous ses termes ;
on reconnaîtra alors aussi qu'elle ne renferme rien d'ambigu,
malgré son obscurité calculée et vraiment sans pareille, provenant
de la fusion ensemble des moyens naturels de s'exprimer, un
peu comme l'a fait n'importe quel prophète de la masse de ceux
qui ont prophétisé depuis le commencement du monde, l'évènement seul ayant fixé le sens de leurs paroles.

Voyez, Monsieur, par ce quatrain, combien l'interprétation devient limpide dès qu'on a le premier mot de la prophétie :

> La Royne Ergaste...   IX, 17.

Il n'y a jamais eu de *Reine* du nom d'*Ergaste*, il n'y en aura
jamais. Ce nom rappelle les mots grecs *Ergon*, ouvrage, *Ergaster*,
ouvrier ; le mot latin *Ergastulum*, prison où les esclaves étaient
forcés de travailler (W.), l'*ergastolo* d'Italie, aujourd'hui encore.
Avons-nous une *Reine Ergaste* dans notre histoire? — Oui, dit M.
L. Veuillot, Marie-Antoinette.

« La Royne Ergaste voyant sa fille » — Marie-Antoinette avait sa
fille auprès d'elle.

« voyant sa fille blême par un regret dans l'estomac enclos. » —

Cette fille était d'âge à connaître la douleur : elle tomba évanouie quand son père lui fit ses adieux en présence de « la Royne Ergaste, » et le regret de cette séparation, est resté toujours en elle.

« Cris lamentables seront lors d'Angolesme » — Voyez-vous ce que ce que signifie ici ce mot « Angolesme » ? — La fille de Marie-Antoinette est la duchesse d'Angoulême, répondit M. Veuillot.

« Et aux germains mariage forclos » — *Lors* qu'elle poussa des « cris lamentables » elle était *d'Angoulême* par un mariage *forclos* entre cousins-germains. Voici ce que m'a appris l'histoire pour confirmer mon interprétation entrevue.

« *Vie de Marie-Thérèse de France*, par Alf. Nettement, (p. 40). « Quoique Madame Royale n'eût encore que neuf ans, son mariage avec M. le duc d'Angoulême, son cousin (germain), avait déjà été arrêté. L'entrevue eut lieu avec pompe à Versailles : *les paroles furent données*, et il fut décidé que *le mariage* se ferait dès que le jeune prince aurait l'âge fixé par les lois de la monarchie (jusque-là il restait *forclos*, il ne pouvait être *consommé*).

« (p. 86) Ma mère nous regardait quelquefois avec une pitié qui faisait tressaillir. Heureusement le chagrin augmenta mon mal, ce qui l'occupa. » Le bruit de la maladie de la fille de Louis XVI s'étant répandu dans Paris, le *Moniteur* du 24 janvier 1793 démentit cette nouvelle.

Thiers : « *Les cris, les lamentations,* empêchaient de rien distinguer. Madame Royale tenait son père embrassé par le milieu du corps. *Au moment de sortir,* Madame Royale *tomba évanouie.* »

Le dernier vers du quatrain qui précède a ces mots : « Roy desrobé » qui sont sans doute la cause du « regret enclos dans l'estomac d'Angolesme » Louis XVI fut un « Roy desrobé » à sa famille. Lisons donc ce quatrain avec la pensée d'y voir Louis XVI, comme nous avons lu le suivant sur « la Royne Ergaste » avec la pensée d'y voir son épouse :

« Heureux au règne de France, heureux de vie » — Avant d'être devenu le « Roy desrobé », Louis XVI avait été « heureux au règne de France ». Il avait eu l'amour de ses sujets et avait vaincu l'Angleterre. Successeur de Louis XV, il avait été de bonne vie et mœurs : « heureux de vie ».

« Ignorant sang, mort, fureur et rapine » — Ignorant le moyen de défendre son trône et sa personne par le sang, la mort, la fureur et la violation des *droits du peuple*, lui qui, à diverses reprises, a déclaré jusqu'à la fin *qu'il ne voulait pas qu'un homme mourut pour sa querelle*, lui qu'on a salué du titre de *Restaurateur des libertés françaises*,

« Par non flatteurs sera mis en envie » — (*invidia*, haine) par les *remontrances des Parlements*, et par les députés des Etats-Généraux si différents de ceux dont on a dit « *Détestables flatteurs présent, le plus funeste Que puisse faire aux rois la colère céleste* », il sera mis en la haine du peuple et il sera

« Roy desrobé trop de foy en cuisine » — Il demandera vainement l'appel au peuple auquel il sera enlevé tout-à-coup ainsi qu'à sa famille par son trop de confiance en des *coquins*. Le mot « cuisine » m'a fait ouvrir le dictionnaire et l'histoire :

N. Landais : « COQUIN, du latin *coquinus*, de cuisine, s'est dit originairement des plus bas officiers de cuisine, et ensuite des gens les plus vils et les plus méprisables. »

M. Thiers : Lafayette écrivit le *8 juillet 1792* à Lally-Tolendal afin de s'entendre avec lui *pour sauver le roi* : « Le serment du roi, le notre aurons « tranquillisé les gens qui ne sont que faibles, et par conséquent les *coquins* « seront pendant quinze jours privés de cet appui... En vérité, quand je me « vois entouré d'habitants de la campagne qui viennent de dix lieues et plus « pour me voir et me jurer qu'ils n'ont confiance qu'en moi, que mes amis et « mes ennemis sont les leurs ; quand je me vois chéri de mon armée, sur la- « quelle les efforts des Jacobins n'ont aucune influence ; quand je vois de « toutes les parties du royaume arriver des témoignages d'adhésion à mes « opinions, je ne puis croire que tout est perdu, et que je n'ai aucun moyen « d'être utile. » Le roi répondit de sa main à cette lettre... *Le 4 Août*, Lally-Tolendal écrivit à Lafayette que le roi refusait le moyen qu'on lui offrait d'échapper à ses ennemis. »

Montgaillard : « Le 10 août, Louis XVI se rendit à l'assemblée et dit : « *Je suis venu pour vous épargner un grand crime ; je pense que je ne sau-rais être plus en sûreté qu'au milieu des représentants de la nation.* »

Les mots « Ergaste, cuisine », mêlés au reste, doivent, malgré leur « obnubilée obscurité », vous paraître maintenant de « naturelle fusion ». Avant de relire ces 8 vers, je vous prie de remarquer que Nostradamus a dit à cet endroit :

« *Si je voulois à un chacun quatrain mettre le dénombrement du temps se pourroit faire.* »

Il a mis XIV au-dessus d'un quatrain sur Louis XIV, XV au-dessus d'un quatrain sur Louis XV. Lisez maintenant ces 8 vers en remarquant bien le chiffre qui les précède :

XVI

Heureux au règne de France, heureux de vie,
Ignorant sang, mort, fureur et rapine,
Par non flatteurs sera mis en envie,
Roy desrobé trop de foy en cuisine.   IX.

XVII

La Royne Ergaste voyant sa fille blesme
Par un regret dans l'estomac enclos,
Cris lamentables seront lors d'Angolesme
Et aux germains mariage forclos.   IX.

Le mot « Varennes » que je vous montre ici, appartient à un récit « tout au long » comme celui du *Soldat-empereur*. Regardez seulement ces mots qui jettent la plus vive lumière sur l'ensemble :

.... dedans Varennes
Esleu cap. cause tempeste, feu, sang tranche...
Dedans le temple vis-à-vis du palais,
Dans le jardin Duc de Mantor et d'Albe...
Le Père Roy au temple...
Seront ravis les deux petits royaux...   IX. 17-26.

Dedans Varennes, l'arrestation du Capétien, élu *roi constitutionnel* cause une tempête ; dans le feu de la sédition, on lui tranche la tête au cri de ; *A bas Capet !* Dedans la prison du Temple, vis-à-vis du palais des Templiers, et dans le jardin était le duc de Normandie (« Mantor » anagramme de Normant) et d'Albon (en Dauphiné, d'où est sorti la race souveraine des dauphins qui cédèrent leurs États à la France à la condition que le fils aîné du roi porterait le titre de Dauphin). Louis XVI fut « le Père Roy au Temple *avec* les deux petits royaux » dont l'un était le « Duc de Mantor et d'Albe » ou le dauphin, *duc de Normandie et d'Albon*, et l'autre la duchesse « d'Angolesme ».

Proyart : « Le roi et sa famille se promenaient dans la prison du Temple. »

— Je remarque, me dit M. L. Veuillot, que vous prenez un quatrain ici, un autre là, sur les mêmes événements ; Nostradamus ne les a donc pas mis dans l'ordre chronologique ? — Non, et le prophète nous en avait prévenu :

« *Je eusse adapté les quatrains les uns avec les autres... Si je voulois à un chacun quatrain mettre le dénombrement du temps se pourroit faire... Nonobstant que soubs nuées seront comprinses les intelligences :* SED QUANDO SUBMOVENDA ERIT IGNORANTIA, *le cas sera plus esclaircy. Je mets presque confusément ces prédictions.* »

Il y avait un secret à découvrir qui rendrait le cas plus clair, en permettant de se retrouver dans ces *quatrains non adaptés les uns aux autres* par l'ordre chronologique, ce qui fait que ces *prédictions sont mises presque confusément.* Ce secret je l'ai découvert, et c'est à lui que je dois d'avoir retrouvé avec la plus grande facilité dans Nostradamus, tout le passé, et d'avoir annoncé presque tous les faits qui se sont accomplis depuis cette découverte, en 1858.

Les mêmes mots caractéristiques désignent, dans toute la prophétie, les mêmes personnages, les mêmes événements. Voyez le nombre « SEPT » dans ces 10 quatrains ; il est pour « les enfants septains du Roy » Henri II, qui lui survécurent. Ici, le mot « ŒMATHION » est dans cinq quatrains, toujours pour Louis XIV. Jamais on n'avait vu ce roi ou n'importe qui dans un seul de ces 5 quatrains. Je les ai réunis, et ils m'ont donné, tout-à-coup l'histoire de ce roi. Je me suis demandé après pourquoi Nostradamus l'avait désigné par ce nom ; et j'ai trouvé que *Œmathion* était fils de l'Aurore et que son nom signifie en grec *le jour nous amène : Ematha...* N'est-ce pas le nom du *Roi-Soleil* ?

LE PRÉSENT

Je vous disais donc que le grand secret d'interprétation m'a-

vait permis d'annoncer bien des événements. En 1858, je mis à
la suite les uns des autres 8 quatrains qui ont le mot « NEVEU ».
Je vis que Napoléon III en avait accompli plusieurs, je fus
certain qu'il accomplirait les autres. Il les a accomplis. Je vous
le prouverai assez par l'un d'entre eux, celui qui est suivi dans
la centurie d'un autre, dont l'expression « LE CHEF DU NEF »
m'avait paru avec raison s'appliquer pour la seconde fois à
Pie IX (583 et 854-856).

Vous voyez ces 2 mêmes quatrains surmontés ici des chiffres
I. III. IV. IX. Ces chiffres indiquaient bien le sens que je leur
donnais dès lors, car vous lisez ceci dans la *Réédition* (p. 47) :

« Le lecteur aura bientôt l'interprétation des *quatrains sur le présent et
l'avenir* s'il s'aide des indications que donnent les chiffres romains placés au-
dessus : I. signifie révol. ital. ; II. V.-Emmanuel II ; III. Nap. III ; IV. Nap. IV
(V. Henri V) ; IX. Pie IX, etc. »

(III. IV.)

Feu couleur d'or du ciel en terre veu,
Frappé du haut nay, faict cas merveilleux
Grand meurtre humain prinse du grand neveu
Morts d'espectacles échappé l'orgueilleux.   II. 92.

(III. I. IX.)

Bien près du Tymbre presse la Libitine,
Un peu devant grand inondation :
Le chef du nef prins, mis à la sentine,
Chasteau, palais en conflagration.   II. 93.

On disait : L'âge d'or, *aurea ætas* ; la belle Venus, *aurea Venus*. Le feu couleur d'or est le feu *par excellence* vu du ciel en
terre au jour de la descente du Saint-Esprit et qui imprima du
haut un caractère ineffable aux Apôtres, recevant ainsi le
baptême de feu. Nay (l'enfant, nous disons encore le *puiné*) ou
Napoléon IV a reçu le baptême de feu d'une façon merveilleuse,
d'après ce que son père a télégraphié à l'Impératrice. Il y a eu
aussitôt après grand meurtre d'hommes et par suite prise du
grand neveu qui se montrait alors orgueilleux en s'obstinant à
commander nos armées, et qui s'est échappé sain et sauf d'entre
les morts qu'il se donnait en spectacle du haut des murs de
Sedan. [*Spectabilis*, I. visible, titre d'honneur du bas empire. W].

Presque aussitôt la prise du grand neveu, le 2 septembre, la
Mort (en latin *Libitina*) se hâta vers le Tibre, un peu devant
une grande inondation de ce fleuve. Le chef de la barque de
Pierre fut pris, le 20 septembre, dépouillé de tout gouvernement
et mis au plus bas par une révolution qui menace du pétrole
les chateaux et les palais,

Vous retrouvez ces chiffres III. IV. au-dessus de ces quatrains
sur la prise de Napoléon III dans la forêt des Ardennes et l'incendie des Tuileries :

(III. IV.)

Le grand Empire sera tost désplé,
Et translaté près d'Arduenne silve...   V. 45.

(III. IV.)

De feu céleste au Royal édifice,
Quand la lumière du Mars défaillira
Sept mois grand guerre, mort gens de maléfice,
Rouen, Evreux au Roy ne faillira.   IV. 100.

« *La place du crime a été purgée par le feu* », a dit Nostradamus dans sa prophétie d'Orval. Dieu venait d'aveugler Napoléon III qui, se posant en arbitre de la paix et de la guerre, voulait trancher les grandes questions sociales et délimiter les nationalités par la force brutale. La guerre s'est retournée contre Mars. Elle dura sept mois et fut suivie de la mort des communards malfaisants qui incendièrent le Royal édifice. Durant ce temps, Rouen et Evreux ne pouvaient échapper à l'occupation du roi de Prusse.

Vous dites de la prophétie d'Orval dans votre article *Crédulité* :

« Cette niaiserie de 1830, faite pour M. le comte de Chambord et exploitée par les tenants de Louis XVII, pourrait servir aussi bien au fils de Napoléon III, après avoir passé par le comte de Paris, s'ils n'avaient les prophéties particulières, qui vont mieux à la crédulité de leurs dévots : « *Venez, jeune prince, quittez l'île de la captivité; unissez le lion à la fleur blanche.* »

« Rien n'irait mieux, si l'on voulait, au roi de Belgique; il a son lion, il est du « vieux sang de la cap », et son ministère catholique ou libre penseur, figure très-bien l'île de la captivité. »

Nostradamus, qui *adapte les unes avec les autres* toutes ses prophéties par la répétition des mêmes expressions, a l'expression « jeune prince » de sa *Prophétie dite d'Orval*, dans deux quatrains qui appartiennent à deux longs récits sur le temps présent. Vous allez convenir qu'en surmontant du chiffre IV, dès 1862, l'expression « jeune prince » dans ces deux récits, je déclarais que l'auteur des quatrains l'employait pour Napoléon IV. Ne remarquez que ces mots du premier récit :

(III.)

Le boute feu par son feu attrappé,.. eschappé
Par ceux de Hesse des Saxons et Turinge.   V. 100.

(III. IX.)

Autour des monts Pyrénées grand amas
De gent étrange secourir roy nouveau,
Près de Garonne du grand temple du Mas,
Un Romain chef le craindra dedans l'eau.   VI. 1.

(IV. V.)

Fleuve qu'esprouve le nouveau nay Celtique

Sera en grande de l'Empire discorde,
Le jeune prince par gent ecclésiastique,
Ostera de sceptre coronal de concorde. VI. 3.

(XIV. V. IX. III.)

Le Celtiq. fleuve changera de rivage...
Saturne, Léo, Mars en rapine. VI. 4.

Boute-feu dans la question allemande, Napoléon III a été attrapé par son feu et s'est échappé sain et sauf d'entre les Hessois, les Saxons et les Thuringeois.

Autour des monts Pyrénées on voit, depuis la prise de Napoléon III, grand amas de gens étrangers au pays qui portent à la France le secours de leurs prières pour obtenir un nouveau roi. Ils sont près des sources de la Garonne, au grand temple bâti sur la roche Massabieille (vieille masse). Ces pèlerinages à la source d'eau miraculeuse ont pour but également d'obtenir que Rome soit rendue à son véritable chef.

Ce qui ajoute aux épreuves de Napoléon IV, devenu depuis peu l'héritier de l'Empire, c'est la perte du Rhin français. On lui crie : Rendez-nous la Lorraine et l'Alsace. Il sera enlevé à son sceptre pour n'avoir pas entendu la voix de l'Église qui lui demandera de rendre la paix au monde en joignant le lion de son parrain Pie IX à la fleur blanche de son roi Henri V.

Le sens du quatrain sur « le jeune prince » est fixé et par la prophétie d'Orval où revient l'expression « le jeune prince, » et par le quatrain qui vient immédiatement après et qui est si clairement adapté au précédent. Le celtique fleuve a changé de rivage, le Rhin français coule entre des rives allemandes et c'est pour cela que ce « fleuve esprouve de nouveau nay celtique, » le jeune prince », Henri V (ou la fleur blanche) est là « Saturne (ou le vieux sang des siècles) » comme dans une foule de quatrains, Pie IX qui joint « Saturne » est « le lion ou Léo » comme en tant d'autres endroits, Napoléon IV est « le nouveau Mars. » Tout restera « en rapine, en grande discorde (sans être joint) » jusqu'à ce que ces mots d'Orval aient reçu leur accomplissement.

« Dieu aime la paix; venez, jeune prince, quittez l'île de la captivité, oyez, joignez le lion à la fleur blanche, venez. Ce qui est prévu Dieu le veut : le vieux sang des siècles terminera encore de longues divisions, lors un seul pasteur sera vu dans la céleste Gaule. L'homme puissant par Dieu s'assoyera bien, moult sages règlements appelleront la paix. Dieu sera cru d'avec lui tant prudent et sage sera le rejeton de la Cap.

L'autre quatrain qui a l'expression « JEUNE PRINCE » appartient à un long récit sur la lutte de l'Empire et de la Légitimité. Ce récit est extrêmement clair, parce qu'il s'accomplira au moment même où il faudra croire à la prophétie et crier : « Ce qui est prévu, Dieu le veut! »

L'AVENIR

(IV. V.)

Le jeune prince accusé faussement
Mettra en trouble le camp et en querelles,
Meartry le chef pour le soustènement,
Sceptre appaiser puis guérir escrouelles.   IV. 10.

(V. IV.)

Celuy qu'aura couvert de la grand cappe....   IV. 11.

(IV. V.)

La mort subite du premier personnage
Aura changé et mis un autre au règne,
Tost tard venu à si haut et bas âge,
Que terre et mer faudra que on le craigne.   IV. 14.

(V.)

Paix uberté longtemps lieux louera,
Par tout son règne désert la fleur de lys...   IV. 20.

(V.)

Le changement sera fort difficile,
Cité, Province au change gain fera,
Cœur haut, prudent, mis, chassé, luy habile,
Mer, terre, peuple son état changera.   IV. 20-23.

Vous voyez là encore le jeune prince en lutte contre le sceptre qui a le privilége de guérir les écrouelles au jour du sacre, et qui est ici encore « la grande cappe » ou « le rejeton de la cap »

La mort subite de Napoléon IV aura changé la dynastie et mis au règne Henri V, venu tout à coup bien qu'après de longues années, et à un âge avancé après avoir été roi en bas âge. Il s'imposera par la force.

La paix, l'abondance habiteront longtemps les mêmes lieux pendant tout le règne de la fleur de lys, et « le désert fleurira comme un lis, » dit Isaïe.

Le changement sera fort difficile. Paris et la province gagneront au change, car ce grand cœur qui n'a pas voulu acheter sa couronne par une bassesse, cet homme prudent, une fois assis, après son retour de l'exil, par l'habileté qui lui est personnelle, changera les lois qui régissent la mer, la terre, le peuple et son état.

Vous voyez que ces quatrains sont bien la paraphrase de la prophé ie d'Orval L'ensemble des prophéties de Nostradamus justifie de plus en plus ma brochure Les Prophéties dites d'Oliva-rius et d'Orval interprétées par leur auteur Nostradamus.

Nostradamus termine un récit en huit vers sur la chute et la fuite de Louis-Philippe par ces mots : « et l'ennemy surpris ». — « Les plus surpris de la victoire, ce furent les vainqueurs », a dit M. Guy. Le vaincu avait dit la veille à l'ambassadeur anglais : « Je suis tellement à califourchon sur mon gouvernement que je ne crains

pas que rien bronche ». Pourtant, des interprètes de la prophétie
d'Orval avaient parié depuis longtemps qu'il tomberait du 5 février au 6 mars 1848, d'après ces mots : « *Dieu veut éprouver les
siens par 18 fois 12 lunes... Il n'était pas bien assis et voilà que
Dieu le jette bas* ». — Je le sais, me dit M. L. Veuillot, car j'avais
parié contre l'un d'eux et j'ai perdu. — Et vous avez cru après que
cette prophétie était une « niaiserie de 1830 » ? — J'ai entendu annoncer depuis, à jour fixe, d'après cette même prophétie, des
évènements qui n'ont pas eu lieu. — Les interprètes s'étaient
trompés, mais non le prophète. Ils se sont trompés aussi quand
ils ont vu Henri V dans le « *jeune prince de l'isle de la captivité.* »

Voici un récit en 28 vers sur l'exil d'Henri V qui présentent bien
ce prince comme « *le rejeton de la cap.* » Le premier et le dernier
vers vous le disent assez clairement :

(V)
Du vray rameau de fleur de lys issu...   V. 30.

(V)
. . . Et regnera Œnobarbe nez de Milve   V. 45.

Seul rejeton de la vraie branche des fleurs de lys de France (la
branche aînée qui a droit au trône), il règnera à la barbe blonde
(*œneus*, de cuivre), au nez recourbé du *milan* (*milvus*).

Le nom de ce « *rejeton* » est en toutes lettres dans la prophétie.
Des *Explications*, publiées en 1691, vous disent bien que « *Chyren
veut dire Henric* ». C'est une anagramme. La statue d'Henri IV, à
Pau, a cette inscription : *Lou noste Henric*. Le mot « *Chyren* » est
six fois dans ces quatrains que j'ai rangés à la suite les uns des
autres (p. 195). Il doit être pris six fois pour *Henri*, six fois pour
le même Henri, d'après le grand secret d'interprétation. Mais quel
est cet Henri ? Le prophète le désigne expressément en le nommant deux fois « Chyren Selyn (VI, 27, VIII, 54) » et il nous donne
lui-même la signification du mot « Selyn » en disant ici (II, 1) :
« En Aquitaine port Selyn ». Bordeaux, le port de l'Aquitaine, se
nommait *Port de la Lune* à cause de sa forme en croissant ; et je
vous montre ses armes actuelles : un *croissant dans les flots* ».
Lune se dit en grec *Sélènè*. Le « Chyren Selyn » est donc un
Henri du « port Selyn » ou un *Henri de Bordeaux*.

Mais vous lisez : « Chyren Selyn Quintin Arras ». *Henri de Bordeaux* est « Quintin » ou *cinq* comme Charles-Quint, et « Arras »,
étant comte d'Artois et fils du duc de Berry, comte d'Artois, et
petit-fils de Charles X, comte d'Artois. Voyons si le contexte nous
permet bien d'appliquer ces mots à *Henri de Bordeaux cinq
d'Artois* soit dans le passé, soit dans le présent, soit dans
l'avenir :

(III)
Dedans Bologne voudra laver ses fautes,

Il ne pourra au temple du Soleil,
Il volera faisant choses si ha+ates,
En hiérarchie n'en fut oncq un pareil.   VIII. 55.

(V. III)

Soubs la couleur du traicté mariage,
Fait magnanime par grand Chyren Selin,
Quintin, Arras recouvrez au voyage,
D'Espagnols fait second banc Macliil: VIII. 54.

(V)

Entre deux fleuves se verra enserrez: VIII. 55-56.

Dedans Boulogne, un homme, connu seulement par des fautes
(en Italie, à Strasbourg), voudra passer l'éponge sur ses fautes en
débarquant d'Angleterre. Il dira là : « *Il y a un moyen infaillible
de faire de grandes choses : c'est de le vouloir. Je veux, Je veux.* »
Il ne pourra. Cette échauffourée sera pourtant la cause de son
élévation. Il volera dans le ciel de la France (le *templum* de tout
augure français) sur les ailes de son aigle, de Boulogne, et, en
« *faisant ses grandes choses* » il obtiendra le pouvoir le plus absolu qui fut jamais.

Sous couleur d'épouser la France, fait de grandeur d'âme, accompli par le grand *Henri de Bordeaux* cinq, d'Artois, Bordeaux,
Quintin et Arras seront recouvrés au retour de l'exil, sur des
Espagnols, l'impératrice et son fils, avec qui la France aura fait
un *second mariage illégitime* (en grec) *Maclos*) Dans les 2 quatrains qui suivent, Henri assiège Paris, situé « entre deux fleuves », Seine et Marne.

Nostradamus rapproche les faits qui offrent entre eux les plus
grands rapports. L'homme de Boulogne, d'origine « Corse », dit
ailleurs Nostradamus, n'était pas mort lorsque j'interprétai, en
1862, d'Henri V le second quatrain où je voyais pourtant l'Empire
représenté par l'impératrice et son fils où « les Espagnols » que
la France va épouser de nouveau. Henri V descendra à Marseille
selon ces autres passages : « *Par toy Phocen tiendra son trône,..
Qui prendra terre au Tyrrhenphocéan* », comme Louis-Napoléon
est descendu à *Boulogne*. Mais il ne se présentera pas en aventurier. La France aura connu tous ses titres qui le font l'époux
légitime. Il s'élèvera plus haut que l'aigle, et ne tombera pas
comme lui ; aimé et redouté de plus en plus, il n'ambitionnera
qu'un titre, celui d'avoir délivré la France et l'Église de leurs
ennemis intérieurs et extérieurs :

(V.)

Au chef du monde le grand Chyren sera,
Plus outre après aymé, craint redouté,
Son bruit et los les cieux surpassera ;
Et du seul tiltre victeur fort contenté.   VI. 70.

(II, L IX.)

.... eslever la croix de Pape envie.   VI. 26

(V)

... Par le croissant du grand Chyren Selin...   VI. 27

(V)

Le grand Celtique entrera dedans Rome,
Menant amas d'exilez et bannis...   VI. 28

Ces 3 derniers quatrains se suivent dans la Centurie et font
partie d'un récit « tout au long » où Napoléon III est le « neveu »
et 2 fois « Mars ».

J'ai fait accepter à M. L. Veuillot que j'avais dit, dès 1862, d'après
ce récit : Napoléon III livrera Rome à V. Emmanuel, qui
« tiendra quatre ans le *Saint-Siége* », ou la capitale de celui dont
on « élèvera la croix *par haine* » et qui comme Jésus, ainsi qu'il
est dit ailleurs, « sera mis au lieu de l'air ». Je lui ai montré que,
j'avais appliqué dès lors à V. Emmanuel ces mots : « A Florence
Roy nuiet blessé sur mulet à noire bousse (VI. 36) » et j'ai ajouté :
La mort de V. Emmanuel et celle de Pie IX justifieront tous les
termes de la prophétie à ce sujet comme il en a été pour celle de
Napoléon III, malgré quelques erreurs d'interprétation. Je lui ai
montré alors tous les quatrains que j'avais interprétés de cette
mort et il a été aussi frappé que le grand vicaire de Mgr Dupanloup de voir combien le texte prophétique est conforme à celui
des *Causes de la mort de l'Empereur.*

M. L. Veuillot m'a demandé aussi ce qui allait se passer en
France sous peu de jours. J'ai répondu : Pour que mes erreurs
d'interprétation ne vous empêchent pas d'avoir une certaine
confiance dans ce que j'annonce pour un avenir prochain, je vais
vous dire combien j'ai été heureux en donnant dans cet *Almanach du grand prophète pour 1872* trois passages prophétiques
comme étant au moment de s'accomplir :

INTERPRÉTATIONS JUSTIFIÉES

Le vieux... vingt mois tiendra le règne à grand pouvoir...   VIII. 65.

Vingt mois après la proposition Rivet qui lui avait conféré, le
31 août 1871, un plus grand pouvoir, « le vieux M. Thiers »
tombait le 24 mai 1873.

..... les rouges détenus...   IX. 15.
De Castel Franco sortira l'assemblée,
L'ambassadeur non plaisant fera schisme...   IX. 16.
Le tiers premier...   IX. 17.

Je disais bien : « Le château français par excellence est Versail-
sailles ». Reportons-nous à cette vieille édition pour compléter
le texte de mon *Almanach*. Vous lisez ?

Pour le Seigneur et Prélat de Bourgoing.   IX. 15
De Castel Franco sortira l'assemblée,
L'ambassadeur non plaisant fera schisme.

Pour le Roi-Pape de Bourgoing a été nommé notre ambassadeur, plusieurs mois après la publication de cet *Almanach pour 1872.* Il était encore auprès du Pape-Roi lorsque je lui ai appliqué ce même passage dans mon *Almanach pour 1873.* Or, en cette année 1873, pendant que « de Castel-Franco l'assemblée *était sortie* », c'est-à-dire, était en vacances, « l'ambassadeur non plaisant *faisait* schisme » avec le gouvernement qui l'avait nommé.

De nuict par Nantes l'Iris apparoistra...   VI. 44
Le gouverneur du règne bien sçavant,
Ne consentir voulant au fait Royal...
Le remettra à son plus desloyal.   VI. 45

Je disais bien : « Henri V est « l'Iris *qui* par quarante ans n'apparoistra ». Le *Dieudonné,* arc d'alliance de Dieu avec les hommes, est apparu, l'année suivante, dans la *nuit* de nos *révolutions (Nox reipublicæ),* par sa lettre au député de NANTES, M. de la Rochette, lettre que l'*Espérance de* NANTES a montrée au monde entier.

Je disais bien : « M. Thiers doit à sa science gouvernementale d'avoir été porté au règne ». Il n'a point voulu consentir au fait royal que la lettre de « l'Iris » préparait; et c'est pour cela que renversé, il a dit : « Je *remets* ma démission des fonctions de Président de la République. » M. de Broglie, qui l'a renversé et *remplacé* en quelque sorte, s'est montré plus déloyal encore vis-à-vis de la *Royauté* que l'auteur de l'*essai loyal*...

Vous ne saviez rien de Nostradamus et de son traducteur quand vous avez dit dans l'article *Crédulité* :

« Des choses sont venues sans aucune prédiction. Par exemple, la guerre et le septennat. A l'aurore subite du maréchal de Mac-Mahon, les voyants, qui ne l'avaient pas vu, se sont hâtés de combler la lacune. »

Est-ce que je n'avais pas mis Mac-Mahon presque au rang des souverains, le 15 septembre 1862, dans cette photographie que je soumets à votre attention? et n'avais-je pas dit de lui, le 11 novembre 1870, dans les *Lettres du grand prophète* (p. 21) :

« Mac-Mahon, « chef anglois, prince anglois », sera « connestable ». Quand on m'a dit qu'il était mort et enterré, j'ai répondu : Eh bien ! il ressuscitera. »

Je lui expliquai les 2 quatrains sur le « Prince Anglois », et je dis : votre journal m'a nommé, le 9 avril 1872, en rendant compte de *la Concordance de toutes les prophéties,* par M. l'abbé Chabauty. Je tiens à vous lire cette page de mon *Almanach pour 1873* (p. 36), sans y rien changer :

L'*Univers* du 9 avril publia : « M. Chabauty a eu le tort de mêler à sa » thèse principale une réfutation de Nostradamus et de son commentateur

» M. l'abbé Torné, réfutation qui constitue dans le terrain qu'il exploite un véri-
» table bloc erratique. Il a eu le tort majeur à nos yeux de turlupiner jusqu'au
» calembourg M. Torné, *qui le mérite bien sans doute*, mais dont la culpa-
» bilité n'excuse pas *le vengeur du bon sens* de se livrer à des facéties dans
» un livre qui conclut, pour le plus bref délai, à des catastrophes inouïes... »

Cette critique offensa M. Chabauty, qui écrivit à l'*Univers* en demandant
l'insertion de sa lettre, *ce qui lui fut accordé*. J'ignore ce qu'il a pu dire.
Pour moi, j'attendis mon prochain voyage à Paris pour faire connaître la
prophétie de Nostradamus à un journaliste qui en avait parlé sans en savoir
le premier mot. Vers la fin de juin, j'étais dans les bureaux de l'*Univers*. On
m'écouta, on demanda la preuve de tout ce que j'avançais, et après avoir lu
dans mes livres, publiés depuis 12 ans, l'annonce des faits dont nous sommes
témoins, on publia [le 9 juillet] :

« Nous avons parlé des travaux de M. l'abbé Torné sur les *Centuries* de
» Nostradamus... Nous ne suivrons pas M. le curé dans ses déductions. Elles
» sont curieuses, assurément, s'il est établi que, dès 1860, 1861, 1862,
» M. Torné a, d'après les *Centuries*, nettement annoncé le triomphe de la
» démocratie et de ses deux chefs Garibaldi et V.-Emmanuel à Naples, à Pa-
» lerme, à Rome et à Venise — en écrivant ces mots, le journaliste copiait
» le prospectus imprimé en 1860 — ; s'il a montré le Pape en présence d'un
» roi rouge lui répondant *tout ou rien* — le journaliste avait lu cela à la page
» 204 du 2e vol. de *L'Histoire prédite et jugée*, publiée en 1861 — ; s'il a
» signalé les prétentions nettement affichées des d'Orléans au trône de
» France et le duc d'Aumale ne se déclarant ni rouge ni blanc ». Le journaliste avait lu à la dernière page du même volume : « Le duc d'Aumale ne se
dit ni rouge ni blanc », et à la page 134 du 1er volume : « Les d'Orléans osent
encore aujourd'hui afficher des prétentions au trône. N'ont-ils pas fait assez
de mal à la France. On les verra cependant à la tête d'un des quatre partis
en armes, etc.

« M. Torné se vante d'avoir reconnu dans Nostradamus toute l'histoire de
» France depuis trois cents ans, et, comme tous les prophètes, il conclut que
» ses déductions si claires dans le passé sont également positives dans l'ave-
» nir. D'après son interprète, Nostradamus ne se borne pas aux grands traits
» de l'histoire, il entre dans les détails, et il ne recule pas à nommer dans
» ses vers l'ambassadeur de France à Rome :

> Pour le Seigneur et Prélat de Bourgoing.
> — Ambassadeur non plaisant. —

« Il ne faut pas demander compte au prophète de ses raisons de nommer
» M. de Bourgoing, etc. » — Ces raisons ressortent de l'interprétation que je
donne aux 8 vers qui renferment ce nom. Le journaliste avait été on ne peut
plus frappé de le voir dans ces 8 vers signalés en 1871 comme devant s'accomplir en 1872. C'est plusieurs mois après la publication de mon *Almanach* que
M. de Bourgoing a été nommé ambassadeur à Rome. Si après tout ce que ce
journaliste a vu de la prophétie de Nostradamus, il ne croit pas encore à ce
prophète, qu'il reconnaisse donc que Dieu a eu « ses raisons » de nommer
M. de Bourgoing et tant d'autres pour vaincre enfin son incrédulité en ce
point et celle des athées et des matérialistes.

« Quand M. Torné assure que le grand neveu qui doit être pris près de la
» forêt Ardenne est l'empereur Napoléon III, on lui passe son interprétation
» — donnée en 1862 — ; quand après avoir lu, dès 1852, assure-t-il — vous en
» avez eu la preuve —, dans les vers de Nostradamus l'incendie des Tuileries,
» il montre le réparateur de tout le dommage éprouvé par la France dans
» « le lieu d'Anvers », beaucoup de nos lecteurs seraient disposés à espérer
» avec lui, et assurément nous ne contrarierons pas ceux qui se reposeraient
» dans cette confiance ; de là à reconnaître le vol des prophéties de Nostra-

» mus et la justesse de son interprète, il y a loin. Tout ce que nous voulons
» dire — il n'est pas obligé de dire tout ce qu'il pense —, c'est que le travail
» du commentateur de Nostradamus remonte à plusieurs années ; que l'inter-
» prète paraît sérieux et convaincu — il ne *mérite* plus d'être traité d'insensé
» —, qu'il apporte des renseignements piquants et singuliers. Ce n'est pas à
» nous de les approuver — c'est à l'Eglise —, et peut-être avons-nous autre
» chose à faire que de les contredire — nous avons à les admettre —.

  » Notons en terminant, que M. Torné-Chavigny ne veut pas qu'on se
» méprenne sur son prophète, et il a fait récemment une brochure pour éta-
» blir que l'astrologie n'est pour rien dans les prédictions de Nostradamus
» ni dans les connaissances de l'avenir dont se piquait le médecin de Salon. »

Voilà, dis-je à M. L. Veuillot, comme votre journal m'a traité
après m'avoir entendu une première fois. J'espérais plus de franchise, mais il fallait se déjuger et il en coûte même aux meilleures natures. Cette fois serai-je plus heureux ? — Cette fois, l'*Univers*
ne dira rien de Nostradamus ; il est impossible, dans les circonstances présentes, à tous les points de vue, de traiter publiquement cette question. — Je m'attendais à cette réponse, je la comprends et je l'accepte, mais que les ennemis seuls du Roi et de
l'Eglise s'entendent pour me combattre et non plus Mgr Dupanloup
et M. L. Veuillot. — Lisez mon article et vous y verrez ceci : « Ou
ces prophéties ne peuvent nuire à la Religion, alors pourquoi vous
vous en occuper, ou elles lui nuisent, et alors pourquoi ne
leur donnez-vous pas un de ces coups de crosse pastorale dont
elles ne pourraient se relever ? — Je poursuivrai mon chemin et
j'arriverai. — Oui, car vous marchez dans la vérité.

La voix et le regard du rédacteur en chef de l'*Univers* me péné-
trèrent alors si profondément qu'il m'échappa de lui dire : Comme
Henri V j'arriverai *à l'heure de Dieu*. Le 26 octobre j'avais écrit au
Journal de Florence qu'Henri V n'arriverait pas encore. Le lendemain, le Roi écrivit sa lettre de Salzbourg qui m'a rendu bien
heureux. — Et moi aussi, me dit M. L. Veuillot qui ajouta : Don
Carlos le devancera. — Non :

    Les deux grands frères seront chassés d'Espagne,
    L'aisné vaincu sous les monts Pyrénées.

Vous voyez par ma *Réédition* (p. 302) que j'applique aux Bour-
bons d'Espagne ces deux vers depuis 1862.

Je me levai. M. L. Veuillot me reconduisit. Si j'ai un peu l'habitude des hommes, j'ai laissé celui-ci gagné pour jamais à la cause
de Nostradamus et du traducteur.

Je vous laisse brusquement, mon cher Monsieur, pour répondre
à M. Chabauty, qui vient de m'envoyer les *Prophéties modernes
vengées*. Je vous écrirai de nouveau, dès que j'en aurai fini avec
cet autre critique du « grand prophète ».

Je vous salue, votre tout dévoué.   H. TORNÉ.

Imprimerie de Pons (Charente-Inférieure). — Noël Texier.

NOSTRADAMUS DEVANT NOS INTERPRÈTES

DE

PROPHÉTIES MODERNES.

Saint-Denis-du-Pin, le 15 juin 1874.

MONSIEUR L'ABBÉ CHABAUTY,

Vous m'envoyez votre nouvel ouvrage où vous dites de moi :
« Ses libraires lui font un procès qu'il perd. » C'est me montrer les ficelles qu'un autre tient pour vous faire agir sans que
vous ouvriez les yeux pour voir et les oreilles pour entendre.
Le libraire qui vous imprime m'a fait seul un procès. Il a
obtenu, il y a 16 mois, une saisie-arrêt entre les mains de son
correspondant, parce que le tribunal n'a pas connu ceux de ses
écrits qui jettent le plus grand jour sur cette ténébreuse affaire.
Je les publierai, il le sait, s'il met le jugement à exécution. Le
jour où j'ai été condamné a été un des plus beaux de ma vie.
La passion aveugle contre Nostradamus et contre moi ne fera
pas ce que le talent, non éclairé en ce point, de Mgr Dupanloup et de M. L. Veuillot n'a pu faire.

Je n'avais pas encore vu Mgr Dupanloup lorsque j'ai publié
ceci dans mon prospectus du 6 mai dernier, AUX AMIS ET AUX
ENNEMIS DE NOSTRADAMUS :

« Ma lettre au général Cathelineau et sa réponse feront oublier les attaques
dont le prophète et son traducteur ont été l'objet, en ces derniers temps, de
la part de personnes qui ne connaissaient rien de l'un et de l'autre. »

J'avais deviné juste au sujet de Mgr Dupanloup, car deux
jours après il m'autorisait à publier partout que de mes nombreux
ouvrages il n'avait connu que le titre d'une de mes plus petites
brochures, ce qui n'est rien. Pour M. Veuillot, j'étais sûr, avant
l'aveu qu'il m'en a fait, qu'il n'aurait pas même connu ce titre
sans la lettre de Monseigneur. En 1871, M. le baron Herald de
Pages, rédacteur du *Petit Journal*, l'avait invité à dîner pour
m'entendre interpréter Nostradamus. Un préfet de l'Empire, un
membre de l'Assemblée nationale, M. le marquis de Valfons,
un maire des environs de Paris et moi, nous apprîmes de la

bouche de notre hôte que M. L. Veuillot ne viendrait pas, parce que, avait-il dit, il ne lui fallait rien savoir de l'avenir pour écrire en liberté son article de chaque jour.

M. Veuillot n'avait point parlé ainsi dans le but de ménager la crédulité de son confrère en journalisme, car, trois ans plus tard, il ne savait en effet absolument rien encore de Nostradamus et des prophéties modernes quand son article *Crédulité* m'amena devant lui. Il refusa catégoriquement de m'entendre parler du « grand prophète ». Mais après l'échange de quelques coups d'épée, il me dit : Venez demain à trois heures. Il m'écouta avec l'attention la mieux soutenue et la plus intelligente, et il me fit force questions.

Quand des esprits aussi sérieux que Mgr Dupanloup et M. L. Veuillot sentent la nécessité de combattre la *Crédulité* d'une époque et de proscrire les *Prophéties* qu'ils ne connaissent pas, c'est évidemment qu'ils ont cru les connaître assez par ce qu'ils en entendaient dire. Chaque jour c'était une nouvelle prophétie. D'après votre *Concordance*, celle « *d'un moine de Padoue* était découverte à la bibliothèque Ambroisienne de Milan (p. 55, ce qui est notoirement faux), » celle dite « *Emilienne*, dans les catacombes de Rome (p. 57) », celle dite de « *Prémol*, parmi les vieux papiers d'un notaire (p. 58) », etc. Ces prophéties annonçaient les événements les plus contradictoires, et toujours le fait les mettait d'accord en ne justifiant aucune d'elles. Les époques fixées par elles étant dépassées, les interprètes disaient, comme vous le redites dans vos *Prophéties modernes vengées* : « Le Seigneur n'a point protégé la grâce de la prophétie contre le mensonge et l'erreur (p. 7) ; des Saints ont fait des prédictions tout à fait authentiques qui ne se sont pas réalisées (p. 17). »

Vos deux ouvrages, le dernier surtout, justifieront la conduite de Mgr Dupanloup et de M. L. Veuillot qui n'ont point, quoique vous disiez le contraire, écrasé à jamais Nostradamus et son traducteur et laissé debout vos prophéties modernes. Je vous le prouverai dans cette lettre. Déjà mes deux prospectus, qui m'ont valu l'envoi de vos *Prophéties modernes vengées*, vous ont appris que ces écrivains n'ont parlé de Nostradamus et de moi que parce qu'ils voulaient parler de toutes *les prophéties publiées en ces derniers temps* et de la *crédulité* de tous leurs interprètes et de tous leurs adhérents. Ils ignoraient qu'une fois encore l'ennemi avait semé l'ivraie dans le champ du père de famille pour étouffer le bon grain.

Comme vous m'aviez pris à parti presque à chaque page de votre *Concordance de toutes les prophéties*, j'avais dû suivre une à une vos 41 prophéties et en montrer la valeur dans mon

Almanach du grand Prophète pour 1873. Aujourd'hui que vous me prenez encore à parti dans toutes les lettres de vos *Prophéties modernes vengées ou Défense de la Concordance de toutes les prophéties*, je dois encore suivre ces lettres une à une :

LETTRE Iʳᵉ
INTRODUCTION
1ᵉʳ mai 1874.

MON CHER AMI, je ne suis point étonné du trouble et de l'embarras que vous éprouvez en ce moment au sujet des prophéties modernes. Quelle différence, me dites-vous, entre le langage d'aujourd'hui et celui qu'on tenait au lendemain de la Commune, en juillet 1871 ! Alors « les prophéties n'étaient pas à « dédaigner, l'ensemble des prophéties modernes aboutissait à des probabilités « effrayantes », etc. Aujourd'hui on répète de tous côtés et sur tous les tons : « Les prophéties n'ont aucune valeur ; personne n'y croit plus : elles ne se « sont pas accomplies ; des voix pleines d'autorité s'élèvent contre elles : déci- « dément, les prophéties sont en baisse. »

Vous me demandez ce que je pense de tout ceci et ce que je puis répondre. Dans les lettres suivantes, vous trouverez, avec de nouveaux calculs, la justification complète, j'espère, et de nos travaux passés et présents, et des prophéties elles-mêmes.

Toujours ces rencontres fortuites ! Mgr Dupanloup pensait plonger dans les ténèbres Nostradamus et moi par sa lettre du *23 mars*, et *ce même jour* je mettais en tête de mon dernier ouvrage sur Nostradamus le chapitre LA LUMIÈRE SE FAIT (voir plus haut p. 6) qui dégage de plus en plus des ténèbres Nostradamus et moi et montre Mgr Dupanloup lui-même sous les rayons lumineux qui, partant de Dieu, illuminent le « grand Prophète (voir la photographie du 15 septembre 1862) ». *Le 1ᵉʳ mai, j'écrivais, comme vous, une lettre de rectification.* Nos deux lettres se ressemblent fort, mais elles n'auront pas la même fortune! Mes quelques lignes ont obtenu déjà un résultat que n'obtiendront jamais les 168 pages de vos *Prophéties modernes vengées* :

Paris, le 1ᵉʳ mai 1874.

MON GÉNÉRAL,

Vous vous rappelez comment j'interprétais les passages de Nostradamus sur la mort de l'empereur. Je m'étais trompé en un point. Mais la mort est venue au jour dit, et il suffit maintenant de lire le texte pour avoir la foi la plus vive dans la parole de ce vieux prophète *frénétique* d'amour de la France.

Nostradamus annonce de la manière la plus précise ses malheurs et ses triomphes. Qu'on le lise avec moi ; on pourra s'égarer un moment, mais toujours ensemble nous atteindrons le but marqué du sceau de l'inspiration.

Que disait-il ? L'empereur mourra « suffoqué au lit. » — « Le chloroforme menace de *suffocation*... » dit le docteur Constantin James, dans *les Causes de la mort de l'empereur*.

Je voyais dans ces mots : « Frappé par la gravée branche » une mort tragique par le fer. L'a-t-elle été? Oui. « Le brise-pierre est formé de deux branches, dit le même docteur, et grâce à une échelle *gravée* sur la plus longue *branche*, on connaît la grosseur du calcul. » Le malade trop endormi n'a pu indiquer aux hommes de l'art le danger de leurs manœuvres, et il a été *frappé*.

Le vieux prophète parlait ainsi du chloroforme : « Timide par trop bon doux à mourir provoqué, crainte esteinte la nuit de sa mort guide. » C'est-à-dire : « Timide en face de la douleur, il a pris un moyen trop bon pour l'adoucir et il a été au-devant de la mort ; la crainte éteinte du contact du brise-pierre a été le guide de sa mort dans la nuit... » Le docteur : « Il est bon que ces malades aient la conscience de leurs sensations, elles servent à *guider* la main du chirurgien. »

J'annonçais « le trespas en janvier », dans l'année où « Jupiter joint plus Vénus que la Lune au plein, Vénus étant dans le signe des Poissons, » ce qu'on ne peut méconnaître encore.

Le prophète avait dit :

Entre Bayonne et à Saint Jean de Lux
Sera posé de Mars le promontoire,
Aux Hanix d'Aquilon Nanar hostera lux,
Puis suffocqué au lict sans adjutoire.

Et j'avais traduit : « Napoléon III a bâti la villa Eugénie sur le promontoire situé à Biarritz, à égale distance de Bayonne et de Saint-Jean-de-Luz. Il s'y rend quand l'Aquilon est sans souffle. Il y mène la vie de Mars avec Vénus. Une prostituée l'y tuera (1). »

Le prophète, après avoir parlé de sa vie à Biarritz, emploie le mot « puis » qui veut dire *après, plus tard*. Toute mon erreur est de n'avoir pas tenu compte de ce petit mot et d'avoir confondu le présent et l'avenir : Biarritz et Chislehurst, car les médecins déclarent avec moi que son état d'épuisement rendait l'opération impossible.

Eh bien ! mon Général, quand un traducteur se trompe de la sorte, il ne fait pas grand tort au prophète que, dans vos espérances, je vous supplie de regarder comme une très-sûre étoile. Je vous prie encore d'accepter ma nouvelle brochure : PRÉSENT ET AVENIR, par NOSTRADAMUS.

Recevez, mon Général, l'assurance de mon profond respect.

H. TORNÉ.

MON CHER ABBÉ,

J'ai lu avec le plus vif intérêt votre lettre de rectification sur la mort de l'empereur. La nouvelle brochure, *Présent et Avenir*, que vous joignez à cet envoi, me peine profondément ; seule sa conclusion me console en annonçant encore et toujours la résurrection de la France par le Roi du vieux sang.

Ma confiance en la puissance de Dieu et par elle dans le salut du pays s'accroît en raison de nos souffrances et de nos malheurs.

Aussi je ne puis vous dire avec quel bonheur je vous écoute quand vous venez m'apprendre par vos explications ingénieuses et savantes que nous arrivons enfin au terme des épreuves.

Vous nous signalez le retour de l'empire. Il devait revenir, car il est la verge ; elle frappera la révolution sa mère et sera brisée par elle ; *ils se dévoreront entre eux*.

L'empire ne durera que très-peu de temps, dites-vous. Je l'espérais. En changeant cet espoir en certitude votre langage me comble de joie, il me rajeunit, et ce que j'éprouve doit être ressenti par tous les hommes de cœur dévoués à l'Église et à la Patrie.

C'est donc avec le plus grand empressement que je les engage à aller chercher dans vos livres contre cet événement, prédit depuis longtemps par vous, quoique invraisemblable après Sedan, le soutien de leurs espérances et une preuve de plus de notre prompte délivrance par l'avénement du Roi.

(1) *Réédition des Centuries* (p. 48) : En grec *Aniscus*, sans force, *Nanaris*, femme prostituée ; en latin *lux*, lumière (la vie).

J'ajouterai, monsieur l'abbé, ces réflexions à vos paroles : Dieu veut et demande des ouvriers pour exercer ses miséricordes ; il les attend ! Que la pensée du triomphe tant de fois annoncé excite nos prières et nos forces dans la lutte. Le ciel nous est promis, et cependant pour le ravir il faut combattre. Soyez un vrai prophète, et nous, soyons de vaillants soldats.

La prévision d'un avenir aussi tourmenté par ses menaces et ses espérances a toujours sur les âmes une heureuse influence : elle grandit encore la foi la plus ardente, elle ranime les courages et double l'énergie. Alors les plus faibles entre les mains de Dieu deviennent souvent des instruments de prodige et de rénovation.

Agréez, Monsieur l'abbé, mes meilleurs sentiments.

CATHELINEAU.

Paris, 4 mai 1874.

Ces deux lettres me relèvent. Les vôtres vous écraseraient pour toujours, si Mgr Dupanloup et M. L. Veuillot ne l'avaient déjà fait.

LETTRE II

SAINT-PAUL. LES PRESCRIPTIONS DE L'ÉGLISE ET LES PROPHÉTIES MODERNES

Vous dites pour m'écraser et vous exalter :

« On peut distinguer en quatre catégories toutes les personnes qui, depuis ces dernières années surtout, se sont occupées de prophéties : les crédules, les fanatiques, les illuminés et les raisonnables....

« Les fanatiques s'attachent à un prophète en particulier, à un seul écrit prophétique. Ils l'exaltent en tous leurs livres et leurs discours. C'est le prophète par excellence. Ils ne voient que lui ; ils n'en veulent point d'autres ; les autres ne sont que ses copistes. Il a tout prédit, tout annoncé ; c'est le grand prophète. N'ayez pas le malheur d'y toucher : vous êtes un criminel, un sacrilège...

« Enfin, les gens raisonnables étudient les prophéties modernes, d'après une méthode rationnelle et suivant les prescriptions de l'Église. Nous avons toujours voulu nous tenir dans cette compagnie. »

Vous employez, après 21 pages, à l'explication du texte célèbre de saint Paul :

« GARDEZ-VOUS DE MÉPRISER LES PROPHÉTIES,
« MAIS EXAMINEZ-LES TOUTES AVEC ATTENTION ;
« CONSERVEZ SOIGNEUSEMENT CE QUI EST BON A RETENIR. »

Je regarde le contexte pour voir si saint Paul dit bien ce que vous lui faites dire, et je trouve :

I. Thessaloniciens. V. « ... Soyez patients envers *tous*. Prenez garde que nul ne rende à un autre le mal pour le mal ; mais cherchez *toujours* à faire du bien, et à vos frères, et à *tout le monde*. Soyez *toujours* dans la joie. Priez *sans cesse*. Rendez grâces à Dieu *en toutes choses* ; car c'est là ce que Dieu veut que vous fassiez *tous* en Jésus-Christ. N'éteignez pas l'Esprit. Ne méprisez pas les prophéties. Éprouvez *tout*, et approuvez ce qui est bon. Abstenez-vous de *tout* ce qui a quelque apparence de mal. Que le Dieu de paix vous sanctifie lui-même en *toute* manière .. »

Ce sont là des conseils généraux qui règlent *tout* et s'adressent à *tous*. Vous prenez trois phrases et vous n'en faites qu'une.

Soit, mais alors donnez-lui ce sens : « *N'éteignez pas l'Esprit* »,
car vous ne devez pas même tenir sous le boisseau la lumière de
Dieu ; « *ne méprisez pas les prophéties* » sous prétexte que la
plupart sont fausses ; « *éprouvez-les toutes et approuvez celles
qui sont bonnes* ». L'Apôtre aurait dit comme vous et moi :
« Ne rejetez pas la bonne monnaie, sous prétexte qu'il en existe
de fausse ». Mais vous aviez besoin de le faire parler autrement,
et vous dites :

> « Le Seigneur n'a point protégé la grâce de la prophétie contre le mensonge
> et l'erreur... Est-ce que l'Apôtre ne vous avait pas prévenu qu'il pouvait y
> avoir, avec le vrai et le bon, le faux et le mauvais dans toute prophétie pri-
> vée ? Et ne vous avait-il pas dit de chercher à démêler l'un de l'autre ? Si par
> l'observation des prescriptions de l'Eglise vous avez écarté le mauvais et le
> dangereux, devez-vous être surpris et déconcerté de ce que le temps, mieux
> que vos études, vous ait fait connaître le faux ? Que voulez-vous qu'on pense
> de la justesse de vos raisonnements, si vous condamnez toutes et chacune des
> prophéties modernes parce que la sœur Providence est morte, que le Pape
> règne au-delà de 27 ans, et parce que depuis sept mois est passée la date de
> septembre 1873, dont les prophètes n'ont jamais parlé ? »

Je ne sais, monsieur, qui acceptera votre interprétation du
texte de saint Paul. Je l'avais rendue nécessaire par ma critique de votre *Concordance*, et vous ne le dissimulez pas quand
vous dites plus loin (p. 143) :

> « L'argument le plus curieux de M. Torné, c'est celui par lequel il prend à
> partie ma bonne foi et me reproche d'avoir retranché ceci, omis cela dans mes
> extraits de prophéties modernes : « Vous vous arrêtez à cette phrase, que vous
> « ne mettez pas. Vous retranchez les derniers mots de cette autre. Vous acco-
> « modez par là le texte à votre manière de voir ; c'est la preuve que vous
> « faites dire aux prophéties ce que vous voulez. »
> « Mais pas du tout, illustre interprète : c'est la preuve que nous faisons une
> *concordance*. C'est une objection de feu La Palisse que vous faites-là. Avec quoi
> voulez-vous qu'on fasse une concordance ? Avec des morceaux discordants ?
> C'est comme en cuisine : pour faire une *concordance*, il faut prendre des mor-
> ceaux *concordants* Nous laissons les autres de côté, précisément parce qu'ils
> ne concordent pas. Et c'est par le moyen de cette concordance que nous espé-
> rons démêler le vrai du faux dans les prophéties. »

Vous ne ferez jamais avaler à Mgr Dupanloup et à M. L.
Veuillot de pareilles choses et vous en serez pour vos ragoûts
de *prophéties de cuisine* : « Ce membre de phrase, vous diraient-
ils, gâterait votre sauce et vous le retranchez ; son absence nous
engage à faire table rase du reste. » Avec un peu plus de franchise, vous ne m'auriez pas laissé le soin d'apprendre à vos
lecteurs que dans le portrait du *Roy des lys*, où vous voyez
Henri V, il y a un morceau un peu trop épicé pour *concorder*
avec le reste : « *Jusques à l'an quarantième de son âge, il fera
la guerre aux chrétiens* », et que dans la prophétie attribuée
à saint Césaire, sur l'invasion de la Lorraine en 1870, vous avez
cru que trois points vaudraient trois grains de sel à la place de

ces mots : « *Ce sont l'Irlande, l'Ecosse et l'Angleterre qui l'envahiront.* » Je pourrais citer d'autres passages, mais ces deux suffisent bien. Ils appartiennent à deux prophéties qui se suivent dans votre *Concordance* de 41 prophéties. Quel salmigondis à présenter aux hommes de goût ! Vous ajoutez :

Nous pouvons donc assurer que nous ne sommes nullement atteint par l'énergique et bien nécessaire flagellation que Mgr d'Orléans applique à tous ces prophètes, traducteurs, interprètes et adeptes, crédules, fanatiques et illuminés.

« Certainement vous ne nous reconnaissez pas dans cette vigoureuse tirade : « Qu'est-ce, en effet, Messieurs, que la plupart de ces volumes de prophéties « que la spéculation des libraires colporte de tous côtés, et cette multitude de « prophètes qui surgissent tout à coup, et ces oracles prétendus que chacun « interprète témérairement à sa façon, dont on ne sait souvent ni l'origine « ni l'authenticité, ni le sens.... »

« Vous avez déjà prononcé le nom des personnages qui sont frappés en pleine figure par cette page vengeresse, avant même d'avoir lu cet autre passage dans la suite de l'écrit pastoral :

« D'autres volumes paraissent avec les titres que voici : « *Portraits prophéti-* « *ques d'après Nostradamus, ou Napoléon III, Pie IX, Henri V, d'après* « *l'histoire prédite et jugée par Nostradamus, l'Apocalypse interprétée par* « *Nostradamus et les lettres du grand Prophète.* »

Vous êtes heureux de reproduire tout au long ce titre d'une petite brochure, et dans votre joie vous ajoutez en note : « *Par M. Torné-Chavigny*, 1871 », et pour que rien ne trouble cette joie, vous remplacez par des points ces mots que vous avez lus, mais que vous ne voulez pas donner à lire à vos lecteurs :

« *Recueil de prophéties anciennes et modernes concernant le passé, le présent et l'avenir, et annonçant particulièrement les destinées de la France, de l'Europe et de l'Orient.* »

Ce *Recueil* contient le plus grand nombre de vos prophéties. Sa condamnation est donc celle de votre *Concordance*. Oh ! vous le savez bien et c'est pour cela que vous passez outre. Et c'est parce que la prophétie d'Orval est du nombre de celles que vous faites *concorder*, que vous ne citez pas non plus le passage de l'écrit pastoral où se trouve ce titre, donné à une brochure sur la prophétie d'Orval :

« *Au 17 février 1874* LE GRAND AVÉNEMENT ! !
« PRÉCÉDÉ D'UN GRAND PRODIGE ! ! ! »

Comment avez-vous donc pu vous décider à citer ces paroles qui vous visent entre tous : « Oracles prétendus que chacun interprète témérairement à sa façon, dont on ne sait souvent ni l'origine, ni l'authenticité, ni le sens » ? C'est que vous n'avez pas peur de regarder en face Mgr Dupanloup et de lui dire aussitôt, en réponse à sa lettre (on le croirait du moins) :

« Je crois peu utile de s'embarrasser de la question d'authenticité et d'intégrité... Des Saints ont fait des prédictions tout à fait authentiques qui ne se sont pas réalisées. De quoi l'authenticité indiscutable des centuries de Nostradamus sert-elle pour démontrer sans réplique qu'elles sont l'œuvre de l'Esprit-Saint?... Nous l'avons dit (*Concordance*, p. 102), et nous le répétons, les prophéties modernes peuvent éprouver un échec complet, même dans tous les grands événements ; toutefois, il nous semble bien difficile qu'il en arrive ainsi, mais ce n'est pas rigoureusement impossible. Quant aux *détails*, il ne faut pas s'y arrêter absolument, parce que beaucoup peut-être sont d'origine humaine. Peu importe donc s'il en est qui ne s'accomplissent pas. Cependant ne les rejettons point tout à fait surtout ceux qui paraissent les plus importants, car il peut se faire que plusieurs viennent de Dieu. »

Nostradamus a dit de ses prophéties : « Je confesse bien que le tout vient de Dieu et luy en rend grâces, honneur et louange immortelle ; sans y avoir meslé de la divination qui provient *a fato*... Si je voulois à un chacun quatrain mettre le dénombrement du temps, se pourroit faire... Mes prophéties sont composées tout au long, limitant les lieux, temps et le terme perfix... *Possum non errare, falli, decipi.* »

Vous ne voulez pas que Mgr Dupanloup et M. L. Veuillot aient frappé vos prophéties qui renferment, dites-vous, des erreurs et « peuvent éprouver un complet échec, même dans tous les grands événements », et vous voulez qu'on rejette celles de Nostradamus qui ne renferment aucune erreur et sont justifiées dans tous les petits événements. Vous dites plus loin (p. 163) :

« Pour donner à son astrologue un air de prophète assuré de son inspiration, M. Torné commet un contre-sens que ne ferait pas un écolier de 7ᵉ. Cette phrase latine que Nostradamus intercale dans son jargon : *Possum non errare, falli, decipi*, M. Torné la traduit ainsi : je ne puis errer, me tromper, être trompé ; comme s'il y avait NON *possum*. En bon latin cette phrase veut dire et en français se traduit : je puis ne pas errer, n'être pas trompé, abusé ; il est possible que je n'erre pas, que je ne sois pas trompé, abusé. Ce n'est plus évidemment la même idée. Peut-être que dans le latin de Nostradamus et de M. Torné la négation agit à reculons ? »

Il le faut bien : d'abord pour que ce texte concorde avec toutes les affirmations qui précèdent et qui sont d'un esprit sérieux et convaincu, et puis pour qu'il ne concorde pas avec vos affirmations... Nostradamus n'aurait point dit avec vous : « Je vais parler de l'avenir à tort et à travers, et mes paroles pourront éprouver un complet échec, mais il est possible aussi que je n'erre pas, que je ne sois pas trompé, abusé. » Ç'aurait été vraiment par trop absurde.

Vous faites aussitôt de Pie IX, dans votre troisième lettre, un grand prophète du genre que vous rêvez :

LETTRE III.
PIE IX ET LES PROPHÉTIES MODERNES

« Comme Élie, dit M. l'abbé Curicque, Pie IX possède un double esprit de
« prophétie ; d'un côté, en sa qualité de vicaire de Jésus-Christ et de martyr de

« la vérité et de la justice, il voit loin devant lui et autour de lui ; de l'autre
« côté, comme père commun des fidèles, il reçoit de toutes parts communica-
« tion des révélations faites aux âmes favorisées de Dieu ; il sait, mieux que
« personne, tout examiner et aussi retenir ce qui est bon. »

Suivent des phrases prophétiques, dites-vous, empruntées à
tous les discours de Pie IX. Puis vous ajoutez :

« Pie IX répète à plusieurs reprises qu'il ignore quand, à quel moment, à
quelle époque fixe arrivera le salut et le triomphe par l'intervention miraculeuse de Dieu. Il déclare qu'il ne sait pas non plus de quelle manière le Seigneur
procurera la délivrance, enverra le Sauveur, montrera sa main et fera des
prodiges. Il annonce les faits généraux et ne prédit pas les détails... Il dit :
« *Quelle sera la personne dont Dieu voudra se servir, je l'ignore.* » Il sem-
blerait que, en quelques points, il se met en contradiction avec lui-même. Il
paraît dire tantôt qu'il verra le triomphe. tantôt qu'il ne le verra pas. Mais en
lisant avec attention, on voit clairement sa pensée... (!)

« Nous pouvons donc conclure sans crainte d'être contredit : *Pie IX parle
comme les prophéties modernes* ; il ne les a donc pas condamnées ; il examine
tout et retient ce qui est bon, nous avons fait et nous faisons de même. »

Dans cette même lettre, vous citez ces paroles authentiques
de Pie IX, telles que les donne son sténographe, le R. P. de
Franciscis (Allocutions du 9 avril et du 6 juillet 1872) :

« Je ne me fie pas trop aux prophéties, d'autant moins aujourd'hui que les
« dernières qu'on a fait circuler ne se sont vraiment pas fait trop d'honneur
« (*on sourit*). »

« Il y a un grand nombre de prophéties qui courent : mais il n'y en a
« qu'une seule vraie ; c'est la résignation a la volonté de dieu ; c'est d'at-
« tendre son secours, et, en attendant qu'il vienne, faire tout le bien qu'il est
« posssible de faire pour plaire à Dieu et procurer la gloire de son Eglise. »

Vous expliquez ainsi ces deux phrases :

« Dans la première, le Saint-Père fait évidemment (!) allusion à quelques
prophéties qui avaient été mises en circulation à Rome même et dont l'accomplissement n'avait pas eu lieu. Le sourire d'adhésion de l'auditoire, uniquement
composé de Romains et de Romaines, le prouve clairement (!)

« Dans la seconde, le Pape a employé le mot *prophétie* selon un des sens du
mot latin *prophetia*. Le mot italien a-t-il aussi ces différents sens ? Je ne
saurais le dire. Alors sa pensée est facile à saisir : Il y a un grand nombre de
prophéties et de prédictions sur l'avenir qui courent ; mais la vraie (prophétie) *interprétation, explication* à en faire, c'est la résignation à la volonté de
Dieu, etc.

« En tout cela, il n'est rien qui condamne les prophéties modernes, car c'est
la conclusion pratique qui ressort de leur ensemble. »

« Le Saint-Père faisait évidemment allusion à quelques prophéties qui avaient été mises en circulation à Rome même »,
dites-vous. Où avez-vous pris cela ? Et puis, vous êtes donc
bien flatté de penser que vos prophéties, même celle qui a été
découverte dans les catacombes de Rome, ne circulent pas à
Rome ? Je crois fort que vous pouvez vous appliquer ce que
vous dites plus loin de Nostradamus et de moi (p. 124) :

« Si la question était portée à son tribunal, quel jugement pourrait porter le Souverain-Pontife ? Nous l'ignorons. Mais il nous semble n'être point dans l'erreur en pensant qu'il enverrait aux écrits de Nostradamus et de ses interprètes autre chose que des « bénédictions. »

Ce trait que vous me lancez méchamment se retournera encore contre vous. Vous le lancez par allusion à ces mots qui terminent ma *Lettre* MORT DE NAPOLÉON III :

« Le Traducteur avait lu sur le *Journal de Florence* du 1er janvier (1873), la Bénédiction Apostolique accordée au rédacteur en chef et à tous ses collaborateurs. » Le même numéro publiait ces paroles de Pie IX :

« Attendons-nous à admirer la sagesse insondable de Dieu dans les événements contemporains. « Jésus enfant est présenté au vieillard saint Siméon... Le Prophète dit à sa mère : Cet enfant est « venu au monde pour le bien et pour la ruine d'un grand nombre d'hommes. »

« Douze jours avant de recevoir la Bénédiction apostolique, le rédacteur en chef, qui publie les lettres du Traducteur auquel il sert gratuitement le journal, avait mis en deux feuilletons l'IRIS DE NOSTRADAMUS. Il y a là un quatrain qui reproduit la réponse d'Henri V, l'*enfant Dieudonné du 29 septembre 1820*, à l'*Adresse du 29 septembre 1872* des habitants de Nîmes... etc. »

J'ajoutais l'interprétation de ce quatrain, en faisant ressortir qu'il est une allusion évidente à la Présentation de Jésus au temple et aux paroles de Siméon, paroles que je citais et que le Pape a répétées. Puis je terminais par ces mots :

« Que ce soit *parce que* ou *quoique*, la Bénédiction Apostolique a été donnée au rédacteur en chef du *Journal de Florence* et « à tous ses collaborateurs. »

Espérez que Pie IX ignore vos prophéties et aimez à croire qu'elles ne circulent pas à Rome, mais ne dites pas que du Vatican partiraient plutôt des foudres que des bénédictions si Nostradamus et moi comparaissions devant le Pape. Vous n'ignorez pas que nous sommes devant lui depuis qu'il a fait acheter, en 1862, mes ouvrages chez M. Mazeau, à Nantes. Il ne nous a pas condamnés. Nous a-t-il approuvés ? La réponse à cette question est peut-être dans les pièces suivantes que vous me forcez de livrer à la publicité.

Depuis que le *Journal de Florence* a parlé de la Bénédiction Apostolique qu'avaient reçue son rédacteur en chef « et tous ses collaborateurs », ce rédacteur en chef, qui continuait à publier mes *Lettres du grand prophète Nostradamus* sur un journal auquel Pie IX est abonné, m'a écrit :

Mon Révérend Abbé,

« Un mot à la hâte. J'ai reçu votre envoi et je le garde soigneusement : il verra la lumière en temps opportun. Pour le moment, il y a quelque chose de plus pressé : il faut que vous répondiez dans mon journal aux objections de la lettre ci-jointe et qui ressemble à beaucoup d'autres que je reçois depuis quelques jours. Veuillez bien mettre en évidence, je vous prie, que Nostradamus n'était pas un astrologue, mais un homme de bien, et surtout prouvez qu'il est l'auteur de la prophétie d'Orval, si remplie d'onction. (Le rédacteur ne demandait pas cela pour lui, car il avait publié, le 18 août 1872 : « Le traducteur a démontré que la célèbre prophétie d'Orval est de Nostradamus »).

« Votre travail sera comme une préface qui servira à dissiper beaucoup de nuages auprès de vos lecteurs — et surtout au Vatican. Ce premier devoir accompli, je pourrai vous ouvrir mes colonnes avec plus de courage et publier l'annonce de vos ouvrages — car en vérité, je ne me soucie guère de me faire le porte-voix d'un astrologue, en tant qu'il est reconnu tel. Je sais bien que ce que je vous demande vous l'avez déjà fait ; mais votre apologie n'est pas connue de mes lecteurs, ou n'a pas eu l'écho qu'il fallait au Vatican. Je vous offre le moyen d'y faire retentir vos raisons, ce qui est très-essentiel.

« Pour tout le reste, nous nous entendrons facilement, car nous sommes tous les deux préoccupés d'une seule chose : rendre gloire à Dieu et faire triompher la vérité. Mais vous savez que le don de connaître l'avenir se paie cher en ce monde et qu'il faut s'armer de beaucoup de patience.

« Comme vous avez tous les éléments sous la main, je présume que la défense de Nostradamus m'arrivera sans retard et je l'insérerai au plus tôt. L'insertion faite, je publierai l'annonce.

« Pardonnez, mon Révérend Père, le désordre de cette lettre : je l'écris au milieu du tumulte de l'imprimerie. Croyez-moi

Votre
JEAN-ETIENNE DE CAMILLE.

« Prenez note que je ne vous tiens pas quitte de votre promesse sur le rôle de Florence et peut-être aussi du journal qui en porte le nom. Il vous faut recueillir tout ce qui s'y rapporte et me l'expédier aussitôt après l'apologie de Nostradamus. »

J'ai répondu courrier par courrier ; et j'ai lu bientôt sur le *Journal de Florence* ces quelques lignes et ma lettre (10 décembre 1873) :

« Nous avons communiqué à notre digne ami, le Rev. Torné, quelques objections sur la valeur des prophéties de Nostradamus, nous venant d'un de nos abonnés, ecclésiastique des plus respectables. Voici la réponse qu'il nous fait :

« S. Em. le cardinal de Bordeaux ne m'a pas demandé en juin 1858, de
« prouver tout d'abord, ainsi que vous me le demandez pour les incrédules,
« que Nostradamus n'était pas un astrologue, mais un homme de bien et
« surtout qu'il est l'auteur de la prophétie d'Orval, si remplie d'onction. Je
« lui ai prouvé, purement et simplement, que Nostradamus avait prédit comme
« jamais astrologue n'aurait pu prédire. Depuis 14 ans, cette réponse a
« satisfait tous ceux qui m'ont adressé les questions que vous me faites. Elle
« satisfera votre correspondant si cette réponse est la publication de ma
« *Lettre* CONVERSATION PROPHÉTIQUE SUR LA MORT DE NAPOLÉON III, car elle prend
« par les cornes la question elle-même de ce correspondant qui m'accuse
« d'avoir annoncé que Napoléon III mourrait assassiné à Biarritz. C'est vrai,
« j'ai eu le malheur de justifier, en me trompant, le prophète qui avait
« prédit — comme je l'avais reconnu, il est vrai — que cet « augure *serait*
« secret » pour moi. Il l'avait dit par deux fois, les deux affirmations n'ont
« pas été une négation.

« Je sais que Nostradamus est mort après avoir reçu tous les sacrements,
« après avoir rédigé un testament *rempli d'onction*, après avoir demandé à
« être placé dans une église ; je sais qu'il a été fait droit à cette demande et
« que son corps est aujourd'hui, comme il y a 300 ans, dans une église, à
« cette seule différence près qu'autrefois il avait été placé, d'après sa volonté,
« à l'entrée de l'église et que maintenant il est auprès d'un autel... »

Je n'avais pas écrit cela pour le journal. Le rédacteur en chef me répondit aussitôt dans une lettre particulière :

Mon Révérend Maître et ami

« Ne vous donnez pas la peine, je vous prie, de revenir sur les deux questions dont vous me parlez (Nostradamus n'est pas un astrologue. Il est l'auteur de la prophétie d'*Orval*). Nostradamus me semble complétement justifié par ce que j'ai inséré de vous le 10 décembre et par les quelques mots que j'ai ajoutés de mon crû. *Personne que je sache ne réclame plus.*

« Veuillez me compter dans le nombre de vos amis dévoués. »

Quelques jours après (20 janvier 1874), ce journal me donna la preuve que tout ce qu'il publie de moi est lu au Vatican :

« Le Pape, le comte de Chambord et les princes dépossédés nous donnent le prix de l'abonnement. »

Concluerez-vous de là que « *si la question était portée à son tribunal, le Souverain-Pontife enverrait aux écrits de Nostradamus et de ses interprètes autre chose que « des bénédictions »* ? Ce n'est certainement pas la publication de ma petite lettre sur le nº du 10 décembre qui a pu calmer tout à coup les esprits. Si l'on n'avait point dit quelque part : « La question a été étudiée, laissez faire », l'on ne m'aurait pas écrit aussitôt : « *Personne ne réclame plus.* » En présence des réclamations qui arrivaient de toutes parts contre vos prophéties, vous avez écrit la lettre suivante, qui ne vous permettra jamais de dire : *Personne ne réclame plus.*

LETTRE IV
ACCOMPLISSEMENT DE PROPHÉTIES MODERNES

Cette *Lettre* s'ouvre magistralement :

« — Les prophéties modernes n'ont aucune valeur : elles ne se sont pas accomplies.

« Distinguons, s'il vous plaît.

« Ces fausses prophéties qui naissent pour ainsi dire chaque matin, sous la forme d'un quatrain de Nostradamus trois ou quatre fois retourné, ou d'une vision et révélation nouvelle « d'un prêtre, d'une religieuse,... d'une jeune fille d'humble condition, toujours de saintes gens », oui, ces prédictions fantaisistes n'ont aucune valeur. Elles ne se sont pas réalisées, et celles-là en France « ne se sont vraiment pas fait honneur ». Je comprends que les voix de Pie IX, de Mgr l'évêque d'Orléans, de l'éminent publiciste Louis Veuillot, en fassent bonne justice.

« Mais ces *prophéties modernes, prises dans leur ensemble,* telles que nous les avons étudiées, selon la méthode rationnelle, et dont les textes sont autorisés, ces prophéties-là ne « meurent pas promptement »; elles auront nécessairement « la vie plus dure ».

Nous vous voyons après cela « *retourner trois ou quatre fois* » vos prophéties modernes déjà interprétées, et nous sommes surpris de ne pas vous entendre avouer que vous jetez par dessus bord plusieurs d'entre elles, qui entrent de plein pied dans la catégorie de celles qui « *ne se sont vraiment pas fait honneur* ». Vous aviez fait suivre la nomenclature de vos prophéties de ces mots :

« Il me semble avoir donné dans cette nomenclature, *les plus remarquables et les plus authentiques d'entre les prophéties modernes. Elles sont toutes claires et précises.* »

Et j'avais répondu, après avoir fixé la valeur de vos 41 prophéties, en les repassant une à une :

« Nous savons à quoi nous en tenir sur l'authenticité, la clarté et la précision du plus grand nombre de *vos prophéties.* Si nous vous demandions de nous prouver seulement l'authenticité des deux dernières, vous seriez capable de répondre : *La prophétie de la personne pieuse* X vient du Révérend Père X de la Chartreuse X qui en avait reçu une copie des mains de la personne X, qui elle-même (!) l'avait prise sur l'écrit que, d'après l'ordre de son directeur X, *la personne pieuse* X avait fait. Cherchez celle-ci dans les cinq parties du monde. *La prophétie d'une religieuse d'Autriche* ne vous oblige pas à d'aussi grandes recherches. Parcourez seulement en tous sens l'Autriche ; on vous dira bien quelque part quelle est la religieuse X à qui le prêtre X a écrit. »

Vous aviez dit, d'après Anna-Maria Taïgi : « Pie IX régnera 27 ans et environ 6 mois », et, d'après la sœur Marianne : « La sœur Providence de Blois verra les grands malheurs avant de mourir. » Vous dites aujourd'hui en rappelant ces textes :

« Nous n'avons pas à justifier Anna-Maria : elle a pu se tromper... On ne saurait conclure rigoureusement que si l'une ou l'autre sœur (de Blois) s'est trompée en ce point, elle a pu se tromper dans les autres : l'une et l'autre ont pu se tromper dans *ce détail* fort peu important, sur lequel nous n'avons que leur unique témoignage...

« J'avais pris de préférence, comme dates régulatrices des événements, les trois années de Mélanie et surtout de Marie Lataste... L'adage « *in medio veritas* » me semblait applicable à des dates qui variaient de 2 à 5 ans (!). Nous raisonnons et calculons sur des textes prophétiques peut-être altérés ou interposés, ou faux (!!!).

« Les prophéties modernes se sont accomplies dans plusieurs de leurs principaux faits : *1° Accroissement continu de la puissance du mal... 2° Guerres, catastrophes et fléaux de tous genres dans l'ordre physique et dans la société civile... 3° Humiliation et persécution générale de l'Église ; 4° Triomphe momentané des méchants intervention divine, triomphe de l'Église.* »

Vous exposez longuement que l'on trouve à notre époque de révolution et de persécution religieuse tout ce qu'on a toujours vu aux époques de révolution et de persécution religieuse. Puis vous passez à l'*accomplissement des détails.*

C'est peut-être parce que Nostradamus m'a gâté le jugement, en m'habituant à voir chez lui des détails cent fois plus précis et mille fois plus nombreux que chez vous, que rien, absolument rien ne me frappe dans les détails que vous donnez. Cela vient peut-être encore de ce que le plus grand nombre de vos prophéties modernes ont été publiées depuis les événements, ou lorsque la cause des événements était posée, et surtout parce que vous avouez vous-même que les textes qu'on en a publié offrent des variantes. Les deux premières prophéties dans cet alinéa sont 1° la prophétie *placentienne*, publiée en 1862, d'après ce que

vous avez dit dans votre *Concordance* ; 2° la prophétie *augusti-
nienne*. Vous dites de cette dernière :

« Deux respectables ecclésiastiques en ont donné chacun un texte latin dans
l'*Univers* des 4 et 9 juin 1372, et affirment l'avoir entre les mains depuis 1848
et 1857. De ces textes l'un est évidemment l'abrégé de l'autre : ils offrent
quelques variantes (!). Mais tous deux, ainsi que les traductions françaises que
nous possédons et qui sont faites sur d'autres textes ayant aussi quelques
variantes (!), s'accordent à dire : que Rome perdra le sceptre par la persécution
des faux philosophes, que le Pape sera tenu en captivité par les siens, et que
l'Eglise de Dieu sera dépouillée de ses biens temporels. »

Vos meilleures prophéties, celles même que l'*Univers* avait
publiées avant vous, n'ont pas empêché la charge à fond de
M. Louis Veuillot contre vos ouvrages. Vous le nommez « l'éminent publiciste quand il parle de l'« inexterminable mystification »
de Nostradamus, mais vous dites que « mal renseigné, il avance
une chose tout-à-fait inexacte, quand il qualifie la *prophétie
d'Orval* de « niaiserie de 1830. » Demandez-lui une entrevue
pour le convertir à vos idées ou envoyez à la rédaction de son
journal vos *Prophéties modernes vengées*, vous verrez qu'on ne
vous recevra pas et qu'on traitera votre ouvrage de 1874, comme
on a traité celui de 1872, et plus mal encore. L'*Univers* avait
publié, le 8 avril :

« M. Chabauty a eu le tort de mêler à sa théorie principale une réfutation
de Nostradamus et de son commentateur M. Torné... Il a eu la distraction de
retenir quelques prophéties qui ne soutiennent pas la discussion... »

Vous avez si bien fait qu'on rejette même celles de vos *prophéties modernes* qu'on ne vous reprochait pas alors d'avoir
retenues. Votre 5e lettre ne ramènera pas les esprits en votre
faveur. Vous dites :

LETTRE V

NOUVEAUX CALCULS

« Quand sonnera l'heure de Dieu ? Lui seul le sait (!). Nos calculs ne seront
toujours que des hypothèses (!), une fois déjà contredites par les faits, et qui
pourront l'être encore.

« La prophétie *Placentienne* deviendra la règle chronologique de nos nouveaux
calculs... la date de Jean de Vatiguerro (S. Césaire, dit-on), *vingt-cinq mois et
plus*, n'offre aucune difficulté. Elle concordera toujours avec les autres. (!!!) Et
si tous ces événements, trompant une seconde fois vos suppositions n'arrivaient
point, me dites-vous, aux dates que vous assignez, feriez-vous de nouveaux
calculs ? Non ; car dans les textes prophétiques que je connais, je ne vois point
d'autres indications chronologiques qui puissent servir à de nouvelles hypothèses.

« Quoi qu'il en soit et quoi qu'il advienne de toutes nos hypothèses et de nos
dates, il est certain qu'on ne peut guère aujourd'hui, vu ce qui se passe dans
le monde, être tranquille et rassuré sur l'avenir.

Après cette fin digne de l'exorde où nous avions lu : « Dans les
lettres suivantes, vous trouverez, avec de nouveaux calculs, la

justification complète, j'espère, et de nos travaux passés et présents, et des prophéties elles-mêmes », vous passez à NOSTRADAMUS et à M. TORNÉ. Ce sont deux dernières lettres qui occupent 73 pages quand les premières, qui sont pleines de NOSTRADAMUS et de M. TORNÉ en occupent 94. Vous n'avez pu construire, voyons si vous pourrez démolir.

LETTRE VI
NOSTRADAMUS

« A quoi bon, dites-vous, nous parler encore de cet astrologue ridicule? — Ce n'est pas inutile. Nostradamus est dangereux à plus d'un titre, et par les commentaires insistants de certains de ses interprètes, il le devient chaque jour davantage. Ses adeptes, plus nombreux peut-être qu'on ne pense, redoublent d'efforts, et veulent à tout prix faire accepter ses prophéties comme les seules véritables et l'unique source de toutes les autres. »

Si vous devez aller *crescendo* jusqu'à la dernière page, vous finirez par représenter Nostradamus et moi comme les êtres les plus « dangereux » que la terre ait jamais portés. Je saute 74 pages et je lis ces mots qui terminent votre livre :

« Il était grand temps que l'autorité d'un évêque flagellât tous ces livres ridicules et pernicieux. Il est temps aussi que je m'arrête : j'en ai d'ailleurs assez du Nostradamus et de son traducteur. Ma tâche est finie : je ne m'occuperai plus d'eux désormais. Du reste, il sont morts et bien morts l'un et l'autre : le coup de massue d'Orléans les a tués.

« Le verbiage bruyant de tous ces commentateurs, plus ou moins prophétisés, de l'astrologue a nui à l'attention que méritaient les *Prophéties modernes*. Mais leur imagination et leurs sottises passeront ; et ce qu'il y a de sérieux et de « bon » dans les prophéties modernes, sagement étudiées, demeurera.

Belle fin encore et toujours digne de l'exorde ! Voilà qui promet une étude savante et dont pas une partie ne contredira l'autre. Vous faites deux hypothèses :

« Nous disons donc aux partisans de Nostradamus : Ou bien votre personnage est un prophète extraordinaire, comme les prophètes sacrés, suscité de Dieu pour éclairer l'Eglise ; ou bien il n'est, comme tant d'autres, qu'un simple prophète privé. »

D'après vous, on ne prouvera jamais ni l'une ni l'autre de ces deux hypothèses et l'on sera contraint de conclure toujours ainsi avec vous :

« 1. L'astrologue n'a pu recevoir qu'un tout petit nombre de vérités sur l'avenir, parce que les démons, tout en ayant plus de connaissance que les hommes, ne savent cependant que bien peu de choses des temps futurs et seulement dans la limite que nous avons indiquée.

« 2. Ce peu de vérité a dû être délayée tout exprès dans tant d'ambiguité et de mensonges que la société chrétienne, pas plus que les fidèles en particulier, n'en pourra jamais tirer de profit.

« 3. C'est peine perdue de chercher à démêler cette petite parcelle de vrai dans ce monceau de faussetés.

« 4. Et enfin il est toujours dangereux et sans utilité pour personne de s'occuper des œuvres du diable, à moins que ce ne soit pour les combattre. »

Si je prouve que Nostradamus a connu *un très-grand nombre de vérités sur l'avenir, que ce très-grand nombre de vérités n'est mêlé à aucun mensonge*, je prouverai en même temps que c'est du Dieu de vérité et non du Père du mensonge que Nostradamus a tenu cette connaissance de l'avenir, et que, par conséquent, l'étude de cette révélation ne peut être que très-profitable à tous pour le temps et pour l'éternité. Ne sera-ce pas prouver en même temps que « *mon* personnage est un prophète extraordinaire, comme les prophètes sacrés, suscité de Dieu pour éclairer l'Eglise » ? Vous connaissez le passage de l'Evangile :

Saint Luc (VII). « Jean-Baptiste envoya deux de ses disciples à Jésus pour lui dire : Etes-vous celui qui devait venir ou devons-nous en attendre un autre ? Jésus guérit plusieurs personnes de leurs maladies, de leurs infirmités et des malins esprits, et il rendit la vue à plusieurs aveugles. Puis il répondit aux disciples de Jean : Allez et rapportez à Jean ce que vous avez vu et entendu : les aveugles voient, les boîteux marchent, les lépreux sont guéris, les sourds entendent, les morts ressuscitent, l'Evangile est annoncé aux pauvres. Heureux celui qui ne se scandalisera pas à mon sujet. »

On réfute la meilleure argumentation contre l'existence du mouvement, en faisant un pas ; et le plus subtil des orateurs doit attendre, pour démontrer qu'il a renversé son adversaire, que celui-ci ne le tienne plus sous ses genoux. Rien ne prévaut contre un fait. Nostradamus a plus de mille quatrains et présages, sans compter ses prophéties en prose. Prenons un quatrain sur des faits connus ; nous y trouverons un très-grand nombre de vérités ; sans nul mensonge, ni rien d'ambigu :

> Sept ans sera Philippe fortune prospère
> Rabaissera des Arabes l'effort,
> Puis son midy perplexe rebours affaire,
> Jeune Ogmion abismera son fort.　　　　　IX 89.

Je ne vous dirai pas que Nostradamus appelle ailleurs L. Philippe, 2 autres fois « Philippe », 1 fois « chef d'Orléans » et plusieurs fois « Orléans ». Seulement, je vous prierai de remarquer qu'un « Philippe » qui nous apparaît dans le quatrain comme « rabaissant des Arabes l'effort », ne nous permet guère de porter notre attention sur un autre *Philippe* que L. Philippe. Vous savez que le *midi* ou le milieu du règne de Philippe a été tenu *perplexe* par l'*affaire* d'Orient, de 1837 à 1840, que cette *affaire, traitée sans* la France (*Rebours*, revêche, *intractabilis. W.*), a été la cause première de la chute de ce roi, dont la République, à peine née dans les esprits, a renversé la puissance *sept* ans après l'*affaire* d'Orient, et que les monnaies de cette République ont été frappées à l'effigie de l'Ogmion (*Ogmius*, Hercule gaulois. *W*.). J'ouvre la seule *Vie de L. Philippe* que je possède (par Alex. Dumas) et je lis :

« Tout secondait la marche *prospère* de la famille royale vers le faîte de la puissance absolue, but constant de tous les désirs de son chef... *L'année* 1838 *est le faîte de la puissance du roi L. Philippe.* C'est dans cette année que la *prospérité* de sa maison est portée à son comble... »

« Chose étrange, comme le dey d'Alger avait pu voir, en touchant le sol européen, la chute de ceux qui l'avaient renversé lui-même ; l'émir Abd-el-Kader, en arrivant en France, put voir la chute de ses vainqueurs...

« Berryer à la tribune : « L'*affaire* d'Orient aura été réglée comme l'Angle- « terre l'aura voulu... Assister ! c'était la honte ; prendre part à l'attaque ! « c'était le renversement de toute notre politique ; *protéger !* c'était la guerre. »

« Les quatre puissances décidaient du sort de l'Egypte, sans appeler le moins du monde la France à cette délibération... Cette humiliation était lourde à la nation. Dans toutes les représentations extraordinaires, on demandait la *Marseillaise* .. »

« Le 25 février, on veut substituer le drapeau rouge au drapeau tricolore : Lamartine le repousse : « Vous étoufferiez la République, née de votre sang, dans son berceau ! »

« L. Philippe avait dit : « La presse travaille à *me démolir*... Les républicains et les carlistes veulent *me démolir*... La malveillance et la calomnie cherchent à *me démolir.* » Souvent on cria sur son passage : *A bas les forts !* L. Philippe voulait *ses forts* détachés, qu'il regardait comme la sauvegarde de sa couronne. »

République française, 25 février : « Tous *les forts* qui environnent la capitale sont à nous... »

« Philippe » consolide de plus en plus son usurpation durant sept ans ; il rabaisse même l'effort de ses ennemis extérieurs. Sa fortune est prospère ; il est dans toute sa force ; il a des années devant lui ; mais voilà qu'une petite pierre se détache de la montagne, elle renversera le colosse aux pieds d'argile. Cette morale se retrouve dans deux autres quatrains : là, le « chef d'Orléans est mort » aux yeux du prophète, alors qu'on dit qu'il repose dans sa force ; là encore, il est en fuite, il s'arrête à « Dreux » comptant sur la loi de régence qu'il a changée ; il s'est tué lui-même, pourtant les foudres sont parties du ciel.

N'est-ce pas ce que Nostradamus dit encore dans sa prophétie d'Orval que vous trouvez si belle parce que vous ne la croyez pas de lui : « *Le roi du peuple est d'abord vu moult faible et pourtant contre ira bien des mauvais* (il aura « fortune prospère »), *mais il n'était pas bien assis et voilà que Dieu le jette bas.* »

Cela est moral, tant au point de vue politique qu'au point de vue religieux. Et si l'on vous disait que c'est le démon qui a révélé la prophétie d'Orval, vous répondriez plus justement que vous ne pensez, car L. Philippe est « l'ancien serpent » dans l'Apocalypse : « Si le démon est divisé contre lui-même comment son règne subsistera-t-il ? » Mais vous dites :

« Nostradamus lui-même n'est pas très-assuré ni de la réalité, ni de la nature de son inspiration (p. 97)... Dans sa lettre à Henri II, les deux seules causes qu'il donne à ses prophéties sont : 1° Son naturel instinct ; 2° l'Astrologie judiciaire ; il ne dit pas un mot d'inspiration, ni de révélation divine (p. 98. Vous répétez, page 108 : « Il ne dit pas un mot de son inspiration divine dans sa lettre à Henri II ». *Mentez, mentez toujours, il en restera quelque chose*). Il est loin de dire avec netteté au nom de qui il parle et qui l'a inspiré : il ne le sait pas au juste (p. 101). »

Pouvait-il dire plus clairement que la connaissance de l'avenir ne lui venait que de Dieu ? Voyez donc ces seuls textes :

« *Lettre à Henry II* : « Je confesse bien que le tout vient de Dieu, et lui en rends grâce, honneur et louange immortelle, sans y avoir meslé de la divination qui provient à *fato* : mais à *Deo* (voir les passages 51, 53 et 58). »

« *Lettre à César* : « Quant a nous qui sommes humains, ne pouvons rien de notre naturelle connaissance et inclination d'engin (d'esprit, *ingenium*), connaître des secrets obstruses de Dieu le Créateur... ne par les humains augures, ne par autre connaissance ou vertu occulte... La parfaite connaissance des causes ne se peut acquérir sans celle divine inspiration. »

Il met en tête de ses Centuries que Dieu est auprès de lui et lui dicte : « Splendeur divine, le Divin près s'assied » ; il éloigne expressément de ses quatrains tous les astrologues : « *Omnes astrologi procul sunto* », qui seuls peuvent interpréter les *prophéties astrologiques*, et vous dites qu'il doit ses prophéties à l'Astrologie et qu'il n'est qu'un « ridicule et ignorant astrologue ». Quand vous affirmez cela dans un livre où vous donnez le titre de huit de mes derniers ouvrages, en les citant, comment ne donnez-vous pas même le titre de ma longue *Lettre* Nostradamus et l'Astrologie, que j'ai publiée dans le même temps, le 19 juin 1872. Vous teniez donc bien à laisser ignorer à vos lecteurs qu'il ne reste plus rien debout des accusations portées contre le « grand prophète » !

Depuis la publication de cette lettre, j'ai su que la partie astrologique de la *Signification de l'Eclipse de* 1559 a été copiée mot pour mot dans Léovitius. Nostradamus recherchait « l'injure » pour tout le temps qui le séparait du jour de sa réhabilitation. Au jour venu, Dieu nous découvrira les industries du prophète. Déjà, j'avais su d'une façon toute providentielle que Nostradamus a copié le *Compendium revelationum* de Savonarole dans sa *lettre à César* afin qu'il fut démontré un jour qu'il condamnait l'Astrologie comme Savonarole. (*a*) Maintenant il est

---

(a) Je disais en 1861 (t. II, p. 151 et 161) : « Depuis trois ans je n'avais pu compléter l'interprétation des 7 premiers quatrains de 12 qui se suivent dans la 1ʳᵉ centurie sur la révolution politique et religieuse commencée en 1789 et arrêtée un moment en 1814 ; je ne connais de l'astronomie que les premiers éléments, et je ne sais pas même le premier mot des influences des astres au point de vue de l'astrologie. S'il ne m'en coûtait point de confesser une fois de plus mon ignorance, il m'en coûtait

démontré que ce soi-disant astrologue a copié des astrologues, afin de conserver sa réputation d'astrologue, comptant bien qu'un jour on rendrait aux astrologues leurs prophéties astrologiques non accomplies. Un prêtre m'a écrit :

Paris, 25 avril 1873.

MONSIEUR,

Je vous remercie de la brochure que vous m'avez envoyée et que j'ai lue avec beaucoup d'intérêt (LA SALETTE ET LOURDES). Celui qui me l'a apportée m'a demandé de votre part si le rapprochement que vous faites dans la note qui est au bas de la page 36 est justifiée.

Comme j'aime à me rendre compte exactement de ce que j'étudie, je me demandais où je pourrais trouver des renseignements. Par le plus grand des hasards, je les avais sous la main, car j'ai dans ma bibliothèque un rare volume du fameux astrologue Léovitius d'Ausbourg, imprimé en 1556, qui contient la description, l'état du ciel concomitant, et les prédictions résultantes de toutes les éclipses depuis 1554 jusqu'en 1606 (quand il parle de « l'année 1606 » dans sa lettre à Henri II, Nostradamus renvoie à Léovice). Je puis donc vous parler savamment de l'éclipse de 1559...

Je vous envoie la prédiction copiée fidèlement. La comparaison des deux textes me suggère les réflexions suivantes :

1° Evidemment l'un a copié l'autre, ou Nostradamus a copié Léovice ou vice versâ.

2° Mon texte est incontestablement authentique, je doute du vôtre par deux raisons. D'abord il était indigne de Nostradamus de piller Léovice, ensuite les injures grossières qu'il adresse à ses calomniateurs me semblent également indignes de lui, et peu conformes au style de ses autres œuvres.

3° Si votre texte est de Nostradamus, il est pris là en flagrant délit d'astrologie judiciaire.

4° Ces prédictions vagues, telles que les donne généralement l'astrologie sont loin de la netteté et de la précision des quatrains, ce qui montre que les quatrains n'ont pas été faits par l'astrologie....

L'abbé LACURIA.

Je n'adresse ma question qu'à une personne : « *par le plus grand des hasards, elle a sous la main un rare volume* » ; par le plus grand des hasards, sa pensée se reporte à ce volume oublié dans sa bibliothèque ; et, par le plus grand des hasards, il y a dans ce volume une réponse qui justifie ce que je venais de publier dans NOSTRADAMUS ET L'ASTROLOGIE :

« Plus Nostradamus voyait grandir sa renommée comme prophète, plus il s'efforçait de passer pour astrologue. Aussi, la *Prophétie merveilleuse*, écrite la veille de sa mort, semble-t-elle donner raison à ceux qui l'accusent d'avoir prophétisé par l'Astrologie... Cette *prophétie* fut le coup de grâce donné à l'Astrologie. Elle ne s'en releva pas, et Nostradamus tomba avec elle. Il se relève sans la remettre sur pied. »

Ceux qui ont traité Nostradamus d'astrologue, comme vous le faites, ne savaient pas plus que vous ce qu'il était :

« Nous savons par l'*histoire* que Nostradamus a pratiqué l'Astrologie. Le gouverneur de Henri IV lui conduisit ce jeune prince, et l'astrologue *vaticina*

fort de livrer tout tronqué au public ce qui m'apparaissait déjà un récit suivi, merveilleux, la partie la plus extraordinaire peut-être de l'œuvre de Nostradamus, et certainement la plus propre à faire reconnaître jusqu'à quel point le GRAND PROPHÈTE peut être classé parmi les astrologues que l'Eglise et l'Etat ont condamné ! Mon manuscrit était entre les mains de l'imprimeur, la composition était commencée lorsqu'une personne inconnue (M. Lussaud de Saint-Emilion) me fit remettre le seul livre d'astrologie que j'ai encore eu en main (*Roussat*. De l'Etat et mutation des temps).

« J'ai refusé de prendre ce livre lorsqu'on me l'a présenté (M. Marcastel qui dût le laisser sur sa cheminée) ; mais l'instant d'après, l'ayant ouvert par désœuvrement et étant tombé sur ce début d'un chapitre : IA EST HEVRE DE DIRE *plus oultre de la triplicité aquatique*, force fut bien de le dévorer. J'y trouvai l'explication de tous les mots astrologiques du récit : « Triplicité aquatique,... chef d'Ariès Jupiter et Saturne,... Les deux malins de Scorpion conjoints,... etc. »

qu'il deviendrait Roi et qu'il aurait un très-long règne. Il était facile et habile de prédire la première chose ; mais, malheureusement pour la France, la seconde, impossible à savoir par les astres, ne se réalisa pas. »

Ainsi, d'après vous, il était *facile de prédire* (par les astres ?) en 1564, que le prince de Navarre ne mourrait pas avant d'être devenu, 25 ans plus tard, roi de France et de Navarre, qu'il règnerait *longtemps* (21 ans) comme roi de France, *longtemps* (48 ans) comme roi de Navarre. Il était *habile de prédire* cela (par les astres ?), alors que le prince de Navarre était séparé du trône par Charles IX et ses deux frères, qui tous pouvaient avoir des héritiers ; il était *habile* de dire cela presque en face de Charles IX ! Il n'y a pas eu d'*horoscope* : les quatrains sur Henri IV et les derniers Valois étaient publiés depuis 1555, et voici ce que dit l'*histoire* :

« *Registre-Journal de Henri IV* : « Il n'avait que dix à onze ans, et était nommé le prince de Navarre lorsqu'il arriva avec Charles IX à Salon, où Nostradamus faisait sa demeure. Celui-ci pria son gouverneur qu'il put voir ce jeune prince. « Si Dieu vous fait grâce de vivre jusques-là, vous aurez un Roy de France et de Navarre, dit-il au gouverneur. » Ce qui semblait incroyable est arrivé en nos jours, laquelle histoire prophétique le Roi a depuis racontée fort souvent même à la Reine. »

Vous soutenez votre thèse en citant ces paroles : « *Encor que j'ai inséré le nom de Prophète, je ne veux attribuer tiltre de si haute sublimité pour le temps présent* ». Cela signifie, dites-vous : « Je ne veux m'attribuer un titre qui est *présentement* en si haute sublimité, en si grand honneur et considération, parce qu'il n'est plus commun comme *autrefois* dans la primitive Eglise. » Donnez donc encore cette explication grotesque à cet autre passage, si semblable au premier : « *Moy en cet endroit je ne m'attribue nullement ce titre, jà à Dieu ne plaise, je confesse bien que le tout vient de Dieu...* » Vous préférez n'en rien dire, car il signifie pour vous, comme pour tout le monde : *En cet endroit* je ne prends pas ce titre que je prendrai *ailleurs* ; je ne le prends pas *déjà* (« jà »), je le prendrai *plus tard*, alors que s'accomplira ce quatrain :

(XVII. III. V.)

Du grand prophète les lettres seront prinses,
Entre les mains du tyran deviendront,
Frauder son Roy seront ses entreprinses,
Mais ses rapines bientôt le troubleront.   II. 36.

Comme je l'avais annoncé en 1862, le travail d'interprétation de la prophétie si étendue et si complète de Nostradamus est arrivé entre les mains de Napoléon III. Celui-ci a voulu changer les destinées de son Roi, Henri V, en arrêtant ses manifestes à la poste, etc. Il a dit : « Ces prophéties épouvantent et énervent l'imagination », et bientôt son pouvoir usurpé et absolu lui a échappé.

Nostradamus est le « grand prophète » du moment. Personne ne lui enlèvera plus « *le nom de Prophète, tiltre de si haute sublimité* » ; il le gardera jusqu'à la fin du monde :

> Quand le Soleil prendra ses jours lassés,
> Lors accomplir et mine ma prophétie.   I. 48

Sa prophétie sera alors « *accomplie jusqu'au dernier iôta* », comme disait Jésus. En présence de toutes ces déclarations, vous objectez encore :

« Les prophètes des anciens temps, certainement plus riches en humilité que Nostradamus, disaient simplement et sans détour qu'ils étaient les envoyés du Seigneur, que Dieu parlait par leur bouche : « *Misit me Dominus, hæc dicit Dominus, sermo Domini ad me factus est.* »

Nostradamus nous dit : « *Le tout vient de Dieu... le divin près s'assied.* » Il nomme sa prophétie : « *Le divin verbe* » et il se présente « *Prophète deslivrant un grand peuple d'impos* (de ce que la Révolution lui a imposé) ». Vous demandez plus encore : Vous voulez qu'il parle comme les anciens prophètes, mais ne le fait-il pas expressément en tête de ses prophéties :

« *Lettre à César* : « *Visitabo in virgâ ferreâ iniquitates eorum, et in verberibus percutiam eos* (Psaume LXXXVIII) : car la miséricorde de Dieu ne sera point dispergée (répandue) en un temps, mon fils, que la plupart de mes prophéties seront accomplies, et viendront être par accomplissement révolues. Alors, par plusieurs fois, durant les sinistres tempêtes, *conteram ego,* dira le Seigneur, *et confringam, et non miserebor,* et mille autres aventures qui adviendront par eaux et continuelles pluyes. »

Quand on reconnaîtra que « la plupart de mes prophéties *sont* accomplies », dit-il, le Seigneur frappera d'un déluge de maux ceux pour qui je prophétise. Il nous annonçait « la Vierge des Vierges » de la Salette, tenant en main la boîte de Pandore d'où découle un déluge de maux, la Vierge immaculée de Lourdes à qui un « grand amas de gent estrange au grand temple du Mas (le temple bâti sur la roche *Massabieille* ou *vieille masse*), autour des monts Pyrennées, *demande* secours *pour* le Roy *et le* Romain chef ». Il nous a dit, comme Marie : *Priez !* pour le moment où Napoléon III devait être tué par ses médecins :

> (XVII. III.)
> ... Tyran meurtry aux Dieux peuple prier.   IV. 55

Vous dites par une objection vingt fois rebattue :

« La forme sous laquelle Nostradamus a mis ses prophéties est indigne de la majesté divine. Dieu n'a pas pu révéler l'avenir sous une enveloppe aussi ténébreuse et si impénétrable, dans un langage qui n'est d'aucun peuple ;

puisqu'il emploie des mots de toutes les langues, avec la forme puérile et grotesque du logogriphe, du calembour, de l'anagramme et des jeux de mots : ce n'est point ainsi qu'un prophète inspiré et envoyé de Dieu aurait parlé aux hommes...

« A l'égard de la prophétie privée, je suis constitué juge par le Saint-Esprit et j'ai le droit et le devoir de chercher, selon les lumières de la raison, ce qui vient de Dieu et ce qui n'en vient pas. Or, comment veut-on que je prononce un jugement sur un écrit que je ne puis comprendre, comment pourrai-je faire le choix qui m'est recommandé et reconnaître ce qui est bon dans une prophétie où je ne vois ni sens ni signification ?...

« Mais, dit-on, les obscurités de Nostradamus sont éclairées par les explications des interprètes ; leurs commentaires font comprendre, et « la lumière se fait ». La lumière ne se fait pas du tout ; les ténèbres sont les mêmes, et les écrits des commentateurs n'illuminent rien. »

Je réponds d'abord avec Plutarque (traduit par Amyot) :

« *Des oracles de la prophétesse Pythie* : « *Encore que ces vers des oracles soient pires que ceux d'Homère, nous n'estimons pas que ce soit Apollo qui les ait faits, ains seulement qu'il a donné le principe du mouvement selon que chacune des prophétisses est disposée à recevoir son inspiration : car, s'il falloit escrire et non prononcer les oracles, je pense que nous ne les reprendrions et blâmerions pas, disant que ce ne seroit pas escriture d'Apollo, s'ils estoient moins élégamment escripts que ne sont ordinairement les lettres des Roys : car la parole, ny la voix, ny la diction, ny la mesure, ne sont pas du Dieu, ains sont de la femme.* »

Puis, je prends note de cet aveu que je vous ai arraché :

« Les adeptes de l'astrologue répondent : que le prophète Daniel a joué sur les mots dans le jugement des vieillards accusateurs de Suzanne ; que Notre-Seigneur lui-même l'a fait aussi en disant : « Tu es Pierre et sur cette pierre je bâtirai mon Eglise » ; que les contemporains de Nostradamus employaient cette sorte de langage hybride et mêlaient les mots de plusieurs langues.... On compterait tout au plus une vingtaine de jeux de mots dans les saintes Ecritures... Il n'y a certainement pas abus (je vous avais cité ces paroles de Mgr Dupanloup, au sujet du « Tu es Petrus » : *Cette sorte de jeux de mots est fréquente dans l'Ecriture.* Glossius et Lowth en citent de *nombreux exemples*). »

Et enfin, comme vous savez pertinemment ce qui est digne et indigne de la Divinité, je vous demande quel conseil vous auriez donné au Dieu que vous prêchez, si, à l'époque de Nostradamus, il vous avait dit : Dans trois siècles on ne croira plus au surnaturel, au droit de Dieu dans le gouvernement des hommes ; on appellera bien ce qui est mal, et mal ce qui est bien ; chacun ne croira plus qu'à son propre jugement : les enfants d'Abraham seront devenus des pierres. Pour refaire de ces pierres des enfants d'Abraham, ce ne sera pas trop du plus grand des miracles, d'une prophétie plus précise, plus complète qu'aucune de celles que j'aie jamais révélées. Je prédirai « tout au long, limitant les lieux, temps et le terme perfix » et je nommerai souvent les personnes par leur propre nom. Cette prophétie sera entre les mains de tous, afin qu'on ne doute pas de son authenticité, et elle ne sera comprise qu'à l'époque pour laquelle je la révèlerai, autrement elle nuirait jusque-là à la liberté de chacun ; même quand elle sera comprise, il faudra, pour le même motif, qu'après y avoir trouvé toute *L'Histoire prédite et jugée* depuis 300 ans, on ne puisse être fixé au juste sur les passages en voie de s'accomplir qu'au fur et à mesure qu'ils s'accompliront. Comment obtenir ce résultat ?

Je vois d'ici votre embarras et je vous entends dire qu'il est indigne de l'homme de conseiller la Divinité. Dieu vous presse de questions : — Qui prendrons-nous pour « grand prophète » ? — Vous répondez hardiment : Tout au moins un saint canonisé de son vivant, un docteur en Israël. — Non, dit la Sagesse éternelle, je fais toujours les plus grandes choses avec les instruments les plus faibles ; en outre, la prophétie de votre saint docteur attirerait sans cesse l'attention de tous, et alors quel miracle il me faudrait faire pour obscurcir l'intelligence de tous. Prenons, au contraire, un homme que l'Eglise n'acceptera qu'à grand peine malgré sa vie et sa mort des plus chrétiennes ; s'il a été, mais à tort, une occasion de scandale comme mon Fils lui-même, (« Je vous serai à tous, cette nuit, une occasion de scandale ») ce sera bien. Dans ces conditions-là, son livre disparaîtrait certainement comme tant d'autres des plus prisés parmi les enfants des hommes, si je ne faisais un miracle pour le conserver. Ce miracle je puis le faire. Quel style choisira l'écrivain ? — Un style majestueux comme le sujet. — Non, le style des écrivains en *us* de cette époque extravagante ; un style que vous mépriserez vous-même en le déclarant « indigne de la Divinité, ténébreux, impénétrable, dans un langage qui n'est d'aucun peuple, puisqu'il emploie des mots de toutes les langues, avec la forme puérile et grotesque du logogriphe, du calembour, de l'anagramme et des jeux de mots ». — Mais qui aura l'intelligence d'une pareille prophétie et qui l'acceptera *(durus est sermo)* ? — Je choisis le prophète, je choisirai l'interprète. La *prophétie traduite* sera acceptée de tous, car on reconnaîtra alors que tout est divin en elle, la forme comme le fond, et que le prophète en employant, comme il le dira, « son *long temps par continuelles vigilations nocturnes à référer par écrit ce que la divine essence lui a donné connaissance* » n'aurait pu faire seul comme *prophète* ce que personne ne pourra faire comme *historien,* c'est-à-dire renfermer après coup autant de choses en aussi peu de mots et avec des expressions aussi heureuses.

« Il était bien nécessaire de me demander conseil, direz-vous, puisque Dieu fait les choses comme il veut. Après *la folie de la croix*, il ne manquait plus que la folie de cette prophétie ! »

Voici 3 quatrains dans les conditions que Dieu a voulues. Personne n'a entrevu leur interprétation, même un demi-siècle après leur accomplissement, tant ils sont « ténébreux et impénétrables » Mais grand Dieu ! qu'ils sont beaux ! :

> Foudre en Bourgogne fera cas portenteux,
> Que par engin oncque ne pourroit faire,
> De leur Sénat sacriste fait boyteux,
> Fera sçavoir aux ennemis l'affaire.   II. 76.

Il s'agit de guerre dans ce quatrain : Jamais on ne pourrait faire avec engin de guerre ce qu'un foudre de guerre fera en Bourgogne, tant son cas sera *prodigieux* (*Portentosus*, monstrueux, prodigieux. *W*.).

Louis-Napoléon a dit à Fixin, près de Dijon : «... cette *Bourgogne* où l'on a vu tant d'héroïsme en 1814 ». Son oncle avait dit : « Les souvenirs de 1814 étaient tout frais dans l'imagination de ceux qui avaient à nous combattre. Les mêmes lieux leur eussent rendu présents les *prodiges* de l'année précédente : ils m'avaient alors surnommé, dit-on, les *cent mille hommes*. La rapidité, la force de nos coups, leur avaient arraché ce mot; le fait est que nous nous étions montrés admirables; *jamais poignée de braves n'accomplit plus de merveilles*. *Nous fûmes vraiment alors les Briarées de la fable! (Mém. de Ste-Hél.)* »

Il y avait alors un Sénat en France et pour la première fois depuis que la prophétie est faite. Dans le Sénat même de ceux qui faisaient merveille en Bourgogne était un prêtre, Talleyrand, qui s'était fait prêtre parce qu'il était devenu boîteux par accident. Talleyrand écrivit aux ennemis ce qu'ils devaient faire pour amener la chute du foudre de guerre. A la lecture du billet, les alliés marchèrent sur Paris; Talleyrand les reçut et fit voter par le Sénat la déchéance de Napoléon qui venait de dire à Saint-Dizier : « Je suis plus près de Vienne qu'ils ne sont de Paris. » Le billet de Talleyrand fit une immense révolution.

> Le vieux plein babe sous le statut sévère,
> A Lyon fait dessus l'Aigle Celtique,
> Le petit grand trop outre persévère
> Bruit d'armes au ciel mer rouge Lygustique :   II. 85.

« L'aigle celtique » ne peut être que l'aigle des Napoléon au temps du « plus horrible trosne de coq et d'aigle de France frères trois ». Cette expression a suffi pour donner tout à coup le sens du quatrain :

Le maréchal Ney, *plus vieux* que Napoléon qui avait dit : « *On vieillit vite sur un champ de bataille et j'en arrive* » était un *brave à tout poil, à tout crin*, plus que personne puisque son surnom était *le brave des braves*. Il était *sous le statut sévère* des lois militaires, pour avoir promis à Louis XVIII de lui ramener Bonaparte *dans une cage de fer*. A *Lyon*, Napoléon qui venait de dire dans sa proclamation : « *L'Aigle volera de clocher en clocher jusqu'aux tours de Notre-Dame* », *prit le dessus* sur Ney auquel il donna ordre de venir le rejoindre : « *Je lui sautai au cou, dit-il, en l'appelant* LE BRAVE DES BRAVES, *et tout fut oublié.* »

Il venait de se montrer « le petit grand », car il avait dit aux soldats chargés de l'arrêter : « *Qui de vous osera tuer son Empereur* (Napoléon-le-Grand) ! » et une voix avait répondu : « *Vive notre petit caporal, nous ne le combattrons jamais !* » Il *persévère trop outre* dans sa marche : Il vient de l'île d'Elbe, il est *à Lyon*, il va à Paris, à Waterloo, à Ste-Hélène. Un *bruit d'armes* est en l'air. La guerre plane sur l'Europe entière. Il a été mis au ban de l'Europe pour avoir traversé la *mer Lygustique* qui s'étend de l'île d'Elbe à Antibes, par un nouveau passage de la mer *rouge*, laissant la terre de captivité pour la terre promise au succès de l'expédition.

> Sans pied ne main dent aygue et forte,
> Par globe au fort du port et l'aisné nay,
> Près du portail desloyal se transporte,
> Silène luit petit grand emmené.   II. 58.

L'expression caractéristique de « petit grand » n'est que dans 2 quatrains. L'un est interprété de Napoléon Ier, l'autre devra être interprété de lui encore d'après le grand secret d'interprétation. Il n'a pas été emmené à l'île d'Elbe, car il s'est rendu là librement avec ses soldats, mais il a été emmené à Ste Hélène.

Les événements lui ont coupé bras et jambes ; il est *pied et main* liés entre les anglais, ne gardant que la liberté de les déchirer à belles *dents*, par la présence de leur *escadre* (*globus navium. W.*) devant *le port* de Rochefort et les ordres de *l'enfant aîné* du roi d'Angleterre ou le régent. *Près d'une des portes de ce peuple déloyal, il se transporte*, se croyant encore libre, et il dit avec sa « *dent aygue et forte* » :

« Si cet acte se consommait, ce serait en vain que les anglais voudraient parler à l'Europe de leur *loyauté*, de leurs lois, de leur liberté ! La *foi britannique* se trouvera perdue dans l'hospitalité du Bellérophon. »

L'isle Hélène luit aux yeux du *petit grand emmené* loin des côtes de l'Angleterre (*Silène* donne par anagramme *isle Elène*).

En 1860, M. Henri de Riançey de *l'Union* trouva admirables ces 2 quatrains sur le « petit grand », après avoir lu à haute voix devant moi l'interprétation que je venais d'en publier. Depuis, tous ceux qui m'ont entendu les interpréter en ont porté le même jugement. Mais vous ne voyez rien et n'entendez rien ; et après avoir lu dans mon *Almanach pour* 1872 l'effet que le quatrain sur le « Foudre en Bourgogne » a produit sur M. Guéroult de l'*Opinion nationale* vous publiez en tête de votre *Lettre* NOSTRA-DAMUS :

« A notre triste époque, il ne suffit plus en France d'une pointe de sens commun et de malice gauloise pour tuer une mauvaise et ténébreuse sottise. Le jugement, l'esprit et la vérité ont baissé parmi les hommes. Puisqu'il est nécessaire de combattre sérieusement ce qui ne méritait qu'un coup de sifflet, raisonnons donc en forme, et, une bonne fois pour toutes, finissons-en avec l'astrologue .. Les écrits de Nostradamus renferment des choses complètement fausses : 1° Des contradictions et de grossières erreurs de calculs ; 2° Plusieurs fausses prophéties. »

« Les contradictions et les grossières erreurs de calcul » ne portant que sur la durée du monde jusqu'à Jésus-Christ, qu'y a-t-il là de prophétique ? Vous répétez, après moi, que Nostradamus n'a pas su faire l'addition des nombres qu'il donne là. N'est-ce pas le cas de dire : *qui prouve trop ne prouve rien* ! et de reconnaître que Nostradamus a voulu donner la meilleure preuve que, s'il « limite le temps et terme perfix » sans jamais se tromper pour les choses de l'avenir, c'est de Dieu seul qu'il tient cette connaissance infaillible, puisqu'il ne peut que se tromper en employant toutes les ressources de la science humaine à fixer « le dénombrement du temps » dans le passé ?

Vous réduisez « les fausses prophéties » à un passage de la *Lettre à Henri II* et « aux nombreuses prédictions que Nostradamus a faites dans la *signification de l'Eclypse* de 1559, dont pas une ne s'est accomplie. » A ma connaissance, vous êtes le premier à avoir vu une fausse prophétie dans le passage que vous expliquez ainsi :

« Nostradamus annonce ici fort clairement contre son habitude : 1° Qu'une persécution plus terrible que celle de Genséric et d'Hunéric commencera pour l'Eglise universelle en 1557 et finira en 1792 qui sera l'année d'une nouvelle ère, d'une rénovation pour l'Eglise ; 2° qu'*après* cette année, le peuple romain commencera de se redresser, la République de Venise deviendra presque aussi puissante que l'ancienne Rome. Or cette triple prophétie avec ses dates est aussi malheureuse que possible. »

Nostradamus ne dit point que la persécution commencera en 1557 pour ne finir que 235 ans après, en 1792. Il savait comme vous et moi que *ce qui est violent ne dure pas.* Il a donné un « sens perplexe » à sa prophétie dont l'accomplissement devait fixer le « seul sens et unique intelligence. » L'année 1792 a été celle de la grande persécution, et dans cette année-là même on a abandonné l'ère chrétienne pour dater de l'an I de la République. En disant « après » pour ce qui suit, Nostradamus ne disait pas: « *après cette année,* » mais « *dans la suite.* » Le prophète nous avait prévenu de cela : « Et pour ce, Sire, dit-il dans la même

Lettre, que par ce discours je mets presque confusément ces prédictions et quand ce pourra être et par l'avénement d'iceux, pour le dénombrement du temps... »

Pour les fausses prophéties de la *signification de l'Eclypse,* dont la partie astrologique est de Léovice, vous dites :

« On ne craint pas d'affirmer que Nostradamus avait en vue l'éclipse de la royauté, l'éclipse d'Henri V à notre époque. » A cette façon d'interpréter ou de justifier une prophétie manquée, il n'y a pas de réponse à faire. Le Dieu de la vérité n'a donc point inspiré le faux prophète Nostradamus. »

Voilà tout ce que vous opposez à une prophétie qui embrasse une durée de plus de 300 ans déjà et qui a tenu toutes les promesses de l'auteur. La pauvreté de vos raisons vous porte à les appuyer du témoignage de « Nosseigneurs les Evêques, les premiers juges en cette matière », dites-vous :

« Mgr Pie. notre illustre évêque de Poitiers, nous a dit à nous-même: « Il faut avoir perdu le bon sens pour croire aux prophéties de Nostradamus. » — Mgr Cousseau, le savant évêque d'Angoulême, depuis démissionnaire, nous écrivait en 1872 : » J'ai fort goûté votre sévère critique de Nostradamus et de son récent interprète. » — Mgr Dupanloup, le célèbre évêque d'Orléans, dans un acte épiscopal public, vient de frapper l'astrologue et ses commentateurs d'un coup dont ils ne se reléveront point. »

Un seul de ces trois (« illustre, savant, célèbre ») évêques vous ont-ils dit qu'ils parlaient de Nostradamus et de son commentateur après nous avoir lus ? Mgr Dupanloup vient de m'autoriser à publier le contraire. En 1872 précisément, j'avais voulu voir Mgr Cousseau, parce que je faisais imprimer deux ouvrages prophétiques dans son diocèse. On m'a dit à l'évêché d'Angoulême que son état de santé ne lui permettait pas de s'occuper de quoi que ce soit. Vous aurez envoyé votre ouvrage à votre ancien évêque, et quelqu'un de son entourage vous aura écrit en son nom. Pour Mgr Pie, votre nouvel évêque, il a nié dernièrement le langage qu'on lui avait prêté au sujet de l'avenir (La *prophétie de Mgr l'évêque de Poitiers* en faveur de Napoléon IV). En voyant combien il se défendait de prophétiser, on a dû se dire partout : Que n'a-t-il un âne sous lui, nous verrions se renouveler le miracle de Balaam ? — Croit-il à vos prophéties ?

LETTRE VII

M. TORNÉ

« Après avoir parlé de Nostradamus, je ne puis me dispenser d'entretenir mes lecteurs de M. Torné. Car qui dit Nostradamus dit Torné, et qui dit Torné dit Nostradamus. Ce sont deux têtes dans un même bonnet... d'astrologue...

« Tenez, cher maître, cette intimité que vous avez avec ce vieux fou de magicien, vous fait grandement tort. Vous prenez ses allures, qui ne sont pas de bonne compagnie. Vous avez pensé faire le gentil en me traitant, par son intermédiaire, « d'*asne* et de grosse beste ». Fi donc, cher maître ! C'est vilain : vous perdez les belles manières. Ce sont là des adjectifs d'astrologue.

« L'astrologue-prophète surtout, nous le savons, est mal-appris et lourdaud quand il veut faire de l'esprit. Vous vous en ressentez... L'auteur de la *Concordance*, vous exclamez-vous, a des 6 dans son nom ! Eh quoi ! il a trois 6, le *chiffre de la bête!* Bien plus : 3 fois trois 6 ! ! C'est peu flatteur. » — Pas fort cher interprète ; un peu épais le trait d'esprit : c'est du Nostradamus. Soit donc, j'ai du 6 dans ma signature. Seulement je suis certain de n'avoir point de son esprit dans mes livres. Pour vous, maître, c'est tout le contraire : si vous n'avez pas le symbole, vous avez la réalité ; si en votre nom n'est point son chiffre, tous vos écrits sont pleins .. de *l'esprit de la bête.*

Nostradamus n'aurait rien gagné, monsieur, à avoir votre légèreté d'esprit, vous qui prétendiez le tuer avec « une pointe de sens commun et de malice gauloise », le faire disparaître sous « un coup de sifflet ». Qu'il soit lourd comme le grand docteur saint Thomas, le bœuf de l'Ecole, et que ses mugissements retentissent partout dans le monde ! Vous l'appelez « vieux fou de magicien, astrologue sot et ridicule », vous pouvez bien dire de moi :

« Pour M. *Torné-livre*, je déclare que je n'ai ni vénération, ni estime, ni charité... Je trouve ses livres absurdes, ridicules et dangereux. »

Lamartine a dit : « Mes ouvrages et moi nous ne sommes pas deux ». Donc, qui méprise le livre n'estime guère l'auteur. Vous avez cru avec « bon sens et raison » pouvoir me traiter « d'insensé » dès votre première attaque. Ecoutez ces histoires et faites-en votre profit :

Un jour, M. Dubosc, conseiller général de la Gironde, dit au cardinal de Bordeaux, en parlant de moi: Il est fou ce prêtre ? — Pas plus que vous et moi, monsieur, reprit le cardinal. M. Dubosc se mit aussitôt en rapport avec moi, jugeant que qui n'est pas plus fou que ce cardinal ne l'est guère.

Il faut être fou pour croire en Nostradamus », dit un avocat de Libourne au bon vieux M. Marcastel. Ce prêtre, dont le jugement faisait autorité, répondit : « Je ne traite personne de fou ; mais si je devais appeler fou quelqu'un, ce ne serait pas celui qui croit en Nostradamus après avoir étudié sérieusement les livres de l'abbé Torné : ce serait celui qui se prononcerait comme vous le faites sans avoir ouvert ces livres ou après les avoir parcourus avec le parti-pris de s'en moquer.

Mgr de Blois et tout le personnel de son évêché avaient longuement écouté mes interprétations sans faire la moindre objection. Le lendemain, au moment où je remerciais Sa Grandeur, de sa bonne hospitalité, *je fus heureux* de lui entendre dire : « Que devient la charité sacerdotale au milieu des injures que vous imprimez à l'adresse du chef de l'Etat ? » Je répondis : « Saint Jean, sous l'inspiration de Dieu, traité l'Empereur de bête de l'Apocalypse ; Nostradamus, sous la même inspiration, l'appelle « second Antéchrist, boute-feu », puis-je atténuer ses expressions ? Vous m'avez élevé (au grand séminaire de La Rochelle) et vous savez que *je n'aime à injurier qui que ce soit.*

La dernière fois que j'ai eu l'honneur de le voir, il me dit : Votre fidèle croyant, l'abbé Morisset, est là presque à l'agonie. — Puis-je entrer ? — Non, l'émotion serait trop forte. Il me laissa et passa auprès de son grand-vicaire. Quand il revint, il me dit : Je vous ai nommé ; il s'est soulevé et a souri.

Mgr Landriot m'avait dit devant un grand nombre de mes confrères, à la retraite : « Vous irez en prison : vous nommez l'Empereur *bête de l'Apocalypse, ccond Antéchrist, boute-feu* ». J'avais répondu : « Je serais déjà en prison si je m'étais contenté de lui donner ces noms ; mais comme je prouve que je suis dans le vrai en les lui donnant, il me laissera tranquille. » Trois ans après, mon évêque me rappela cette parole à sa table, devant plusieurs ecclésiastiques étrangers, et il ajouta : « Apprenez à ces messieurs ce qu'on vous dit partout de moi au sujet de votre travail. — Oh ! monseigneur, je vous ai dit cela tout bas à l'oreille, seul dans votre cabinet, je ne le dirai à personne et je ne vous le répéterai même pas. — Allons, exécutez-vous. — On me demande comment mon évêque, si dévoué à l'Empereur, ne m'empêche pas de publier des livres bien plus hostiles à son gouvernement que tant d'autres que les tribunaux poursuivent. Je réponds : C'est que Dieu le veut. — Vous verrez, reprit Monseigneur en riant, que je suis dans la prophétie.

— J'ai voulu lui défendre de parler davantage de Nostradamus, disait-il, mais il m'aborde en toute franchise ; je l'embrasse ; il commence l'interprétation de nouveaux quatrains, et je le laisse faire. Le 9 mai 1862, Mgr dit, à Saint-Martin-de-Coux, devant moi, à M. Seraphon, curé de Montigaud : Vous ne serez pas rendu à Rome que le pouvoir temporel aura pris fin. — Il durera autant que l'Empire, le *statu quo* sera maintenu, dis-je vivement. Tous partagèrent les inquiétudes de Monseigneur, excepté l'abbé Courcelle, son grand vicaire, qui me dit : Je vous crois. — *Ne parlez plus de Nostradamus*, me dit plus tard le supérieur du grand séminaire. Vous voyez dans quel embarras vous vous mettez et nous aussi. Le préfet est furieux. On ne dit pas à un homme de la maison de l'Empereur : J'appelle un chat un chat et........ un fripon. Quand je me retirai, il me dit : Est-ce pour cette année ? — Ma réponse fut un éclat de rire et ces seuls mots : *Je ne parle plus de Nostradamus.*

Je ne vous dirai pas dans quel grand séminaire cette réponse a été faite à un abbé qui demandait au professeur d'Écriture-Sainte pourquoi il n'était pas question de mon *Apocalypse interprétée par Nostradamus* dans son enseignement : On ne peut vous parler encore que d'Holzhauser, La Chétardie, Bossuet ; plus tard on ne vous parlera que de cette interprétation nouvelle.

Revenons à votre interprétation des prophéties modernes :

« Je veux vous montrer une fois de plus ce que valent les écrits de M. Torné, en ces deux paragraphes : 1. M. Torné et les prophéties modernes ; 2. M. Torné et les quatrains de Nostradamus.

I. — M. Torné et les prophéties modernes.

« La *Concordance* a troublé le repos du *commentateur prophétisé*. Il a senti *le coup* qui frappait les œuvres de son cher Nostradamus comme les siennes propres. Aussi s'est-il mis *en quatre* afin d'atténuer la *vive impression* qu'avaient produite *la raison et le bon sens :* Il a cherché *tant qu'il a pu* quelques joints pour y pousser la pointe d'un argument valable : *peine perdue, travail manqué...* Franchement, toute vanité à part, *mes pages* n'ont pas trop mauvais air au milieu de cette littérature de Nostradamus et d'almanach. *C'est tout ce qui supporte la lecture* dans ce livret. »

Vous avez lu dans cet *almanach* (1872) ces mots de la DÉFENSE DE NOSTRADAMUS CONTRE SES MÉDISANTS, que je vous appliquais :

« *Icy n'y a lieu de faire l'Apologie, dans laquelle toy et adhérens serez un peu plus amplement chapitrer ; contentez-vous pour le présent de cecy.* »

J'étais décidé à ne jamais plus parler de vous, et vous pouvez voir que votre nom ne se trouve même pas dans mes dernières publications. Vous avez voulu accomplir la prophétie. Soit, « le commentateur prophétisé » va « chapitrer de nouveau et un peu plus amplement » un des « INEPTES CRITIQUES prophétisés ». Vous m'adressez 6 reproches au sujet de ma critique de vos 41 prophéties. Il est facile d'y répondre. On va voir une fois de plus le sérieux de vos attaques :

1er reproche : J'ai dit que vous ne citiez qu'*une phrase* d'une prophétie, quand ailleurs vous en donnez *une page et demie* : « Lecteur étourdi, dites-vous, il fallait lire moins vite. » — Auteur étourdi, dirai-je, il fallait ne pas oublier de mettre des chiffres de renvois au bas de la notice de cette prophétie, *comme vous l'avez fait pour toutes les autres*. J'étudiais chacune de vos prophéties d'après ces renvois. N'en trouvant pas pour celle de la *personne pieuse*, j'ai regardé dans le volume et j'ai trouvé *une phrase*. Je m'en suis tenu là, car 10 de vos prophéties n'ont qu'un chiffre de renvoi, et vous ne citez qu'*une phrase* de la 22e, et vous croyez même pouvoir ne citer qu'un mot de la plus longue des prophéties, si ce mot seul *concorde* avec les vôtres.

2e reproche : Je ne remonte pas à la source :

« Nous ne mettons point la prédiction du dogme de l'Immaculée conception, comme vous l'insinuez, dans ces quelques mots de la prophétie de Marie Lataste : « Tu m'as rendu gloire au ciel et sur la terre ». Cette prédiction, très-claire et très-détaillée, se trouve dans ses œuvres. »

Pourquoi, alors en ne citant que cette phrase, parlez-vous du dogme de l'Immaculée conception ? Il fallait être clair, comme vous l'êtes maintenant au sujet de cette même prophétie qui vous fait dire et le pour et le contre :

« *Concordance* : « D'après Marie Lataste, « *cette cité* (Rome) *paraîtra succomber pendant trois ans et un peu de temps encore après.* »
« *Prophéties vengées* : « Nous ne pouvons plus nous servir maintenant des trois années de Marie Lataste. Elles n'ont plus de point de départ ni de terminaison suffisamment indiqués. »

3e reproche : Ce n'est plus une « distraction involontaire » :

« Comment, sans y mettre un peu de bonne volonté, avez-vous pu affirmer en parlant de la prophétie d'Orval : « M. Chabauty retranche ce passage de la prophétie : Dieu est saoul d'avoir baillé des miséricordes, et cependant il veut prolonger la paix encore pendant dix fois douze lunes... » Avec une toute petite dose d'attention, vous auriez remarqué que les « dix fois douze lunes » me sont indispensables pour produire, avec les nombres précédents, notre total de 282 lunes, c'est-à-dire 22 ans et 9 mois à peu près, que nous assignions au règne d'Henri V, *en concordance avec d'autres prophéties.*

Vous citez çà et là des fragments de cette prophétie dont vous omettez plus d'un passage selon votre habitude et selon votre droit, dites-vous. Je savais qu'en 1840, le texte complet assi-

gnait une durée do 37 ans et 4 mois au règne de « la fleur blanche. » Voyant que vous ne lui *assigniez* plus que 22 ans et 9
mois, j'ai conclu que vous retranchiez un passage. Pouvait-il en
être autrement ? Mais quel passage ? M. Le Pelletier, (savant
auteur, dites-vous), venait de retrancher celui des « dix fois
douze lunes » dans sa prophétie *dite* d'Orval, publiée en janvier
1872. J'ai cru que vous aviez fait comme lui. Il n'en est rien, il
retranche, lui, 120 lunes ; vous en retranchez, vous, 180, les 180
dernières. Je vous donne acte de mon erreur. Et maintenant
mettez sur le feu et faites cuire, ça *concorde*.

4e reproche : j'ai mis *peu à peu* au lieu de *quelque peu* :

« Avant les événements, les prédictions du médecin provinçal sont tout-à-fait
inintelligibles ; on ne voit même pas ce qu'il veut dire après les événements
on arrive à comprendre QUELQUE PEU ; *encore faut-il de nombreux et fort discutables commentaires.* »

J'avais mis PEU A PEU au lieu de QUELQUE PEU afin d'abréger en
retranchant le dernier membre de phrase. Vous dites donc
qu'*après l'événement* on arrive à comprendre QUELQUE PEU (la pensée de l'écrivain) à mesure que *de nombreux et fort discutables
commentaires* sont donnés. Si cela a un sens, on arrive *peu à
peu* à comprendre *quelque peu* la pensée d'un *faux prophète*,
l'événement prédit étant venu rendre intelligibles les prédictions
du médecin provençal, tout à fait inintelligibles avant les événements. Et vous vous récriez parce que j'ai mis un point d'ex-
clamation après un pareil aveu dans votre bouche. Je devais en
mettre trois.

5e reproche : j'ai fait disparaître un point d'interrogation dans
votre texte :

« Selon Nostradamus, une comète apparaîtra vers le septentrion, non loin
du cancer, et la nuit où Pie IX mourra (?). — Rien n'empêche que l'astrologue
ne prédise juste en ce point de la comète » : C'est affaire d'astronomie.»

J'avais retranché ce point d'interrogation parce qu'on aurait pu
croire qu'il était de moi pour signifier : Qu'est-ce que M. Chabauty a bien voulu dire là ? Vous vous expliquez clairement aujourd'hui :

« Pour tout lecteur intelligent, ce point signifie, et il n'est personne qui n'ait
ainsi compris, que la prédiction de la comète est de Nostradamus et peut bien
s'accomplir ; mais que ce soit la nuit où Pie IX mourra », c'est une autre affaire et c'est de M. Torné. »

J'ai dit que vous aviez fait une balourdise en publiant que
Nostradamus pouvait annoncer par l'astronomie que telle comète
disparaîtra la nuit où un grand de Rome mourra. Vous en faites
une nouvelle en revenant sur ce chapitre quelques pages après
avoir dit :

« Plusieurs astrologues démontrèrent qu'il n'était qu'un ignare personnage, qu'il commettait les plus grosses erreurs dans ses calculs, qu'il ne savait pas même déterminer d'une manière précise la marche de la lune et l'entrée des saisons, que ses écrits fourmillaient de fautes les plus grossières et les plus ridicules. Un d'entre eux les releva avec dureté et lui prodigua à cette occasion les épithètes « d'ignorant, d'âne et de grosse bête. »

Ah! vous n'auriez pas dit qu'un pareil astronome pouvait « prédire juste en ce point de la comète » si vour aviez pu nier un fait que vous tenez à ne pas porter à la connaissance de vos lecteurs (*Alm. pour 1872*) :

Le 16 juillet 1861, la *Guienne* publiait : « LA COMÈTE DE LA SAINT-PIERRE PRÉDITE PAR NOSTRADAMUS. — Nos astronomes ont été surpris par l'apparition de la comète qui en l'honneur du jour où elle a été vue pour la première fois a reçu le nom de *comète de la Saint-Pierre*. Si M. Le Verrier et ses collègues avaient lu Nostradamus, s'ils avaient lu surtout le savant commentaire qu'en a fait M. Torné-Chavigny, ils n'eussent pas été pris au dépourvu.

« La comète a été annoncée en toutes lettres dans la 2ᵉ centurie, quatrains 15 et 16. A la page 168ᵉ de son 2ᵉ volume, M. Torné renvoie ses lecteurs à ces deux quatrains, qui doivent, dit-il, recevoir leur accomplissement « *à l'époque de la révolution italienne* » :

Castor, Pollux en nef astre crinite.

« La comète est apparue dans la constellation des Gémeaux le jour de la barque de saint Pierre. La page 168ᵉ a été déposée à la préfecture de Bordeaux, le 4 mai, deux mois avant l'apparition de la comète. »

C'est le contexte qui m'avait permis d'annoncer cette comète. Il en est de même pour celle dont vous parlez et qui se trouve dans le même almanach (p. 115) :

« Nostradamus a dit pour la mort de Pie (IX) :

Apparoistra vers le septentrion,
Non loin de Cancer l'estoile chevelüe,
Suze, Sienne, Boëce, Eretrion,
Mourra de Rome grand la nuit disparüe.   VI. 6.

« *Alm. prophétique* (1858) : « Par une coïncidence singulière, la brillante comète qui avait paru pendant plusieurs mois de l'année 1264, cessa d'être visible précisément le 2 octobre, dans *la nuit même de la mort du pape Urbain IV.*»

« Il serait sans intérêt de retrouver aujourd'hui dans la prophétie les phénomènes météorologiques qui se sont montrés depuis trois siècles. Le prophète n'en parle que lorsqu'ils se trouvent mêlés à des événements politiques comme la famine de 1793 : « Cherté n'a garde, nul n'y aura pourvu » et la comète qui parut à Napoléon Iᵉ annoncer sa mort : « Au ciel veu feu courant longue estincelle » etc. Le prophète, au contraire, donne avec la dernière précision les phénomènes qui se passent sous nos yeux, comme étant propre à faire reconnaître son don prophétique et à nous amener ainsi à vouloir ce que Dieu veut. »

Les mots : « Suze (*Sus*, pourceau), Sienne (*Sueione*, de pourceau), Boëce (*Boèse*, combat, cri de secours), Erétrion (*Eretès*, rameur) » désignent les personnes qui feront mourir le « grand de Rome » et quel est ce « grand », Garibaldi et son fils sont « le pourceau demy homme » et « nay au demy pourceau ». Pie IX

est « la rame de la piscature barque. » Il est dit de V. Emmanuel dans un même récit : Il s'emparera de la « monarchie du
grand pescheur » et « Quatre ans le siége (la capitale des Etats-
du-Saint-Siège) quelque peu bien tiendra, Un surviendra libi-
dineux de vie, Ravenne et Pise, Véronne soutiendra, Pour eslever la croix de Pape envie. » Il est à Rome depuis « quatre ans »
bientôt. Il fallait donc attendre la comète en 1874, entre le septentrion et le signe du cancer. Une comète vient d'apparaître
dans ces conditions d'année, et de place :

La *France nouvelle* (14 juillet) : « La comète découverte le 17 avril dernier
par M. Coggia, astronome adjoint à l'Observatoire de Marseille, ne pouvait alors
s'apercevoir qu'à l'aide d'un puissant télescope. »

Journal de Florence (20 *juin*) : « J'ai observé cette comète au télescope le 10
et le 11 juin ; sa forme est arrondie et son éclat presque uniforme, sans qu'on
puisse distinguer rien de plus brillant. A son centre, une auréole un peu moins
resplendissante entoure le corps de l'astre et présente dans sa partie postérieure
quant au soleil une queue très-courte. On remarque que le corps de l'astre est
visible même à l'œil nu, et il ressemble alors à une étoile à peine perceptible
de sixième grandeur. Le 16, la comète avait sensiblement augmenté d'intensité
lumineuse, tant pour le corps même de l'astre que pour l'auréole, et la queue
avait aussi gagné en longueur. Cette comète se trouve entre la tête de la Grande-
Ourse et le centre de la Grotte et plus précisément dans un triangle presqu'é-
quilatéral dont un côté serait déterminé par une ligne droite tirée de l'étoile
polaire à l'Alpha (l'étoile la plus brillante) de la Grande-Ourse. — Observatoire
royal de Parme, 18 juin. Prof. LAVAGGI. »

Idem (3 juillet) : « La comète Coggia passera à l'autre hémisphère. C'est le
22 juillet qu'elle sera le plus rapprochée de laTerre. Sa distance est de trois dixiè-
mes du soleil. Jusqu'à présent, les éléments paraboliques de l'orbite ne corres-
pondent pas aux observations, aussi ne peut-on pas établir qu'elle soit périodi-
que ; les observations qui seront faites dans l'autre hémisphère pourront seules
éclairer la question. — Observatoire du collége romain, 30 juin. P. A. SECCHI. »

Note. — Avant la découverte de l'autre hémisphère, un prophète aurait pu dire : Une comète
s'élèvera de dessous l'horizon, une comète disparaîtra sous l'horizon tel jour. Mais aujourd'hui qu'une
comète apparaît et disparaît successivement pour bien des points du globe, il n'en est plus de même ;
et Nostradamus a prophétisé depuis la découverte de « l'Américh » dont il parle dans ses quatrains.
En outre, depuis la découverte des instruments d'optique, une comète est souvent apparue plusieurs
mois avant d'être visible à l'œil nu, et toujours les astronomes la voient encore au bout de leur télescope longtemps après qu'elle a disparu aux yeux de tous.
Donc, pour dire : « Castor, Pollux, en nef astre crinite », le prophète a dû savoir que *la comète
de la Saint-Pierre* se montrerait aux yeux de tous avant d'avoir été vue par personne au télescope;
et pour dire : « Apparoistravers le Septentrion Non loing de Cancer l'étoile chevelue, Mourra de Rome
grand la nuict disparuë » le prophète a dû vouloir déclarer que « le grand de Rome » est le pape par
allusion à la mort du pape Urbain IV, la nuit même où une comète passa sous l'horizon le 2 octobre
1264. Il n'aurait pu faire cette allusion si la comète était restée visible après la mort de Pie IX ou si
elle avait disparu longtemps avant cette mort.
Elle aurait été découverte avant le 17 avril, si l'on avait dirigé plutôt vers elle le télescope. Du 17
avril au 22 juillet, jour où elle s'éloignera de la Terre, on compte 97 jours. On pourra donc la voir
au moins 97 jours après qu'elle aura commencé à s'éloigner : Le 27 octobre, elle sera peut-être plus
visible que le 17 avril, en raison de sa marche parabolique. Tout cela est pour démontrer que personne
ne pourra dire quelle nuit elle a cessé d'être visible. Ce n'est donc pas ce que le prophète a voulu
dire.
Le « sens perplexe, énigmatique » de la prophétie, suggère encore ces réflexions : Les chefs de
l'Eglise sont « Corps sublimes sans fin à l'œil visibles (366) *et* des scintiles (ou étoiles. 380)». La comète personnifiera, en disparaissant, Pie IX ou « le grand de Rome qui mourra » comme elle a pér-

sonnifié, en apparaissant, Henri V, alors qu'il se prepare à justifier l'allusion à la prophétie de Balaam que renferme le quatrain : « Au chef Anglois... plusieurs mourront... Quand en Artois saillir estoile en barbe. » La comète disparaîtra quand on « eslevera la croix de Pape envie » comme le soleil s'est éclipsé à la mort du Crucifié. La mort de Louis XVI fut « une éclipse solaire la plus obscure et la plus ténébreuse qui soit été depuis la création du monde jusques à la mort et passion de Jésus-Christ et de là jusques icy. »

L'année et le lieu de l'apparition de cette comète, devenue fort brillante , *sa marche vers le Cancer*, les faits qui se produisent alors qu'on la voit et qui sont annoncés avec elle encore dans d'autres endroits de la prophétie, tout nous prépare à l'interprétation que sa disparition donnera à ces mots : « Mourra de Rome grand la nuict disparuë », la mort de Pie IX ne peut être attendue à jour fixe.

Journal de Florence, 2 juillet : « Une nuit, a dit Pie IX, une tronpe s'est avancée vers le Vatican. Elle n'avait qu'une voix : elle hurlait *Mort* ! Il y a environ *quatre ans* que je me trouve volontairement enfermé dans le Vatican. Dieu voit ce qui arrive et connaît ce qui arrivera, quant à nous, nous ignorons l'avenir. »

Nostradamus ayant dit de Pie IX dans le même récit : « Léo, Cancer en rapine », il donne au mot *cancer* sa *signification astrologique* :

« *Arcadam* : CANCER est la quarte maison. On met dans le Cancer le père (le Saint-Père, le Pape), ayeulx et tous les parents de la part du père, scavoir tous les majeurs en droite ligne, masles, sœurs et tous héritages. Il démontre la défaillance de l'homme et la fin des choses. »

Entre ces mots : « Leo, CANCER en rapine » et ceux-ci : « Apparoistra vers le Septentrion, Non loing de CANCER, etc. » est un quatrain dont l'accomplissement se poursuit :

(*Edition de* 1872. XIV. III. IX. V.)
.... le long du polle arctique,
Samarobryn cent lieux de l'hémisphère,
Vivront sans loy exempt de politique.   VI. 5.

Alm. pour 1872 : » *Samarobriga*, Amiens. Ce nom de lieu est pour la France et pour sa signification en grec : *za*, très-fort, *mare*, main ; *obrimos*, robuste, violent, impétueux. Dans sa *Lettre à Henri II*, Nostradamus dit que les gouvernements qui précéderont en France le retour d'Henri V seront des « potentats et mains militaires ».

« Le gouverneur *militaire* » demande à l'armée de *maintenir* le septennat. La France, l'Italie, l'Espagne, l'Allemagne, « cent lieux de l'hemisphère « où la comète est apparue, sont privés de leurs loix séculaires et de la politique qui les a constitués.

La *Volonté Nationale*, 26 *juillet* : « L'ennemi ne nous veut aucun bien, mais au lendemain de la capitulation de Paris, il ne se fût jamais permis de nous dire : Vous ne fonderez ni monarchie, ni République ; je voue la France à l'incertain, à l'inconnu, au *néant politique* ! Ce qu'un vainqueur impitoyable n'a pas même rêvé, les mandataires de la nation paraissent résolus à le faire. »

L'expression « estoile cheveluë » n'est que dans un autre quatrain où je montrais également la mort de Pie IX :

(III. I. V. IX.)
Durant l'estoile cheveluë apparente,
Les trois grands princes seront faits ennemis,
Frappez du ciel, paix, terre tremulente,
Pô, Tymbre undans serpent sur le bord mis.   II. 43

Le dernier vers renvoie à cette fin d'un chapitre de l'Apocalypse ; « *Le serpent s'arrêta sur le bord de la mer* ». La révolution italienne, venue du Pô dans le Tibre, va achever son œuvre. (« Du Tymbre presse la Libitine, le chef du nef prins, chasteau, palais en conflagration »). Dès 1861, je donnais ce sens à ce quatrain dans l'*Apocalypse interprétée par Nostradamus*; et je disais que celui qui le précède dans la centurie était tout entier sur la mort de Napoléon III : « tyran mort au lict (j'avais dit par erreur dans les *Portraits prophétiques*,

au sujet de ces deux quatrains : « L'événement de Biarritz arme trois grands princes les uns contre les autres : Napoléon IV, un d'Orléans et Henri V. ». ».

« Trois grands princes » se disputent le pouvoir : Mac-Mahon : « prince Anglois », Napoléon IV: « le jeune prince », et Henri V: « le prince tant royal du ciel venu ». Nous les voyons devenir « ennemis »: 1° dans le quatrain sur Mac-Mahon : « Un prince Anglois, Mars... Voudra poursuivre sa fortune prospère, Des deux duelles l'un percera le fiel, Hay de luy (je montrais là un vote des légitimistes et des impérialistes contre celui qu'ils ont mis au pouvoir)... »; 2° Dans le quatrain sur Mac-Mahon : « Au chef Anglois trop séjour... Mars... En Artois saillir estoile en barbe »; 3° dans le présage sur Mac-Mahon pour *Juillet* : « Longue crinite léser le Gouverneur. » Nous avions vu ailleurs Mac-Mahon « amy » de l'empire étant « au lieu et place » des Napoléon ; alors il est « bien aymé » de la Régente dont il prépare le retour ; ailleurs, il se montre prêt à laisser la place à celui qui le nomme « *le Bayard des temps modernes* », puis il accepte de garder le pouvoir : « Celuy qu'à nul ne donne lieu, Abandonner voudra lieu prins non prins... et puis reprins ». La France et l'Italie, « frappées du ciel », jouissaient d'une paix relative pendant *la trève des partis* ; la « terre tremulente » reprend ses agitations, la révolution en France et en Italie va « *déborder* ».

Les quatrains n'ont qu'« un seul sens et unique intelligence », mais le choix de certains mots a été déterminé en vue de développer la prophétie par leurs acceptions diverses :

(VI. V. III. IV. XIV.)

> Au chef Anglois à Nismes trop séjour,
> Devers l'Espagne au secours Œnobarbe,
> Plusieurs mourront par Mars ouvert ce jour,
> Quand en Artois saillir estoile en barbé.   v. 59.

Au sujet du chef anglais séjournant *trop* (*nimis*) dans un état de chose qui ne peut assurer que l'ordre matériel (Nîmes a pour armes *un crocodile enchaîné*), on verra « autour des monts Pyrénées grand amas De gent estrange *pour* secourir *le* Roy nouveau », qui se dira alors « *Roi par la naissance* », et qui est « l'héritier issu du vrai rameau de fleur de lys *qui* régnera Œnobarbe nez de Milve ». Plusieurs mourront du côté de l'Espagne, par la *guerre ouverte* (*Marte aperto.W.*) que Concha, marquis « del duero », déclarera au neveu d'Henri V. Tout cela aura lieu quand une comète apparaîtra semblable à l'étoile qui devait sortir de Jacob.

J'avais dit dans MAC-MAHON ET NAPOLÉON IV, le 14 juin 1873, au sujet de ce quatrain :

« Comme une comète ne peut apparaître seulement « en Artois », et qu'il est dit qu'*elle sortira d'Artois*, il faut ajouter au fait météorologique cette magnifique allusion à la prophétie de Balaam, nos espérances étant retardées :

Nombres, XXIV : « Je le vois, mais non pas maintenant ; je le regarde, mais non pas de près ; *une étoile sortira de Jacob, et un sceptre sortira d'Israël*, il transpercera les chefs de Moab, et détruira tous les enfants de Seth. Edom sera possédé par ses ennemis et Israël agira vaillamment. Et celui qui dominera viendra de Jacob, et il fera périr ce qui sera resté dans la ville... Amalec à la fin périra... Malheur à celui qui vivra quand le Dieu fort fera ces choses (« Plusieurs mourront par Mars ouvert ce jour ») ».

J'avais montré cette même comète dans ce quatrain :

(*Edit. de 1872.* III. v.)

> Lorsque Saturne et Mars esgaux combust,
> L'air fort seiché longue trajection ;
> Par feux secrets d'ardeur grand lieu adust,
> Peu pluye, vent chaut, guerres, incursions.   IV. 67.

Henri, le « Saturne » de plusieurs quatrains, et Napoléon IV, « le nouveau Mars », montrent la même *ardeur* (*combustus*. W.) dans des conditions égales pour remonter au trône, l'air sera fort sec par la longue trajectoire d'une comète : les esprits s'enflammeront (*adustus*. W.)... En Espagne les partis marcheront les uns contre les autres...

La comète apparaît encore dans ce présage :

LII. *Juillet.*

Longue crinite léser le Gouverneur.
Faim, fièvre ardente. Feu et de sang fumée.
A tous estats Joviaux grand honneur.
Sédition par Razes allumée.

Henri V « d'Artois » que personnifie la comète à longue queue, nuira au gouverneur (M. Thiers fut le gouverneur du règne bien sçavant. L'*Union*, 21 juin: « Ni M. Thiers gouverneur, ni M. de Mac-Mahon gouverneur, n'est LE GOUVERNEUR que veut le peuple »). Les députés qui sont pour *la politique de Lourdes* (sic) ou les *cléricaux* (les partisans des *Tonsurés*) et qui ont nommé gouverneur Mac-Mahon parce qu'il a repris Paris sur les pétroleurs, s'agiteront pour remettre chaque chose à sa place au nom du droit divin : « Le peuple univers *s'étant mis* sous la servitude bénigne et volontaire de Mars (Napoléon III) spoliant Jupiter (*Jovis, Jehovah,* Dieu) de tous ses honneurs et dignitez. ». — Voir les présages pour *Aoust, Septembre* : LIII-LIV.

Lorsque vous avez vu « *apparaître* l'estoile cheveluë vers le Septentrion non loing de Cancer » dans l'année déterminée, avez-vous été tenté de redire :

« Tout au moins, on avouera que Nostradamus n'a été ni inspiré ni assisté de l'Esprit-Saint pour faire de si exactes « calculations. »... Sur l'autorité de M. de Maistre, j'ai concédé que Nostradamus avait au 16ᵉ siècle annoncé la Révolution française. M. de Maistre et ceux qui l'ont dit avec lui et après lui se sont trompés. La simple lecture du texte montre avec évidence que ce piètre astrologue a prédit tout le contraire. »

6ᵉ reproche : J'ai trouvé 6, *le chiffre de la bête,* dans votre nom.

Permis à vous de voir le nombre 6, *le chiffre de la bête,* dans « *Louis Napoléon, Persigny, Prince Napoléon, Louis Philippe Iᵉʳ Orléans roi des Français, Révolution italienne et Victor Emmanuel, Prusse-Allemagne* » etc., en un mot dans tout ce qui

(1) Le retard apporté au tirage me permet de montrer cette interprétation d'accord avec les derniers évènements : Le 2 juillet, Henri « d'Artois » a dit au « gouverneur » dans son manifeste : « *Ma naissance m'a fait votre Roi* ». Le gouverneur a répondu en suspendant l'*Union*, pour avoir publié ce manifeste, et son ministère est venu à l'assemblée affirmer plus que jamais la septennat. Les « Razes » ont donné le signal de la sédition. Le ministère, en minorité, a offert sa démission au gouverneur qui l'a refusée « péremptoirement » avant la réapparition de l'*Union*, et il vient d'accepter le renvoi de la discussion des lois constitutionnelles. Tout cela a eu lieu en *juillet* !

Union, 21 juillet : « Le manifeste royal arrive en un moment opportun. Au pays épuisé et ne sachant plus où se prendre, il montre la voie du salut. En face du *principe qui produit l'anarchie et la dictature* (« Faim, fièvre ardente, feu et de sang fumée ») il dresse hardiment le *principe monarchique, garantie de l'ordre et de la liberté* (« A tous estats Joviaux grand honneur »). C'est là qu'il faut aller, si nous voulons vivre. Nos maîtres peuvent s'y opposer ; l'obstacle ne sera pas éternel, et ils n'empêcheront pas que la fin de la Révolution ne date du 2 juillet 1874. »

M. Casimir Périer (demandant la proclamation de la République avec le septennat, le 23 *juillet*: « Il n'y a pas de dogmes en politique, et nous, qui ne reconnaissons pas *le droit divin* dans la monarchie, nous ne le reconnaissons pas davantage dans la République. Il ne peut donc être question d'acte de foi, et c'est pour cela que j'ai fait appel au concours de tous les bons citoyens (les « Razes » *qui veulent* à tous estats Joviaux grand honneur » ou le droit divin en tout, ont voté contre M. Casimir Périer.) »

vous déplaît, mais il ne m'est pas permis — uniquement pour faire ressortir le néant de vos *calculs curieux et prophétiques* — de montrer également ce nombre dans ce qui vous plaît le plus : *Duc de Mac-Mahon, Henri cinq roi de France, Pie neuf pape,* et mieux en vous : *L'abbé E. A. Chabauty* qui vaut 6,6,6, et *abbé E. A. Chabauty* qui vaut 6. Trouver ce que vous nommez à tort *le chiffre de la bête* dans Mac-Mahon, Henri V et Pie IX passe encore, mais trouver 666, le vrai *nombre de la bête,* dans : L'ABBÉ CHABAUTY, CHANOINE HONORAIRE ET CURÉ DE SAINT-ANDRÉ DE MIREBEAU DU POITOU, allons donc !

Vous ne me faites aucun autre reproche dans le paragraphe *M. Torné et les prophéties modernes.* Il y en a 6 bien comptés. 6, *le chiffre de la bête.* Ce paragraphe se termine ainsi :

« Pour vous, maître, si vous n'avez pas le symbole, vous avez la réalité ; si en votre nom n'est point son chiffre, tous vos écrits sont pleins... de *l'esprit de la bête.* »

Est-ce assez spirituel ! Passsons au 2ᵉ paragraphe :

II. — *M. Torné et les quatrains de Nostradamus.*

« J'avais souhaité au « Grand Prophète » et à son « traducteur » quelque bon « fiasco », qui mit à leur place les œuvres de l'un et de l'autre. La Providence n'a pas tardé à exancer ce désir.

« En janvier 1873, la mort de Napoléon III... Puis, en mars 1874, Mgr l'évêque d'Orléans, qui, d'après les dires de M. Torné, avait désiré l'entendre, l'ayant sans doute entendu et surtout lu (!!!) de sa crosse épiscopale vient d'administrer au « divin verbe » de Nostradamus et de son « résérant — *interprète, style de Nostradamus* — » la plus belle volée appliquée de main de maître que « oncques » tous deux n'avaient reçue de leur vie. C'est là vraiment « le dernier coup porté » à tant d'écrits absurdes et ridicules. »

Par quel effort de logique, après m'avoir montré abattu sous ce que vous nommez « vraiment le dernier coup », ajoutez-vous aussitôt :

« Vous allez le voir reparaître, la même ritournelle dans la bouche et un quatrain à la main. Nostradamus, dira-t-il, l'avait bien prédit !... Les prophéties de Nostradamus et de M. Torné reçoivent de rudes démentis en 1862 et en 1873 : Nostradamus l'avait bien prédit ! » — Un procureur impérial met arrêt sur ses livres, ses lettres s'égarent à la poste : « Nostradamus l'avait bien prédit ! » — Ses libraires lui font un procès qu'il perd : « Nostradamus l'avait bien prédit ! » — On se moque de lui et de ses œuvres. Ses livres ne se vendent pas : « Nostradamus l'avait bien prédit ! » — Il invente un vélocipède, monte dessus et tombe par terre : « Nostradamus l'avait bien prédit ! etc. etc. — Maladroit ! Que ne voit-il donc tout cela à l'avance dans son prophète !

« Pour le cas de Mgr Dupanloup, qui est véritablement plus grave, je pense que, outre la ritournelle d'usage, il y aura en plus un quatrain. J'en vois d'ici quelques-uns où il est question de *Orléans,* de loup, çà doit être prédit.

« Cependant M. Torné a été plus prompt à se relever du coup porté à son quatrain de Biarritz. »

Tout ceci peut être fort spirituel comme le reste, mais n'auriez-vous pas mieux fait *pour abattre à tout jamais le traducteur qui se relève toujours,* de prouver : 1º que Nostradamus n'a point

parlé d'un traducteur pour sa prophétie, loin de dire que ce *tra-*
ducteur serait *prêtre, rouge* de visage, *blanc* d'opinion, *chauve,*
et de nommer « Blenni » le procureur impérial *Bleynie* qui seul
a saisi la *Prophétie traduite* ; 2° que le hasard suffit amplement
pour justifier ce que le prétendu traducteur prédit avait annoncé,
quand, en 1862, il déclara que le présage où on lit : « Denys n'a
sceu secret » était sur la mort de Napoléon III ; 3° qu'il n'est
pas plus « Denys » aujourd'hui, par sa nomination à la cure de
Saint-*Denis* en 1865, qu'il n'était avant « Traducteur de Bours »
parce que *bours* est synonyme de *clotte* (le nom de son ancienne
paroisse) dans le *Dictionnaire de la langue romane.*

Vous auriez dû combattre les réflexions que font les « disciples
du traducteur ». Ils disent : « Dieu qui choisit le prophète peut
bien choisir le traducteur. La prophétie étant faite pour le moment présent, — tout nous le prouve, — il faut bien qu'elle soit
traduite présentement. Si la masse des chercheurs durant 300
ans n'a pu rien comprendre à ce livre scellé, pourquoi la masse
de ceux qui chercheraient aujourd'hui aurait-elle plus de chance
de trouver ? Et puis auquel entendre si l'un et l'autre pouvaient
dire : Ayez confiance en mes interprétations, c'est à moi que
vous devez la découverte de tel secret. Ah ! s'il y a un traducteur
exactement prédit, s'il découvre seul tous les secrets d'interprétation, si son seul travail est mille fois plus considérable au point
de vue de la prophétie que tout ce qu'on a fait jusqu'à ce jour si
Dieu confirme sa mission par des faits vraiment extraordinaires
dans leur ensemble quoique naturels en eux-mêmes, nous l'ac-
cepterons comme maître avec la plus grande facilité. Ne nous
faut-il pas accepter le prophète ? »

Vous vous donnez un diplôme de « bon sens » et de « raison »,
en parlant « franchement, toute vanité à part ». Pour moi, je ne
tirerai pas vanité de mon titre de « traducteur », quand Nostradamus se dit, malgré son « tiltre de si haute sublimité : pécheur
plus grand que nul de ce monde, subjet à toutes humaines afflic-
tions ». Une distance immense sépare le prophète de l'interprète,
et pourtant un prophète s'est-il jamais enorgueilli de sa mission?
et tous au contraire n'ont-ils pas dit, comme le fait Nostradamus,
qu'ils n'étaient pour « rien » dans leurs prophéties ? :

Vocation de Jérémie : « L'Eternel me dit : « Avant que je te formasse dans
le sein de ta mère, je t'ai connu ; avant que tu fusses sorti de son sein, je t'ai
sanctifié, je t'ai établi prophète pour les nations (*Isaïe* « L'Eternel m'a appelé
dès ma naissance ; il a su mon nom quand j'étais dans le sein de ma mère ; et
il a rendu ma bouche semblable à une épée aiguë... » Il en a été de même pour
Jean-Baptiste):
« Et je répondis : A, a, a ! Seigneur Eternel ! voici, je ne sais pas parler,
car je ne suis qu'un enfant. Et l'Eternel me dit : Ne dis point : je ne suis qu'un
enfant ; car tu iras partout où je t'enverrai, et tu diras tout ce que je te commanderai. Ne les crains point ; car je suis avec toi pour te délivrer... Ceins tes

reins, et te lève, et dis-leur toutes les choses que je te commanderai... Ils com-
battront contre toi ; mais ils ne seront pas plus forts que toi, car je suis avec
toi, dit l'Eternel, pour te délivrer. »

J'ai fait ces déclarations en 1860, dans l'INTRODUCTION de mon
premier volume :

« Je n'ai point ignoré les diverses phases par lesquelles mon travail devait
passer. Nostradamus a tenu à montrer qu'il savait quand et comment et par qui
sa prophétie serait traduite... Malgré la prédiction de Nostradamus, je ne m'en
crois pas moins libre de brûler mon manuscrit et de me taire. Mais Dieu a connu
que librement je n'en ferais rien ; il m'a trouvé propre à ses desseins, il m'a
placé au milieu des circonstances les plus favorables pour mener à bonne fin,
et d'une façon en apparence naturelle, cette traduction d'une œuvre si longtemps ignorée et méprisée ; j'accepte ma mission ; il me donnera la force d'en
subir les conséquences. »

C'est ce volume même que M. Bleynie a saisi. L'Empereur
lui a donné ordre de me le rendre. Les commissaires, les procu-
reurs impériaux, et généraux, les sous-préfets et préfets, etc. se
sont-ils donné assez de mal pour me faire un peu de mal ! Et
pourtant un seul cheveu de ma tête est-il tombé sans la permission de Dieu ?

Qui ne se moquerait aujourd'hui d'un pêcheur laissant ses
filets pour changer la Religion du monde, et d'une bergère
quittant ses moutons pour sauver la France ? Dieu leur avait
donné foi en leur mission et ils se sentaient soutenus. Quelques
petites histoires vous expliqueront encore comment je suis convaincu que le Dieu de Jérémie est bien le Dieu du traducteur :

Jusqu'à 32 ans je ne me suis pas cru assez intelligent pour interpréter une
prophétie ni même pour comprendre son interprétation. Placé sur le terrain
prophétique, je n'aurais pu dire que A, a, a ! Pourtant tout enfant j'avais lu et
relu l'Apocalypse et j'ai toujours gardé l'image enluminée de S. Michel vainqueur du dragon que m'avait donnée le frère Mamertin des écoles chrétiennes.
Je l'ai encore dans mon bréviaire. Lorsque je lus dans les centuries ; « Un
serpent veu proche du lict royal,... Lors naistre un prince du ciel venu... » ma
pensée se reporta à l'Apocalypse. Mais comment ai-je ouvert ce livre des centuries ?

A la fin de 1857, j'étais à Paris pour la première fois. Mon séjour se pro-
longea au-delà du terme que j'avais fixé. Enfin je bouclais ma valise quand les
bombes d'Orsini éclatèrent. Quelques mois après, j'étais malade sur le lit et on
m'interdisait toute lecture. Je ne devais donc pas demander le vieux Nostradamus qui était dans ma bibliothèque depuis 20 ans et que je n'avais jamais voulu
lire. Je le demandai pourtant et je tombai, en l'ouvrant au hasard, sur ces 12
vers dont j'entrevis l'explication à meures que je les lus :

> Sera laissé le feu vif mort caché,
> Dedans les globes horrible espouvantable,
> De nuict à classe cité en poudre lasché,   v. 8.
> La cité a feu, l'ennemy favorable.

Le feu vif à l'explosion sera laissé mort dans les globes de la conspiration
horrible, épouvantable d'Orsini ; de nuit, au milieu de la cité réunie en foule,
il sera lâché étant en poudre. La foule exposée au feu regardera l'ennemi comme
favorable à la victime qu'il aura eu en vue, car un même sentiment arrachera
à tous les partis le cri de *Vive l'Empereur !* (*Classis*, troupe. W.)

> Jusques au fond la grand arq demolüe,
> Par chef captif l'amy anticipé,
> Naistra de dame front, face chevelüe.
> Lors par astuce duc à mort attrapé.   v. 9.

(*Arcø*, auvent, *W*.) Jusques au fond le grand auvent de l'Opéra sera percé d'outre en outre. Par Hébert, chef de police, sera fait captif, un peu avant l'événement, Piéri qu'Orsini nommera son ami et qui sera le produit de la Liberté socialiste dont les partisans porteront la chevelure et la barbe longues. Alors par des paroles arrachées astucieusement à Gomez, l'un des conjurés, le *chef* (*dux*) de l'entreprise, le comte Orsini, attrapé au front par un éclat des *bombes* homicides, sera pris.

> Un chef Celtique dans le conflict blessé,
> Auprès de cave voyant siens mort abattre,
> De sang et playes et d'ennemis pressé,
> Et secourus par incogneus de quatre.   v. 10.

(*Cavea*, théâtre. *W*.) L'Empereur, chef de la nation celtique, blessé dans le conflit par un éclat des vitres de la portière de sa voiture en voyant la mort abattre les siens auprès du théâtre, pressé de blessés, de mourants et d'ennemis, est secouru au milieu de quatre étrangers, cachés sous de faux noms (*Per*, au milieu, *W*.).

Je regardai ce qui précède, et je lus ce vers :

> ...De Roy viendra Empereur pacifique.   v. 6.

Orsini voulait tuer celui qui avait dit, pour monter sur le trône laissé vide par le « Roy Philippe » : l'*Empire c'est la paix.* Je repris ma lecture au premier quatrain et je la poursuivis jusqu'au dernier, en en marquant 127 qui me parurent d'accord avec l'histoire (!!!).

J'ai écrit au procureur général de Poitiers qui avait envoyé le commissaire de Montguyon au maire de la Clotte pour avoir un exemplaire du volume saisi par M. Bleynie : « Comme magistrat, vous pouvez prendre connaissance de ce volume, en demandant un des trois exemplaires que j'ai déposés conformément à la loi. Comme simple particulier, vous pouvez me demander autant d'exemplaires que vous voudrez, mais par l'envoi d'un mandat sur la poste.

— Nous venons visiter votre cure, me dit le maire de la Clotte, en ne me présentant pas autrement un personnage au képi galonné qui l'accompagnait. La cure était à peine bâtie, et je crus qu'on venait pour approuver les travaux. Dans une pièce, il échappa de dire au maire, à la vue d'instruments d'optique : Notre curé fait de la photographie, M. le sous-préfet. —Moins que du Nostradamus, M. le sous-préfet, repris-je aussitôt, et j'ajoutai, en le conduisant de suite à la porte : Je vais vous montrer l'Eglise. Il fallut sortir. La conversation ne fut pas longue dans l'Eglise, où le sous-préfet entra comme il serait entré dans un moulin : — Quel triste état ! s'écria ce soi-disant inspecteur des travaux de la cure.—On a interdit des églises qui étaient dans un état moins triste, dit le prêtre, le cœur serré. — On n'interdit que celles où la vie est exposée, reprit le magistrat. — Le Grand-Turc peut ne songer qu'à cela quand il s'agit des églises de ses sujets chrétiens ; mais le Fils aîné de l'Eglise doit voir à la décence de la maison de Dieu. Le sous-préfet était venu à la Clotte pour surprendre le curé et non pour voir la cure et l'église, ni même le maire qu'il devait trouver ce jour-là à 4 kilomètres. Il réunissait tous les maires. « L'Empereur, leur dit-il, veut que le clergé soit en Italie ce qu'il est en France. Nos prêtres ont crié en 1789, et tout n'est-il pas pour le mieux ? »

Le préfet du département de Bayonne et son frère, le directeur des lignes télégraphiques, m'envoyèrent chercher durant leur séjour à Saint-Jean-d'Angély, en 1865. Après un entretien de plusieurs heures où il nous fallut interpréter le quatrain « Entre Bayonne et Saint-Jean de Lux, » le préfet me dit : Vous avez en moi un ami. Son frère exigea de mon obligeance l'envoi de tous mes ouvrages au ministère de l'intérieur : Je les lirai avec de Persigny, me dit-il.

Dans le même temps, le procureur impérial de Saint-Jean-d'Angély avait commencé une enquête à mon sujet. Il dut l'abandonner. Mon maire était venu me dire : Vos prophéties jettent le trouble parmi mes administrés. Votre travail est un péché mortel (*sic*). Je lui avais répondu : Votre devoir de magistrat est alors de dénoncer ma conduite au gouvernement, comme le mien serait de dénoncer la vôtre à mon évêque si vous outragiez la religion. Quelques jours après, à la messe de minuit, pendant la communion, on entendait ces paroles : « Ils mangeront le bon Dieu... Nous n'aurons plus de bon Dieu, etc... » J'ai dû demander à mon évêque de s'entendre avec le gouvernement pour régler cette affaire.... Le vin a été seul coupable.

Dieu protége le prophète et punit qui l'attaque. Les enfants qui crièrent au prophète : Montez, chauve ! furent dévorés par des bêtes. Plus d'un fait m'a rappelé cette histoire.

Tout cela peut-être ne vous paraît pas la critique de votre paragraphe *M. Torné et les quatrains*. Soyons alors plus précis pour montrer encore la valeur de vos critiques :

« Il n'était pas impossible ni même très-difficile, en 1859 et 60, de prévoir la suite des événements en Italie. Sans être prophète, et sans Nostradamus, beaucoup l'avaient annoncé. Dans cet ordre d'idées, M. Torné numérota un bon nombre de ces quatrains par deux ou trois chiffres et plus, qui désignaient certains personnages. C'était adroit. On avait un moyen tout prêt *pour se retourner* : si les événements ne cadraient pas avec le chiffre de tel personnage, il y avait chance qu'ils s'accomoderaient avec l'autre. Voici sa nomenclature : I. Révolution italienne ; II. Victor-Emmanuel II ; III. Napoléon III ; IV. Napoléon IV ; V. Henri V ; VI. Mac-Mahon ; IX. Pie IX ; ... XIV. la République française ;... XVII. le traducteur, M. Torné. »

Combien comptez-vous de chiffres au-dessus des quatrains : « Mars suffocqué au lict, Mars frappé par la gravée branche » ? — Un seul : III. — Combien au-dessus du quatrain : « Au port Selyn le tyran mis à mort, le nouveau Mars » ? — Deux : III et IV. — Combien au-dessus du quatrain sur « le chef du nef prins, bien près la prinse du grand neveu » ? — Trois : III. I. IX. — Combien au-dessus du quatrain : « Le prince Anglois Mars... duelles. Hay de luy » ? — Quatre : VI. III. V. IV. — Combien au-dessus du quatrain : « Au chef Anglois à Nismes, trop séjour... Œnobarbe, Mars... » ? — Cinq : VI. V. III. IV. XIV.

Ces chiffres étaient-ils bien *pour m'aider à me retourner*, et ne devaient-ils pas, au contraire, m'ôter toute « chance » de leur donner l'interprétation entrevue, interprétation que les événements ont pourtant si bien justifiée ? Vous ajoutez :

« A la fin de la *Réédition* il y a à la table cette indication : « Texte des 600 quatrains interprétés du présent, du passé et de l'avenir, et placés dans l'*ordre chronologique*. » (!) « Sans doute tout devait se passer selon l'*ordre chronologique* où sont placés les quatrains dans la *Réédition*. »

Tous les quatrains sur *Les derniers Valois* sont à la suite les uns des autres, puis viennent ceux qui sont sur *Henri IV*, après sur *Louis XIII*, après sur *Louis XIV* et ainsi dans l'*ordre chronologique* jusqu'à la *République de* 1848. Les quatrains sur Napoléon III sont rangés sous le titre « Mars le neveu », ceux sur Napoléon IV sous le titre : « Le nouveau Mars, sang du neveu », et ceux sur Henri V sous le titre : « Œnobarbe, nez de milve »... Personne n'a cru que Napoléon III accomplirait ces mots du quatrain numéroté 539 : « Dedans lectoyre seront les coups de dards, Neveu par peur pliera l'enseigne », avant que les quatrains 545-547, sur la conspiration d'Orsini, n'aient été accomplis. Ces divers quatrains appartiennent à des récits que je n'ai pas voulu tronquer. Vous dites :

« Voici où passe le petit bout de l'oreille : *l'interprète prophétisé ne pouvait pas humainement prévoir, en 1859, les grands faits de 1866 et des années suivantes :* Sadowa, l'empire d'Allemagne, le rôle de Guillaume et de Bismark. *Aussi n'en est-il pas le moins du monde question. Quel triomphe pour Nostradamus si, dès 1862, Guillaume et Bismarck avaient eu des numéros d'ordre et des quatrains numérotés !* Mais on ne voyait alors que Napoléon III, Pie IX et la révolution italienne. Aussi n'y a-t-il de numérotés que les personnages qui avaient un rôle saillant à l'époque. »

Le long récit sur NAPAULAION ROI où se trouve la révolution italienne, triomphant à « Naples, Palerme, Marque d'Ancône, Rome, Venise », se termine pourtant par 2 quatrains sur l'invasion des Allemands en France en même temps que celle des Piémontais à Rome. Regardez celui-ci et les chiffres qui le surmontent :

(XIV. III. IV. V.)
Vers Aquilon grands efforts par hommasse
Presque l'Europe et l'Univers vexer,
Les deux eclipses mettra en telle chasse,
Et aux pannons vie et mort renforcer.   VIII. 15.

Ne pourriez-vous pas y voir ceci : La France proclamant la République (XIV), Napoléon (III) et son fils (IV) s'éclipseront, chassés d'une façon irrésistible par la Prusse, agrandie et forte, envahissant par le Nord ; Henri (V) semblera reprendre vie et mourir plus complétement.

Si je voyais Henri (V) dans ces mots : « Aux Pannons (*Pannonia*, Hongrie) vie et mort renforcer », c'est que je l'avais vu dans le quatrain : « Dedans Hongrie,.. Navarre fleur de lys... contre Orléans ». Est-ce que « *Guillaume et Bismarck* » n'étaient pas encore dans ce quatrain d'un récit sur Napoléon (III) : « Le boute-feu par son feu attrappé... eschappé par ceux de Hesse, des Saxons et Turinge » et dans ces autres du même récit : « Fleuve qu'esprouve le nouveau celtique, Sera en grande de l'Empire discorde... Le celtique fleuve changera de rivage... » ? Pourtant vous dites :

« On répétait et on répète avec une audacieuse insistance : « Par Nostradamus nous avons dit cela, il y a 10 ans ; ceci, depuis deux ans, trois ans, était imprimé ». Et, à partir de là, les interprétations prétendues « confirmées » reviennent à chaque instant, comme parole d'Evangile, à l'appui de nouveaux commentaires, le tout à la plus grande gloire de Nostradamus. »

Prouvez que j'ai menti dans ces affirmations et vous atteindrez le but que vous poursuivez de nuire au prophète et à son traducteur, mieux que vous ne le faites en relevant les erreurs d'interprétation des quatrains sur l'avenir. Je terminai par ces mots une longue lettre, publiée le 22 février 1862 par la *Gironde*, et que j'ai tenu à insérer dans ma *Réédition* de 1862 :

« ... *Nostradamus est donc prophète, et son traducteur n'est pas infaillible. Ceci prouvé, on ne me fatiguera plus, je l'espère, de lettres pour avoir l'explication des quatrains sur l'avenir.* »

Encore une histoire où le doigt de Dieu se montre et qui met en jeu à l'avance « *Guillaume et Bismarck* » :

Arrivé à Paris, en 1867, pour visiter l'Exposition universelle, je frappe à la porte d'un étudiant, M. Chasles, de Saint-Jean-d'Angély. Il veut ainsi que son père que je me loge près de lui. Je réponds — je ne sais pourquoi — que j'ai arrêté de descendre à l'hôtel du Bon-Lafontaine. On m'accompagne et, sur la route, on s'arrête à l'hôtel Fénelon, puis à l'hôtel du Vatican sans pouvoir me faire renoncer à mon dessein. Par le plus grand des hasards, nous trouvons au Bon-Lafontaine un de mes amis, l'abbé Richard, l'hydroscope, qui alors pouvait être partout ailleurs dans le monde. Sa première parole est pour m'apprendre que Mgr Landriot est chez les lazaristes. Je fausse compagnie aux uns et aux autres et je cours demander à mon ancien évêque un *celebret*. Le nouvel évêque, Mgr Thomas, n'avait pas encore pris possession de son siége. Mgr Landriot est chez lui. On m'annonce. Il répond : Un moment. Aussitôt arrive pour entrer un autre ecclésiastique. On annonce Mgr Thomas. Mgr Landriot répond encore : Un moment. Il m'aurait reçu que je n'aurais pas fait antichambre à sa porte avec mon nouvel évêque. Je demande à celui-ci sa bénédiction ; il m'interroge sur l'esprit religieux de son diocèse.

La porte s'ouvre, et Mgr Landriot appelle Mgr Thomas. Resté seul, je demande à Dieu que l'ancien évêque de La Rochelle mette en présence de son successeur le traducteur de Nostradamus. La porte s'ouvre de nouveau et Mgr Landriot me dit, en présence de Mgr Thomas : Eh bien ! prophète ? — Oui, prophète, Monseigneur, au moins en ce moment, dis-je en saluant l'archevêque de Reims et l'évêque nommé de La Rochelle, s'il suffit pour être prophète d'avoir présents le passé et le futur. — Quoi de nouveau ? — Voulez-vous voir le prince impérial blessé aux pieds (il se mourrait, et le matin même on avait parlé de le mettre en extrême-onction)? J'ouvre ma *Réédition* et je montre ces mots :

(IV.)
L'enfant Royal, pieds blessez, rude, inobéissant.　　　VII. 11.

(IV.)
... Prince pied estaché...　　　III. 91.

Il guérira et il sera empereur. Voulez-vous voir l'Exposition universelle? Je montre un récit en 12 vers qui devait s'accomplir, avais-je dit, à l'époque présente :

Tout à l'entour de la grande cité
Seront soldats logez par champs et ville
Donner l'assaut, Paris....
Où tout bon est, tout bien, Soleil et Lune
Est abondant ta ruyne s'approche...　　　v. 30-32.

Nostradamus dit ailleurs : « De Sol et Lune sont les luysants métaux », appelant l'or « Soleil » et l'argent « Lune » comme les alchimistes. Demandez au Préfet de police qu'il me laisse écrire sur le frontispice de l'Exposition universelle : « Ta ruyne s'approche ». Les Prussiens prendront Paris. On causa longuement de la prophétie. Puis je demandai un *celebret*. Mgr Landriot le fit et me dit qu'il le remettrait à Mgr Darboy et que je le trouverai le lendemain à l'archevêché de Paris.

Mgr Thomas me dit : « Dès que je serai rendu à La Rochelle, apportez-moi vos livres, je veux connaître ce travail. »

Quelques jours après, je quittai Saint-Denis-du-Pin, portant sous le bras mes ouvrages pour Mgr Thomas. Arrivé à Saint-Jean-d'Angély, j'appris que la voiture pour Saint-Savinien était partie. Je m'en retournais quand je rencontre M. l'abbé Fulbert Petit, aumônier de la ville. Il me demande où je vais. Je lui compte ma mésaventure. Il me dit qu'il y a une autre voiture qu'il prendra lui-même pour rencontrer à Saint-Savinien Mgr Thomas dans le train de Saintes à La Rochelle. — Je pars avec vous, lui dis-je, tout aura été pour le mieux si, Mgr Thomas m'appercevant et me faisant monter avec lui, je puis de Saint-Savinien à la Rochelle, lui parler de Nostradamus, car il n'aurait pu m'accorder cinq minutes à son évêché, où il est installé à peine, et il va partir pour Rome.

Mgr Thomas me voit, me fait monter et m'écoute longtemps. — La vérité est à. finit-il par dire devant un grand vicaire, son secrétaire et l'abbé Fulbert Petit. — M. Fulbert Petit (aujourd'hui vicaire-général) pourra vous dire, Monseigneur, qu'il m'a entendu annoncer, dès le mois de juin 1858, les grands faits de la révolution italienne... Voulez-vous me permettre de vous exprimer une pensée qui me traverse l'esprit ? — Parlez, monsieur le curé.

Je dis d'abord comment j'avais rencontré Sa Grandeur en faisant antichambre auprès de Mgr Landriot et comment je la rencontrais pour la seconde fois, et j'ajoutai : « Quand mon ancien évêque est parti, je me suis dit : Son successeur, quel qu'il soit, ne me permettra certainement pas d'agir dans la liberté dont j'ai joui jusqu'à ce jour. Comment pourrai-je poursuivre cette œuvre de Dieu ? Maintenant que vous avez été témoin de la manière dont me traitait Mgr Landriot, que vous savez comment nos deux rencontres se sont faites providentiellement et que vous venez de dire, après m'avoir entendu interpréter Nostradamus : La vérité est là, puis-je espérer que vous me laisserez parler et agir comme votre prédécesseur ? — Vous avez en moi un second Landriot.

Votre bonne foi se montre quand vous dites :

« En 1872, on n'accepte pas que dans un texte des *Prophéties modernes* l'expression « vive Louis » puisse s'entendre du prince impérial, et on s'exclame : (Oh !). Mais la politique ayant tourné, on trouve, en 1874, un quatrain qui contient le mot « Louis » ; on l'entend du fils de l'ex-empereur, et on dit : « Le prince impérial Louis ».

J'avais dit au sujet de votre *Prophétie d'une Religieuse du Belley* :

« M. Chabauty ne cite cette prophétie qu'à partir de ces mots : « Des cris retentissent, etc... », afin de nous montrer dans cette histoire des premiers jours du règne de *Louis*-Philippe, « le prince impérial Louis » (oh !) ; et il retranche les derniers mots qui éventeraient la mèche. »

Je montre votre mauvaise foi, et vous répondez par un autre acte de mauvaise foi. Voilà comment on attaque Nostradamus. Et vous recommencez coup sur coup ! :

« Puis, sans vergogne, on dit que « Napoléon IV accomplira les quatrains « qui ont le mot « Mars » que son père n'a pas accompli, ainsi que l'avait « publié le traducteur. » M. Torné ne s'occupe plus de ce qu'il a répété si souvent : « Le grand secret d'interprétation, c'est d'interpréter *du même personnage le mot caractéristique* interprété ailleurs de lui. » Or, Napoléon III, d'après vous, M. Torné, étant ailleurs 20 fois « Mars » donc, dirait une conclusion logique, « Mars » dans les quatrains qui restent ne peut pas être

Napoléon IV. Mais, en habile traducteur, vous concluez au contraire : donc ces quatrains se rapportent quand même à Napoléon IV. Alors vous détruisez de vos propres mains votre fameuse règle d'interprétation et le prophète en même temps. »

Sous quel titre ai-je rangé, en 1862, tous les quatrains que j'interprétais dès lors de Napoléon IV, dites-le, répondez ? — Sous le titre : LE NOUVEAU MARS, SANG DU NEVEU. — Pourquoi avais-je nommé dès lors Napoléon IV : « LE NOUVEAU MARS » ? — Parce que Napoléon IV est appelé « le nouveau Mars » par Nostradamus, précisément dans le quatrain que vous avez mis en tête des quatrains sur le règne de Napoléon IV. — Très-bien répondu ! Vous répondriez toujours aussi bien, si je vous demandais de lire dans mes livres la réponse à vos objections. Essayons. Vous me citez et vous dites :

« Plusieurs passages prophétiques de Nostradamus nous montrent *Napoléon III gouvernant après sa mort* » !!! Ainsi, de l'autre monde, Napoléon III va accomplir tous les quatrains de « Mars » qu'il n'a pas eu le temps d'accomplir pendant sa vie. Et par ce moyen, le fameux secret d'interprétation est sauf, Nostradamus toujours grand prophète, et Torné admirable interprète. »

Est-ce depuis que Napoléon III est mort que je l'ai vu dans ces mots : « Le prince Anglois Mars à son cœur de ciel... La vraye prosopopée de Mars » ? — Non, vous lui appliquiez le premier passage dans votre *Réédition* de 1862 et le second dans les *Lettres du grand prophète*, le 8 mai 1871, où je lis : « *Prosopopée*, fig. de rhétorique qui prête le sentiment aux morts ». — Napoléon III a-t-il dit, conformément à la prophétie, dans son testament : « Du haut des cieux ceux que vous avez aimés vous regardent et vous protègent, c'est l'âme de mon grand oncle qui m'a toujours inspiré et soutenu. Il en sera de même pour mon fils... Mon cœur et mon âme restent avec lui » ? — Ces paroles sont bien dans son testament. — Napoléon III, qui se disait « le neveu », comptait donc gouverner après sa mort avec son fils comme il avait gouverné sous l'inspiration de son oncle ? — C'est vrai !... Avouez que vous avez été très-heureux de trouver cela pour vous sortir d'embarras ? — Aussi heureux que vous voudrez. Mais je n'ai pas cherché midi à quatorze heures. La mort de l'Empereur m'a rappelé le quatrain : « Mars à son cœur de ciel » et ces mots m'ont rappelé son testament. Rien de plus simple.

Enfin, une dernière critique extrêmement grave :

« M. Torné avait dit : « Dans les quatrains, *Napoléon IV est deux fois « le jeune prince »*, comme dans Orval : une fois lorsque « les rois armés par le Seigneur » prennent le Rhin ; une seconde fois lorsque son pouvoir passe à Henri V ». Et il a l'audace d'ajouter : « On peut voir dans mon interprétation de ces prophéties (d'Orval et d'Olivarius), publiées le 10 janvier 1872, un an avant la mort de Napoléon III, que, malgré tout, je parlais du retour de

Napoléon IV dans le commentaire même de ces mots : Venez, jeune prince, quittez l'isle de la captivité, venez. » — Vous en parliez si peu que le 28 février suivant vous appliquiez ces paroles à Henri V. »

Dans le commentaire de ces mots « *Venez jeune prince, quittez l'isle de la captivité* » que j'appliquais à Henri V d'après vous et tant d'autres, est-ce que, après avoir nommé les rois de l'époque révolutionnaire, je ne disais pas: *Celui qui n'est pas encore venu* (d'après l'Apocalypse) *est Napoléon IV ?* et n'affirmais-je pas, au sujet de ce passage de la prophétie d'Orval, que Napoléon IV viendrait avant Henri V ? — Oui, c'est vrai. — Vous mettez en note :

« M. Torné prétend avoir démontré que les prophéties d'Olivarius et d'Orval sont réellement de Nostradamus. Il en est persuadé, ses adeptes aussi. Mais ses arguments saugrenus n'ont convaincu aucun critique sérieux. »

Vous prétendez vous imposer à tous ; et j'avais cité à ce sujet les dernières lignes de votre *Lettre* Nostradamus, en y intercalant une parenthèse :

« Nous ne saurions donc prendre Nostradamus au sérieux, et nous conseillons à tous (empereurs, rois, papes, etc.) de ne point s'en occuper. »

Vous dépassez toute mesure. Comme vous savez le nom et l'adresse de mes « adeptes, critiques non sérieux *que mes* arguments saugrenus ont persuadés », veuillez leur demander s'ils ratifient votre jugement. Ils vous répondront, je n'en doute pas, comme votre jugement et votre politesse l'exigent.

« *M. de Camille,* rédacteur en chef du *Journal de Florence* : « Le traducteur a démontré que la célèbre prophétie d'Orval est de Nostradamus. »

« *M. Emile de Pujos,* rédacteur de l'*Union du Sud-Ouest* : « L'œuvre érudite de M. Torné-Chavigny ne ressemble en rien à ces opuscules mystificateurs lancés en pâture à la curiosité publique... Par la concordance des expressions étudiées du prophète, il a prouvé indubitablement à quiconque sait lire et apprécier les nuances de style que les célèbres prophéties d'Olivarius et d'Orval ont pour auteur Nostradamus lui-même. »

« *M. Boissin,* rédacteur en chef du *Messager de Toulouse* (28 janvier 1872, avant d'avoir lu) : « Quoi qu'en dise ce laborieux et un peu trop opiniâtre commentateur, jamais nous n'admettrons que le solitaire d'Orval et Nostradamus aient été une seule et même personne ». — (21 février suivant, après avoir lu) ; « Je ne suivrai pas M. Torné dans les dédales de son ingénieuse argumentation. Les preuves s'accumulent, s'entassent, s'enchevêtrent avec une telle fréquence qu'on en a presque le vertige... L'explication que M. Torné donne des deux prophéties d'Orval et d'Olivarius est neuve, et elle concorde parfaitement avec ses commentaires des centuries de Nostradamus. L'analogie est frappante. »

Vous me reprochez une dernière contradiction :

« En 1871, on refuse de tenir secrète l'interprétation d'un fait de minime importance — le quatrain sur la mort de M. de Moneys. — En 1873, rendu sans doute plus défiant par tant de rudes échecs dans les grands faits comme dans les événements de « minime importance », M. Torné écrit ceci : « Affir-

« mez *les grandes perspectives de l'avenir*, telles que Nostradamus les a tra-
« cées, mais négligez les détails en ce qui concerne le temps présent... »
M. Torné a profité de la lecture de la *Concordance*, « les grandes lignes » des
Prophéties modernes lui ont donné l'idée de ses « grandes perspectives ».

Rien de semblable. Je disais : « L'événement seul peut nous
fixer sur les faits particuliers qui sont mêlés dans la prophétie
aux grands faits que son ensemble nous découvre. *Affirmez les
grands faits, laissez de côté les faits particuliers.*» Et je joignais
l'exemple au précepte, *en 1871*. Ouvrez l'*Almanach pour 1872*,
p. 187. Pourquoi n'ai-je pas cité intégralement les deux quatrains IX. 15-16 ? Au-dessus de ces mots : « De Castel Franco
sortira l'assemblée, L'ambassadeur non plaisant fera schisme »,
une suite de points remplace ce vers : « Pour le Seigneur et
Prélat de Bourgoing » parce qu'il m'était impossible, en 1871,
de dire le fait particulier renfermé dans ce vers. Je savais que
les 2 quatrains allaient s'accomplir intégralement, et, en les
signalant, je laissais entrevoir *les grands faits*. Pour *le détail*, je
remettais à l'événement le soin de le déterminer. Je vous avoue
que j'ignorais, en 1871, qu'il existât une famille du nom de « de
Bourgoing ».

Vous terminez votre livre par des pages qui seront toujours
pour vous un sujet de honte et de remords. Deviez-vous publier
avec des pièces qui désignent les personnes qu'« *un membre d'une
noble et chrétienne famille a perdu le sens commun et complétement la pratique religieuse et la foi par la lecture des énigmes de Nostradamus et de leur sotte interprétation* »? Vous
auriez dû demander à la personne qui vous a écrit à ce sujet si
son parent, avant d'entendre parler de Nostradamus, était dans
des conditions différentes de celles où il se trouve présentement, et si, dans l'abandon où on le laissait, il n'a pas puisé
dans mes écrits les seules consolations qu'il ait éprouvées
depuis plus de 15 ans et les motifs de ne pas tomber complètement dans le désespoir. Je souhaite que votre mauvaise action
ne trouble pas davantage une famille si divisée et n'achève pas
la perte d'une âme de bonne volonté.

« D'après ces mêmes lettres, dites-vous, ce personnage n'est malheureusement pas le seul dans des idées si absurdes et si impies. Il se serait formé
une espèce de secte. On fait une propagande effrénée dans ce sens détestable et
en l'honneur de Nostradamus et de son interprète. Tout ceci explique et justifie mon insistance à revenir et à frapper sur leurs écrits. »

12 lignes plus bas vous dites : « Je ne m'occuperai plus d'eux
désormais. Du reste ils sont morts et bien morts l'un et l'autre :
le coup de massue d'Orléans les a tués ». Ainsi, vous frappiez à
outrance, le 1er mai, des hommes morts et bien morts depuis le
23 mars. Ainsi, vous reconnaissiez, le 1e mai, que « Nostrada-

mus est dangereux à plus d'un titre, qu'il le devient chaque jour davantage, que ses adeptes, plus nombreux peut-être qu'on ne pense, redoublent d'efforts (p. 95), qu'on fait une propagande effrénée en l'honneur de Nostradamus et de son interprète pour répandre des idées si absurdes et si impies » et, le même jour, votre zèle de prêtre que personne n'avait sollicité, déserte pour toujours la lutte quoiqu'il puisse arriver. « Le bon sens et la raison » qui ont dicté la *Concordance de toutes les prophéties* et les *Prophéties modernes vengées*, ne trouveront-ils donc rien de plus pour tuer une dernière fois ceux qui « sont morts et bien morts » ? Trois petites histoires vous prouveront que je ne veux pas perdre les âmes avec mon « cher Nostradamus » :

Les spirites de Bordeaux voulurent accaparer « le grand prophète ». Ils vinrent me trouver chez M. Dubosc, le conseiller général, et comme je repoussais tout commerce avec ce que Nostradamus nomme « la plus qu'exécrable magie », ils m'apprirent que Nostradamus qu'ils avaient évoqué me disait son traducteur et faisait de moi les plus grands éloges. — Si vous le revoyez, répliquai-je, dites-lui mille sottises de ma part, et priez-le de vous interpréter un seul des quatrains dont nous n'avons pas encore le sens. Soyez sûrs que Dieu ne permettra pas qu'une véritable prophétie soit exploitée par les démons.

Dernièrement, tous les lazaristes d'Amiens m'embrassaient les uns après les autres sans voir en moi un ennemi de l'Eglise. — Si votre travail, me dit l'un d'eux, n'est fondé en rien, il sera au moins regardé comme fort curieux. — Que Dieu me foudroie à vos yeux, si mon travail n'est pas fondé, m'écriais-je à la stupéfaction générale, car je compte le poursuivre, et il nuirait à l'Eglise. Si l'on prouvait qu'il n'est que spécieux, comment démontrerait-on *aux incrédules* qu'il y a eu des prophètes ? — L'abbé Torné, diraient-ils, nous fait voir tout le passé depuis 300 ans dans Nostradamus, et, à l'aide de Nostradamus, il a annoncé mille faits en dehors de toute prévision humaine, et vous dites que son travail n'est que spécieux ; le votre sur les prophéties bibliques est-il autre chose ?

Le général de Cathelineau m'ayant dit par mégarde la première fois que je le vis et quand mes premières paroles ne lui avaient pas donné encore le temps de réfléchir : « Cette prophétie ne serait pas vraie qu'il faudrait la répandre. » — Non, repris-je vivement, la Vérité et le Droit perdraient à user de mensonge et de quoi que ce soit d'illégitime pour triompher.

Vous savez ce que M. l'archiprêtre de Saint-Jean-d'Angély vous a dit de moi dans une visite que vous lui avez faite. Il a été fort surpris d'apprendre que vous me traitiez plus mal encore que la première fois, malgré votre promesse de ne point donner à penser que je puis nuire à l'Eglise. Voici ce qu'il vient de m'écrire :

Saint-Jean-d'Angély, 8 juillet 1874.

CHER CURÉ, Je me fais un vrai plaisir de vous inviter à déjeûner avec Monseigneur, lundi prochain, 13 juillet... Votre tout dévoué.   PITARD.

Sur ce, je vous laisse et prie Dieu qu'il vous ait en sa sainte et digne garde.

H. TORNÉ.

NOS INTERPRÈTES DE PROPHÉTIES

Saint-Denis-du-Pin, le 15 juillet 1874.

Mon cher Monsieur ABEL GALISSON,

Dans des quelques mots que j'appliquais à M. Chabauty et à tous « LES INEPTES CRITIQUES » : « *Toy et adhérens serez un peu plus amplement chapitrer* », je vois une invitation du prophète à dire quelque chose de plusieurs interprètes de prophéties, afin de prouver que la jalousie, l'envie et le dépit ont inspiré les attaques dirigées en ces derniers temps contre Nostradamus et son traducteur, et que la « niaiserie » du plus grand nombre des prétendues prophéties et de leur interprétation explique la *Lettre pastorale* de Mgr Dupanloup et l'article *Crédulité* de M. L. Veuillot.

Le premier venu se croit « constitué par le Saint-Esprit juge de la prophétie privée ». Mais l'Apôtre, sur lequel s'appuie M. Chabauty pour revendiquer ce droit, a dit formellement le contraire :

I. Corinthiens, XIV : « Il y a bien des langues diverses dans le monde, et il n'y a point de peuple qui n'ait la sienne. *Si je n'entends pas ce que signifient les paroles, je serai* BARBARE *à celui qui parle, et celui qui me parle me sera* BARBARE. Aussi, mes frères, puisque vous avez tant d'ardeur pour les dons spirituels, désirez d'en être enrichis pour l'édification de l'église. C'est pourquoi que celui qui parle une langue inconnue, demande à Dieu le don de l'interpréter. *Il est dit dans l'écriture :* JE PARLERAI A CE PEUPLE EN DES LANGUES ÉTRANGÈRES *et* INCONNUES, *et après cela même, ils ne m'entendront point*, dit le Seigneur... Le don de prophétie n'est pas pour les infidèles, mais pour les fidèles... Que faut-il donc, mes frères, que vous fassiez ? *Lorsque vous êtes assemblés, l'un est inspiré de Dieu pour révéler les secrets de Dieu, un autre pour parler* UNE LANGUE INCONNUE, *un autre pour l'interpréter. Que tout se fasse pour l'édification... Si quelqu'un croit être prophète ou spirituel, qu'il reconnaisse que ces choses que je vous écris sont des ordonnances du Seigneur. Si quelqu'un veut l'ignorer, il sera lui-même ignoré.* »

Nostradamus renvoie expressément à ce texte quand il dit :

LEGIS CANTIO CONTRA INEPTOS CRITICOS

Qui legent hosce versus maturé censunto,
Profunum vulgus et inscium ne attrectato,
Omnesque Astrologi, Blenni, Barbari procul sunto,
Qui aliter facit, is rité, sacer esto.   VI. 100

MALÉDICTION EMPRUNTÉE A LA LOI CONTRE LES CRITIQUES QUI MÉPRISENT

SOTTEMENT MA PROPHÉTIE : « Que ceux qui liront ces vers en pèsent les expressions avec la maturité convenable ; que le vulgaire profane et ignorant n'y touche pas ; que tous les Astrologues, les sots et *ceux qui ne connaissent point ma langue* n'en approchent point ; celui qui fera autrement *qu'il soit ignoré*, comme dit la Loi. »

L'événement a fixé le « seul sens et unique intelligence » de ce quatrain qui était prophétique comme les autres : « *Blenni* » est pour *Blennus*, sot *(W.)*, et pour *Bleynie*, le procureur impérial qui seul a saisi mon 1er volume d'interprétation de la prophétie ; « *Sacer* » est pour *sacer*, voué aux Dieux infernaux *(W.)*, et pour *sacer*, sacré ; *sacerdos*, prêtre *(W.)*. Le « Traducteur » devait être *prêtre*. Lui seul comprendra la *langue inconnue* de cette prophétie et il en donnera l'« *interprétation pour l'édification de l'église*. »

M. A. Le Pelletier, après avoir publié le *Cycle universel* (Dieu — l'univers — l'homme), *le Dieu inconnu, l'Astronomie biblique*, s'empara de mon travail dans 2 volumes : *Les Oracles de Michel de Nostredame*, puis il publia la *Prophétie d'Orval* et *la Clef des temps* (prophéties canoniques — oracles pythiques de mois en mois par séries de dix fascicules, 5 fr. la série), et enfin, quand il eut avoué qu'il ne comprenait rien à Nostradamus, il interpréta *la Vision apocalyptique d'Esdras*. Quel Père de l'Eglise a plus écrit sur les prophéties que cet homme du monde ? Pour juger de sa valeur, il suffit des trois lettres qu'il a publiées sur Nostradamus dans ces derniers temps. Il avait dit de moi :

LES ORACLES DE MICHEL DE NOSTREDAME : « La savante interprétation de ce quatrain est due à M. Torné... M. Torné donne un savant commentaire des 3 quatrains qui vont suivre... J'ai trop emprunté aux publications de M. Torné pour avoir le droit de me montrer sévère... etc. »

PROPHÉTIE D'ORVAL : « D'après l'abbé Torné, savant commentateur des centuries de Nostradamus, c'est à Nostradamus lui-même que remonterait la paternité de la prophétie d'Orval. »

Ce dernier écrit a été publié en janvier 1872. Mon *Almanach pour 1872* étant tombé depuis sous les yeux de cet auteur, il y vit ceci :

« M. Le Pelletier a copié dans mon livre l'interprétation du quatrain sur la bataille de Castelfidardo. Mais comme je n'avais pas dit encore que Nostradamus emploie le quatrain suivant à appliquer aux zouaves pontificaux les bénédictions dont Balaam couvrit l'armée du peuple de Dieu, M. Le Pelletier n'y a point vu l'âne de Balaam qui, après avoir reçu de grands coups et s'être rejetté à droite, à gauche, en arrière pour ne pas avancer, vint à parler. Il n'y a point vu le conseil perfide que Balaam donna au roi de Moab, d'introduire la vierge moabite dans le camp d'Israël pour attirer sur ce peuple la malédiction de Dieu : les coupables gisant à terre furent pendus. Non, il y a vu... le

PERFECTIONNEMENT DES ARMES A FEU

(1630-1631)

« Quand l'animal à l'homme domestique
« Après grands peines et sauts viendra parler,

« La foudre à vierge sera si maléfique,
« De terre prinse et suspendu en l'air.

« Quand le chien du fusil aura été inventé après beaucoup d'essais et qu'il produira l'explosion
» (« viendra parler ») par la détente (« le saut ») d'un ressort, le salpêtre, chargé à la baguette
» de fer et lancé comme la foudre par le tube du fusil deviendra très-meurtrier (« de terre
» prinse et suspendue en l'air »). C'est ce qu'on appelle militairement de nos jours : LA CHARGE
» EN DOUZE TEMPS ».

« M. Le Pelletier tient beaucoup à cette interprétation qu'il donne par trois fois, en note et sous les titres : *Construction* et *Scholie*. Je pense que personne ne la lui volera, non plus que son interprétation « du *commun avénement* : 22 septembre 1792, avénement au pouvoir des *gens du commun*. »

L'âne de Balaam étant devenu *le chien du fusil*, je ne fus plus bon à donner au chien, et mon admirateur M. Le Pelletier s'uni à mon détracteur M. Arthur Ponroy. On les vit à la suite l'un de l'autre dans l'*Ordre légitime* du 2 janvier 1873 :

M. PONROY : « Juste à l'heure — 9 janvier — où M. Torné recevait la rude *semonce* qui ajourne au moins la proclamation d'immortel *Semond* que ce savant homme attend *de ses disciples*, il nous arrivait à nous une de ces bonnes fortunes inouïes que méritait sans doute notre *modestie*, mais qui sera peut-être un peu moins douce à la *superbia* du savant interprète qui *ne peut pas se tromper*... Cette communication n'émane pas d'un éditeur d'almanachs, mais d'un savant des plus haut placés qui, bien qu'il ne réclame pas la dignité d'*immortel Semond* n'en est pas moins un esprit merveilleusement meublé, un critique âpre et sagace, un savant, un vrai savant, qui en sait plus long en son petit doigt que M. Torné en tout son grimoire... C'est avec la plus grande joie que nous avons dévoré ce premier travail que M. Le Pelletier nous fait l'extrême honneur de nous adresser (Quand M. Ponroy publiait cela, il avait sous les yeux la lettre où M. Le Pelletier s'avoue vaincu !!!) ».

M. LE PELLETIER : « Auxerre, 9 janvier... Je vous serai reconnaissant de vouloir bien m'envoyer le n° du *Spectre blanc* du 23 avril 1872, dans lequel, répondant aux provocations (!) de l'abbé Torné, au sujet des oracles de Michel de Nostredame, vous avez fustigé d'importance la vanité insupportable de ce pédant présomptueux... C'est pitié de voir la grande stature de Nostredame raccourcie à la taille de ce pygmée, qui s'en saisit sans vergogne et le dissèque à outrance, de ce Nostredame initié aux incantations delphiques de Branchus de Milet et d'Apollon Didyméen, et expert dans la lécanomancie assyrienne qui consistait à évoquer des images magiques dans un bassin rempli d'eau (!!!) ... »

M. PONROY : « Eh bien ! qu'en pense M. Torné ? Nous ne savons si *Denis s'amuse*, mais le fait est que pendant que Napoléon mourrait à Chislehurst pour donner *tort* à M. Torné, M. Anatole Le Pelletier écrivait à Auxerre pour compléter la leçon. Dès notre prochain numéro, nous publierons une communication nouvelle de M. Le Pelletier, en signe qu'à tout ce qui touche à Nostradamus, dégagé d'ivresse amoureuse comme de sotte crédulité, nous ne cherchons que le vrai des choses, et l'attendons humblement. »

C'est le 9 janvier que M. Le Pelletier avait commencé l'attaque ; quatre jours après il tombait à plat (L'*Ordre légitime*, 13 février) :

M. LE PELLETIER : « Auxerre, 13 janvier. *Au jour même* où partait d'Auxerre ma précédente lettre datée du 9 janvier, Napoléon III expirait à Chislehurst, et le coup de tonnerre qui pulvérisait sans retour l'abbé Torné-Chavigny et ses ridicules prétentions m'atteignait moi-même. Comme l'abbé Torné et comme tant d'autres, je suis puni de la témérité qui m'a fait négliger l'avertissement fort clair d'Apollon Didyméen... Je m'avoue donc vaincu, et je courbe le front sous le trait décoché de la main implacable d'Apollon Pythien. Mais que dira l'abbé Torné s'il s'obstine à chercher dans Nostradamus un prophète illuminé du Saint-Esprit, et à se croire, lui, Torné, l'interprète juré de ce prophète? Par quel artifice tentera-t-il de restaurer le prestige détruit de son trépied culbuté?...

« Corrigé enfin par la dure leçon de l'expérience de toute velléité de lucidité prophétique, je viens de jeter au feu mon édition entière de l'*Eclaircissement des oracles de Nostredame* qui n'éclaircissait rien du tout; et j'ai joint à cet auto-da-fé, avec bonheur, la majeure partie de mes notes manuscrites sur ce sujet ingrat qui m'a réussi si mal. Que la flamme leur soit légère!... Reste la vision apocalyptique d'Esdras... »

J'adressai de suite à M. Le Pelletier MORT DE NAPOLÉON III, en réponse à cette lettre. Il reprit la plume, et l'*Ordre légitime* du 27 mars publia :

TROISIÈME LETTRE DE M. LE PELLETIER. Auxerre, 26 février 1873 (il donne l'explication du quatrain « Entre Bayonne et à Saint Jean de Lux ») : « Cette explication posthume d'un oracle aussi important vient évidemment trop tard... Il se peut aussi qu'une partie des faits, inconsidérément attribués par les exégètes à Napoléon III — *Mars* —, s'accomplissent par son jeune fils — *le nouveau Mars* —. Je renonce à creuser davantage l'énigme indéchiffrable qui a déjoué tous mes efforts, et dont je n'espère plus deviner le dernier mot. »

Dans cette lettre, qui n'occupe pas moins de six colonnes du journal, on ne trouve plus une seule fois mon nom. M. Le Pelletier ne pouvait dire plus clairement qu'il baissait pavillon devant le traducteur prophétisé.

Ainsi finit celui que M. Chabauty nomme dans ses *Prophéties modernes vengées* « savant auteur, un des commentateurs les plus intelligents et les plus sensés des Centuries ». Il l'élève à cette hauteur en citant l'*Ordre légitime* du 30 janvier et du 13 février 1873 (p. 134-136) où M. Le Pelletier avoue qu'il est « corrigé de toute velléité de lucidité prophétique et que son *Eclaircissement* n'éclaircissait rien ». Peut-on se moquer ainsi du lecteur ! Il le cite parce qu'il m'injurie et qu'il affirme que Nostradamus a été inspiré par Apollon, qui est le démon, écrit 2 fois à la suite de ce mot M. Chabauty. Celui-ci aurait cité volontiers les injures que M. Ponroy déverse sur moi dans le même numéro, si ce dernier n'avait affirmé que Nostradamus a été inspiré par Dieu. M. Le Pelletier avait rapporté là ses paroles :

« Abstraction faite d'un don surhumain et absolument étranger à l'ordinaire des choses, Nostradamus n'est pas concevable. Si Nostradamus n'est pas de Dieu, il est certain qu'il est du diable. »

Mais il avait retranché ces mots : « *Donc et certes, chez Nostramus, il y a interprétation divine* ». Voilà la franchise de NOS INTER-PRÈTES DE PROPHÉTIES. En voici d'autres exemples : Avant de me refuser « *un atôme de sens commun* », M. Ponroy avait parlé de moi en ces termes pour la première fois dans son journal (21 janvier 1872), où il avait attribué les sixains à Nostradamus :

« Le savant M. Torné nous fait l'honneur de nous écrire pour r nous informer en sa qualité d'interprète en quelque sorte officiel des Centuries de Nostradamus, que les sixains contenus dans la plupart des éditions du révélateur ne sont pas le moins du monde l'œuvre personnel de ce savant... M. Torné n'y pense pas ; certes il interprète avec beaucoup de sens et d'ingéniosité certains quatrains de Nostradamus ; il en est d'autres qu'il interprète on ne peut plus mal. M. Torué ne se *torne* pas toujours assez du côté des choses purement simples et lumineuses. Le bon curé de Saint-Denis-du-Pin est certainement un homme très-estimable, très-intéressant, très-bien doué ; mais l'excès lui fait le tort le plus grand du monde, et avec ses manies d'interprétation à outrance, il finira, s'il n'y prend garde, par rendre Nostradamus plus obscur, plus impopulaire que jamais. »

L'envoi de la MORT DE NAPOLÉON III avait réduit tout-à-coup au silence M. Le Pelletier ; une visite assez courte dans le mois de juin 1873 amena M Ponroy à se taire complétement à mon sujet. Etant à Poitiers, j'étais tombé chez lui à l'improviste en disant ces mots qu'il m'avait répétés si souvent dans son journal : « Denys rouge, blanc, chenu ». Nous nous regardâmes mutuellement et nous pûmes constater que le prophète avait connu notre physique. J'ai voulu le revoir à Versailles ; il était absent. Je lui ai adressé mes prophéties, et de temps en temps il m'envoie *l'Ordre légitime* quand il y a mis quelque chose qui cadre avec mes publications. Nous sommes donc maintenant dans les meilleurs termes.

Le 9 janvier 1873, Dieu se plut à prouver que c'était lui, bien plus que les hommes, qui frappait la prophétie :

> . . . mort de coups de taille.   II. 27

> (XVII. III.)

> Le divin verbe sera du ciel frappé,
> Qui ne pourra procéder plus avant,
> Du reserant le secret estoupé,
> Qu'on marchera par dessus et devant.   II. 28.

Par suite d'une mort due à l'opération de la pierre, la parole de Dieu a été frappée par le ciel même afin qu'elle ne put se répandre davantage. « Denys n'a sceu secret » de « l'augure secret (p. 9) », le « traducteur (*reserans*, qui explique les oracles. W.) » a eu la bouche fermée, son interprétation ayant été trouvée en défaut, et on l'a foulé au pied et on a passé outre.

Pendant que le *9 janvier*, M. Le Pelletier venait prêter mainforte à un journaliste de Poitiers dans sa lutte à outrance, l'imprimeur-libraire de Poitiers, éditeur des ouvrages prophétiques de mon ennemi intime, M. Chabauty, me traînait devant le tribunal de Saint-Jean-d'Angély ce jour-là et le lendemain. Et quand j'apprenais, en me rendant le second jour devant mes juges, la mort de l'Empereur, on me mettait en main le n⁰ du *9 janvier* de *l'Ordre légitime* où le plus aimant et le plus ardent de mes « disciples », malgré ma défense, jusque-là observée, de publier quoi que ce soit sur Nostradamus, annonçait... la mort de Napoléon III à Biarritz ! et cela après m'avoir écrit la semaine précédente :

« 31 décembre 1872, M. Ponroy m'a adressé 4 numéros du *Spectre blanc* qu'il a transformé en *Ordre légitime*. C'est probablement pour m'engager à m'abonner. Je vais lui répondre que cela est impossible. Quel rapport puis-je avoir avec un homme pareil. Vos adversaires sont les miens. »

L'*Ordre légitime* du *9 janvier* publia :

« Dans une première lettre (sur le n° du 2 janvier) je m'étais proposé d'attirer l'attention sur les prophéties de Nostradamus, et en particulier sur les savants commentaires qu'un ecclésiastique éminent, M. l'abbé Torné-Chavigny, en a publié depuis quelques années. Ce que j'ai dit des deux règnes de Napoléon Ier et de Louis-Philippe prouve, je crois, suffisamment que Nostradamus n'a point usurpé la réputation et la gloire du prophète, et qu'un esprit sérieux n'a plus le droit d'en rire, comme on a pu le faire jusqu'à présent. J'entre aujourd'hui dans ce sanctuaire redoutable de l'avenir... A Sedan, le grand neveu fait prisonnier, échappa du milieu des morts. Mais ailleurs : « *Entre Bayonne et Saint-Jean-de-Lux* », il n'échappera pas. *Si l'Empire n'est point mort*, la funeste politique de M. Thiers aura préparé son retour ».

Un journal de Paris, puis divers journaux de province avaient refusé ces deux lettres. Elles passèrent de main en main et arrivèrent, a l'insu de leur auteur, à l'*Ordre légitime*. M. Ponroy présentait donc, le *9 janvier*, à ses lecteurs Nostradamus comme un prophète orthodoxe et le traducteur comme « un ecclésiastique éminent *donnant* de savants commentaires », quand *le même jour*, M. Le Pelletier lui adressait une lettre où les lecteurs de l'*Ordre légitime* étaient invités à voir dans Nostradamus « un magicien » et dans le traducteur « un pygmée ». M. Ponroy prépara ce changement à vue en appelant Nostradamus : « Divin endiablé » et le traducteur : « *Borgne* des deux yeux », dans un article qu'il mit au-dessus de la lettre de M. Le Pelletier.

Etudions, seulement sous le jour où elle s'est présentée à moi, la grande figure du prototype de NOS INTERPRÈTES DE PROPHÉTIES MODERNES, M. Collin la Herte, dont M. Chabauty ne parle plus parce que « le coup de crosse d'Orléans » a frappé, en les nommant, les *Derniers avis prophétiques* au sujet de l'*Avenir dévoilé*. M. Chabauty a déclaré que sa *Concordance de TOUTES les prophéties* avait emprunté à l'*Avenir dévoilé* de M. Collin la *Prophétie de Prémol* et la *Prophétie de Grenoble*, et au *Supplément à l'Avenir dévoilé*, la *Prophétie du vénérable Père Bernard Clauti*. Il n'en a pas moins dit :

« Nous pouvons donc assurer que nous ne sommes nullement atteint par l'énergique et bien nécessaire flagellation que Mgr d'Orléans applique à tous ces prophètes, traducteurs, interprètes et adeptes, crédules fanatiques ou illuminés. »

Voici les rapports de M. Collin avec moi. Le 27 mars 1871, il m'écrivit cette première lettre :

« Veuillez m'expédier *par le plus prochain courrier* les *Lettres du grand prophète Nostradamus...* J'ai parlé de vous et de vos livres — sans cependant ne les connaître que sur des rapports — dans un second volume de l'*Avenir dévoilé* qui est sous presse. J'aurais travaillé à la diffusion de vos publications. »

Je répondis aussitôt :

« ..... On doit craindre par dessus tout d'affaiblir la foi dans les prophéties
» véritables, en y mêlant les rêveries d'illuminés et de songes creux. Je ne
» dis point cela pour vous, Monsieur, n'ayant pas la moindre connaissance de
» votre ouvrage. Depuis que j'ai ouvert Nostradamus, je me suis bien promis
» de ne pas céder à la tentation d'ouvrir d'autres prophéties, de crainte
» d'être entraîné à faire fausse route, en établissant une concordance forcée.
« Si parfois j'ai cédé aux instances de quelques amis, je n'ai pas eu lieu de
» m'en louer. N'ayons chacun qu'une prophétie et qu'elle soit bonne. »

Le 6 avril, nouvelle lettre de M. Collin :

« ... Soyez sans inquiétude à l'égard de mes 2 chapitres relatifs à Nostradamus. Ils ne pourront nuire au prophète ni à son interprète incomparable. Bien mieux, ils rendront mes lecteurs désireux de se procurer vos livres... Je comprends, Monsieur le Curé, que vous vous contentiez d'une Prophétie : celle de Nostradamus en fait mille et donne par conséquent assez de pâture... Moi, j'ai ramassé toutes les prophéties suffisamment authentiques que la bonne Providence a mis entre mes mains, notamment les incomparables prophéties Carthusiennes inédites. Mon 1er volume contient plus de 20 prophéties, le second en rapporte plus de 30... Dans l'attente de votre envoi *par le plus prochain courrier,* etc. »

J'avais dit un mot de lui dans l'*Almanach pour 1872.* Il publia :

« Après avoir transcrit le passage de notre VRAIE *Prophétie de saint Césaire* l'impétueux almanachiste, du haut de sa grandeur, s'écrie : « Vous allez voir qu'on trouvera dans saint Césaire, qui n'a pas écrit une ligne de prophétie, tout ce que Nostradamus a publié. » *Réponse :* Pas de jalousie, M. le Curé, pas tant de hardiesse téméraire ! pas tant de présomption ! Vous vous croyez savant, mais vous n'êtes qu'un IGNORANT... à l'égard de la *vraie* prophétie de saint Césaire comme de bien d'autres. »

Il ne m'a communiqué ces lignes qu'après m'avoir écrit, le 22 janvier 1873 :

« J'ai l'honneur de vous prier de me dire comment maintenant vous traduisez le quatrain : « Entre Bayonne et Saint-Jean-de-Lux ». La mort de Bonaparte vous fait subir un échec... Je vais faire paraître le *Flambeau prophétique de Malétable* et je serais bien aise d'y mettre votre explication nouvelle. »

Je lui envoyai MORT DE NAPOLÉON III. Il m'écrivit aussitôt :

« J'ai parcouru votre MORT DE NAPOLÉON III. Bravo ! Je vous avais prié de m'envoyer votre *Almanach pour 1873.* Je vous prie de me faire cet envoi avec votre brochure LA SALETTE ET LOURDES. *Vous m'enverrez les nouvelles* LETTRES... Agréez, je vous prie, Monsieur le Curé, les *hommages respectueux* de votre dévoué serviteur. »

M. Collin se vit encore dans cet Almanach avec les Prophéties
modernes. Il ne cria plus *Bravo !* mais *Haro* ! et il m'envoya,
avec la feuille détachée qui précède, un exemplaire du *Flambeau
prophétique* sur lequel il mit, en guise d' « *Hommage respectueux* » :

« Au vaillantissime, savantissime et Nostradamissime Denis, trop entasseur
de subtilités dignes d'un jugement faux ;

« Au grrrand almanachiste, aboyeur, guerroyeur, batailleur et algaradeur
outrancier ;

« A l'enfonceur de portes ouvertes, monsieur l'abbé Torné : biscornu,
inepte, ignorant, absurde, dévergondé, plat et sot critique, embrouilleur des
« Prophéties modernes »,

                 « Hommage de l'Auteur.

        « *Amicus Plato, sed magis amica veritas.*

« N. B. Faites passer à la postérité, si vous en avez le courage. On le verra
bien. »

Oubliant cela, M. Collin m'a écrit, le 28 mai 1874 :

« Monsieur l'abbé, je viens de recevoir votre double prospectus. Après une
lecture suffisante, *je m'empresse de vous en remercier.*

« Vos quelques mots relatant les aveux de *nos* adversaires et la lettre du
brave général de Cathelineau feront plus de bien à la cause prophétique que
ne lui feront de mal les 36 pages, lourdement bourrées d'un fougueux évêque
ou la tartine d'un autre ignorant en matière prophétique.

« Pauvre Félix ! pauvre Louis ! Voilà des hommes considérables, dit-on.
Vraiment ce sont de grands niais, oui des espèces d'huîtres.

«... Ci-inclus 1 fr. 50 pour le coût de votre nouvelle brochure *Présent et
Avenir* ; veuillez me l'adresser *par retour du courrier s'il est possible.*

« *Avec mes félicitations*, recevez, Monsieur l'abbé, l'assurance de mon
entier dévouement. »

« Je vous adresse, sous ce pli, copie de mes lettres à Mgr Dupanloup et à
M. Louis Veuillot. Vous pouvez les divulguer.

        « Vendôme, ce Vendredi-Saint 3 avril 1874.

« Monseigneur... Il a plu à Votre Grandeur d'attaquer l'un de mes livres
» intitulé : *Derniers avis prophétiques précisant la solution de la crise ac-*
» *tuelle, le règne de l'Antechrist et la Fin du monde*... (Suivent des injures).
» Cependant, malgré votre *Lettre*, Monseigneur, ou plutôt *à cause* d'elle, je
» vais publier une seconde édition de mon Soleil prophétique, *notablement*
» *amélioré*... (Suivent des injures). Je viens d'adresser par la poste à Votre
» Grandeur le *Flambeau prophétique de Malétable*... »

                « Vendôme, 8 avril 1874.

« Monsieur le rédacteur en chef de l'*Univers*, on me communique
» aujourd'hui votre jabotage solennel sur la *Crédulité*... votre ignorance
» crasse. Je ne puis que vous inviter à apprendre sérieusement au moins
» l'ABC des prophéties modernes, et votre loyauté — car je suppose que vous
» en avez — vous fera reconnaître plus NIAIS que *votre* « niaiserie de 1830 ».
» Veuillez publier dans l'*Univers*, en feuilleton ou autrement, la nouvelle
» édition inédite de mon Soleil prophétique (Il lui offre un pari de 500 fr.
» sans garantir une interprétation exempte d'erreur)... Mais à l'heure voulue,
» je me fais fort de montrer la justesse du texte par les événements eux-
» mêmes, n'en déplaise à toute la clique antiprophétique ! Si vous n'adhérez
» pas à cette proposition, ce sera dire hautement que vous êtes un homme

» de mauvaise foi, qui fait de la critique pour le plaisir d'en faire... tout
» comme un SOT.

«... Je viens d'écrire à Mgr. d'Orléans sur le même ton. Ci-inclus copie de
» ma lettre, que je vous autorise de publier... Par ce même courrier, je vous
» envoie le *Flambeau prophétique de Malétable*. Les erreurs et les inexacti-
» tudes qu'il renferme sont facilement expliquées par les érudits en matière
» prophétique... Je joins à cet envoi les défets de la 1ʳᵉ édition du *Soleil*.

«... Si vous êtes un *homme*, vous insérerez cette missive dans l'un des plus
» prochains numéros de votre estimable journal. »

Serai-je agréable à M. Collin en publiant pour les éditeurs de
prophéties cet appel qu'il a bien voulu me faire, le 28 mai, après
avoir écrit à Mgr d'Orléans et à M. L. Veuillot qu'il allait rééditer
le *Soleil :*

« En ce moment je ne suis pas disposé à publier à mes frais la nouvelle
édition de mon SOLEIL. Si vous connaissez un éditeur qui veuille s'en charger,
veuillez me le dire. *Il est assuré d'une bonne affaire*. Mais il faut un éditeur
de province et non de Paris » (?)

Le *Soleil prophétique* est plus lumineux sans doute que le
Flambeau prophétique. Mais c'est en me faisant hommage du
Flambeau que M. Collin m'a appelé « enfonceur de portes ouvertes ». Voyons donc si cet ouvrage qu'il a envoyé à Mgr d'Orléans
et à M. L. Veuillot, en réponse à la *Lettre pastorale* et à l'article
Crédulité, résistera à la première poussée d'un « enfonceur de
portes ouvertes ». Voici le début :

. « Depuis quelques années, le monde catholique arrive de tous côtés en
pélerinage à Malétable, près Longny (Orne), diocèse de Séez. Les 23, 24 et 25
septembre 1872, nous nous y trouvâmes. Il nous tardait de voir et d'entendre
le digne curé de cette paroisse, M. l'abbé Jules Migorel, qui, depuis l'âge de
douze ans, est favorisé de révélations prophétiques, dont plusieurs déjà se
sont réalisées d'une manière remarquable.

M. le curé de Malétable est un homme de petite taille, *trop petite, pour-
rions-nous dire, en raison de la grande mission du personnage. Mais tel
l'a voulu le créateur, qui dans ce petit corps, a placé une grande âme
apostolique et sacerdotale...* Durant notre pélerinage à Malétable, *nous res-
tâmes de longues heures suspendus aux lèvres du docte et infatigable
interprète* de Notre-Dame de La Sallette... Des esprits forts, des frondeurs
sournois surent se mettre dans l'ombre pour sourire sottement au langage
élevé et mystique de l'homme de Dieu... »

Ces frondeurs gâtent le tableau où l'on voit arriver à Malétable
de tous côtés le monde catholique, tandis que M. Collin reste
suspendu aux lèvres d'*un homme de trop petite taille*, en demandant au *Créateur* la raison de cette taille trop petite. — La chute
d'un auteur pendu aux lèvres d'un petit homme ne sera jamais
sérieuse, aurait dit Garo après mûres réflexions :

A quoi songeait l'auteur de tout cela,
Il a bien mal placé cette citrouille-là !
Hé parbleu ! je l'aurais pendue
A l'un des chênes que voilà,

C'eut été justement l'affaire :
Tel fruit, tel arbre, pour bien faire.
. . . .
Dieu ne l'a pas voulu : sans doute il eut raison.
J'en vois bien à présent la cause.
En louant Dieu de toute chose,
Garo retourne à la maison.

Voici ce que M. Collin appelle un *Flambeau prophétique* :

« 1. Je vois des *ténèbres épaisses* sur l'ouest et sur le nord de la Bretagne,
surtout le long des côtes.
« 2. Les châtiments annoncés par ces *ténèbres* devaient se réaliser peu de
temps après la défaite du Mans.
« 3. Je crois que les prières ont fléchi la colère de Dieu, et que la Sainte
Vierge apparaissant aux enfants de Pontmain, le 17 janvier 1871,
annonçait cette faveur, en disant : « Mon Fils se laisse toucher. »
« 4. Mais, hélas ! le châtiment n'est peut être que retardé... ».

Ne citons rien de plus d'une prophétie conditionnelle, hypothé-
tique et dont le prophète lui-même a renoncé à pénétrer le sens.
M. Collin tente l'aventure :

« En 1873 ou 1874?... Est-ce un astre réel ou un astre symbolique?... La
France ou le monde catholique?... Cette procession figure-t-elle un corps
d'armée?... Il s'agit vraisemblablement... Quelle est cette ville ? Le voyant
l'ignorait lors de notre visite... Quel sens faut-il donner au verbe *dresser*?...
L'orient symbolise Dieu, l'occident est la figure de l'enfer... Ces mots :
« Plusieurs — un surtout de grande taille — sont lancés en l'air « symboli-
sent la Prusse et renferment un avertissement à Guillaume et à Bismark... »

On croirait que c'est une gageure ! Ne voilà-t-il pas que le prophète n'accepte pas les interprétations de M. Collin et que prophète
et interprète se prennent aux cheveux dans tout ce qui a trait au
Flambeau prophétique de Malétable. Je cite textuellement :

M. Migorel : « Vous m'attribuez ces paroles : « L'Eglise triomphera en
1874 ou 1875. D'où vient cette indication d'années?... Vous voyez, Monsieur,
qu'on peut parfaitement se *fourvoyer* en interprétant avant l'accomplissement
ce que Dieu révèle en figure... Croyez-moi, ne publiez rien sans remonter à
la source... »

M. Collin : « Nous avions recouru d'abord à l'auteur. Or, comme il n'a
répondu à nos demandes que par un laconisme déconcertant, nous avons dû
croire qu'il ne voulait rien nous transmettre par écrit. Qu'on en juge par le
texte de sa réponse, en date du 6 mai 1870, et que voici : « Monsieur, il faut
« vous décider à faire le pélerinage de Malétable ; vous serez loin de le regret-
« ter. Agréez, etc. » Or, on n'est pas toujours prêt à se mettre en voyage.
Nous sommes donc remonté à la source, mais comme elle *n'a rien sourcé,*
nous demandons humblement à qui la faute... Il est réellement impossible
de saisir ou de retenir exactement un langage prophético-mystérieux, chargé
de figures énigmatiques, souvent *inintelligibles pour le prophète* comme
pour les personnes qui écoutent son récit. Il n'est donc pas hors de propos
d'émettre un vœu, à savoir que M. Migorel se fasse une loi stricte de ne donner aucune version orale de ses prophéties relatives à l'avenir. Voilà, nous
semble-t-il, le seul moyen capable de couper court « à l'imprudence » des
hommes dont réellement le prophète porte la responsabilité *par suite de sa
propre imprudence.* »

Voilà le prophète bien payé de sa complaisance à tenir M. Collin « suspendu à ses lèvres durant des heures entières » ! Et pourquoi celui-ci *imprime-t-il une version orale d'une prophétie qu'il lui a été impossible de saisir ou de retenir ?*

M. MIGOREL : « Vous dites aussi, Monsieur, que-j'ai écrit une lettre dans laquelle j'annonce « qu'il faut se préparer au grand coup et avoir quitté Paris le 16 juillet, sinon... » Je vous prie de bien vouloir me faire connaître à qui j'ai écrit une lettre en ces termes, car je n'en ai aucun souvenir. J'ai toujours conseillé aux fidèles de quitter cette ville sur laquelle pèse la colère de Dieu. Quelqu'un me dit qu'il est forcé d'y séjourner jusqu'au 15 juillet à cause de ses affaires. Je réponds de n'y pas rester plus tard... Vous dites que *je me suis déjà fourvoyé plus d'une fois dans la fixation des dates. Si je me trompe, c'est quand je veux expliquer, avant leur réalisation, des faits qui ne m'ont été révélés qu'en figure. C'est ce qui arrive à tous les interprètes de prophéties. Pendant dix ans mes explications ont été hasardées...* La menace des châtiments est conditionnelle : vous l'admettez. Donc un malheur peut être annoncé, même à jour fixe, et ne pas arriver... »

M. COLLIN : « Cette parole de M. Migorel : « *Il faut avoir quitté Paris le 16 juillet, sinon...* » nous agaçait, et d'autant plus facilement que, le 12 août 1870, un autre père Lazariste nous avait déjà écrit ceci : « Le curé-prophète « ne doit être chassé de Malétable que dans le mois de mai prochain. J'espère « que cela ratera comme le reste. » C'est donc sous l'empire d'une prévention que nous croyions fort légitime que nous avons formulé notre critique sévère contre M. Migorel « rétractant ses premières hardiesses téméraires. »

M. MIGOREL : « Ce que vous dites à mon sujet empêche de croire à mes révélations et détruit le pèlerinage de Malétable... La droiture de votre conscience vous dira ce que vous avez à faire pour réparer le mal. »

M. COLLIN : « Oui, nous attaquions le prophète et non pas l'interprète, car à nos yeux M. le curé de Malétable n'a pas suffisamment fait ressortir qu'il s'agissait de ses interprétations et non de ses révélations. Il y a confusion dans son langage, tout beau qu'il est. Et tout d'abord nous n'avons vu qu'un prophète fourvoyé qui faisait humblement son *meâ culpâ.* Nous le croyions un pseudo-prophète, et nous tenions à mettre le public en garde contre lui. Au reste, nous comptons savoir un jour toute la vérité par un *moyen surnaturel* (M. Collin souligne lui-même. Quel est ce moyen : le somnambulisme, le magnétisme, les tables tournantes ? On serait curieux de le savoir).

« Si nos commentaires prophétiques sont faux, nous ne nous en préoccupons point. Nous avons dit et répété haut et plus que nous ne faisons que des *essais* imparfaits, défectueux, susceptibles probablement de beaucoup d'améliorations. Et si quelqu'un en rougit, ce n'est pas nous, nous rougirions plutôt s'il arrivait que nous eussions deviné juste (aimable pudeur et bien placée !).

« Si c'est pour nous un devoir de conscience de réparer le mal que nous avons pu faire involontairement à la réputation de M. Migorel et au pèlerinage de Notre-Dame de La Salette de Malétable, nous ne voyons pas d'autre moyen efficace d'y apporter remède qu'en publiant cet opuscule. Si quelqu'un de Malétable, voire même son vénéré curé, nous accorde son concours en acceptant un dépôt de cet opuscule, les pèlerins pourront travailler, par reconnaissance ou par dévouement, à *la diffusion de la lumière.* »

Et voilà le *Flambeau prophétique de Malétable !* Est-ce bêtise ou impertinence? Les deux à la fois. Après cela M. Collin, sans allumer mieux sa lanterne, y place d'autres verres : *Le curé d'Ars,*

Palma la stigmatisée d'Oria, la stigmatisée de Pau, les apparitions de Neubois. Puis de nouveau, M. *le curé de Malétable, le curé d'Ars* et enfin la *prophétie inédite de Darney,* un *avis important* et un *Eclaircissement.* Nous ne chercherons à voir que la principale figure et les deux derniers verres :

« *M. le curé de Malétable* : L'édifiant auteur de la 5ᵉ édition des *Voix prophétiques* (l'abbé Curicque) mentionne qu'une lettre à lui adressée de Blois, en date du 8 septembre 1872, contient le passage suivant :

« Un prêtre de mes amis et qui n'est nullement enthousiaste, a été voir M. le curé de Malétable, il y a environ six semaines, et il a entendu ces paroles sortir de sa bouche : « Les « grands troubles commenceront à la fin de 1872 et ils finiront à l'automne de 1873... »

« Pas de chance, l'ami Blésois !

« *Avis important* : « Des religieux Belges et Italiens, mal informés, *osent* porter un jugement défavorable sur David Lazzaretti, le voyant d'Arcidosso, *dont nous avons publié les prophéties... Nous restons neutre : nous attendons que l'Eglise parle* (en tête du *Flambeau prophétique,* on lit cette annonce : « LE PROPHÈTE LAZZARETTI, sa mission et ses prophéties. *Cet opuscule est dédié au Roi de France et mérite la plus sérieuse attention* »).

«*Eclaircissement:* « La brochure *Louis XVII,* par M. Maxime Durand, citée plus haut, p. 50, n'est qu'une imposture, un tissu de fables mensongères lancées audacieusement dans le but de salir la légitime et sainte cause de Henri V. Pressé que nous étions de publier le *Flambeau,* nous n'avions pas d'abord pris le temps de recourir au livre de M. Suvigny où nous voyons dûment constaté que le nommé Naündorff, c'est-à-dire le misérable aventurier chanté par M. Durant comme étant Louis XVII, n'était en réalité qu'un juif polonais (à la page 50, Collin avait dit en partant de ce Naündorff : « Salut au droit ! ») »

Après la lecture du *Flambeau prophétique* et des *Prophéties modernes vengées,* convaincu qu'un même sentiment inspirent *nos interprètes de prophéties,* soit qu'ils baffouent Mgr Dupanloup et M. L. Veuillot, soit qu'ils les traitent d' « illustre » et d' « éminent », je répète avec force ces paroles de Jésus (et que n'ai-je comme lui un fouet !) : « Ma maison est une maison de prière, et vous en avez fait une caverne de voleurs ! »

Dans les jours qui ont précédé les protestations de l'évêque d'Orléans et du rédacteur en chef de l'*Univers,* pour les auteurs les plus sérieux comme pour les auteurs les plus ridicules, tout devenait prophétie, excepté la prophétie elle-même.

L'auteur des *Etudes philosophiques sur le Christianisme* (20 éditions), l'auteur de tant d'autres écrits philosophiques, M. Auguste Nicolas, en était arrivé, en 1873, à établir son ouvrage volumineux : *La Révolution et l'ordre chrétien,* sur un *prophète inconnu :*

« UN VOYANT : « Les sages prédirent les malheurs de l'Angleterre, dit Bos-
» suet, mais les sages sont-ils crus en ces temps d'emportements, et ne se
» rit-on pas de leurs prophéties (Bossuet était l'antipode de Fénelon. Quand
» celui-ci se moquait des prophéties de Nostradamus, celui-là ne faisait-il pas
allusion à ces mots : « Sénat de Londres mettront à mort leur Roy » ?).

« Ce caractère d'écrivains oracles n'a paru en France que depuis la Révolution. Avant on ne connaissait rien de pareil... On se sent saisi à leur égard de ce religieux respect dont l'antiquité entourait ceux qui étaient réputés lire les destins dans les entrailles des victimes... J'évoque ici un des voyants les plus obscurs qui, dépourvu du prestige du talent, mais l'œil fixé à la lumière a, *plus que tout autre, et à un degré de clairvoyance étonnant, prévu, prédit, prophétisé nos malheurs plus de quarante ans à l'avance, avec je ne sais quoi de fatidique et de voué à une mission*... Ce *prophète inconnu,* M. de la Gervaisais, semait ses avertissements en une multitude de petits écrits dont la réunion ne formerait pas moins de 25 volumes in-8°. *Il ne se donnait pas pour prophète*... Voici comment, dès 1833, il prévoyait la chute du gouvernement de juillet, la république de 1848, et l'avènement d'un Napoléon. Je dis *dès 1833* ; je prie de remarquer cette date :

« *Les hommes du jour* auront le sort des *hommes du temps* (« le vieux » sang des siècles »). Des gens viendront pour qui ce sera juste aussi de » détruire ce trône érigé d'hier... un souffle suffira, quand naguère il a fallu » la foudre... *seulement l'époque, le mode restent inconnus... Un coup* » *d'épaule le pousse à bas ; et à peine quelque bruit suit sa chute... Sera-ce* » *demain ? après-demain ?* Il n'y a de doute qu'entre ces deux termes. La » République apparaîtra soudain... Étant donné un Napoléon, si frêle et si » exigu qu'il soit, telle est la soif du repos, la rage du calme, que, de toutes » parts, il y aura presse à tenir l'étrier et même à servir d'étrier à qui semble- » rait de taille et de tournure à enfourcher le destrier absolutiste. »

« Ne dirait-on pas d'une *seconde vue ?* »

La bonne foi de M. Auguste Nicolas est entière. Il cite quatre écrits différents dans lesquels il a pris à l'un une phrase, à l'autre deux pour agencer la prophétie qui précède. Il ne nous cache pas que cela est extrait d' « une multitude de petits écrits dont la réunion ne formerait pas moins de vingt-cinq volumes in-8°. » S'il avait remarqué que l'auteur cite pour la chute de Louis-Philippe la prophétie d'Orval où il est dit de Louis-Philippe :

« *Le coq effacera la fleur blanche, et un grand s'appelle le roi du peuple. La couronne sera posée par mains d'ouvriers... Le roi du peuple n'était pas bien assis, et voilà que Dieu le jette bas* (ce roi avait chassé « *le vieux sang des siècles* ») »,

Il aurait soupçonné que son « voyant » n'avait rien vu par lui-même, et qu'en parlant d'*un Napoléon si frêle, si exigu*, il voulait simplement dire que le premier individu venu qui s'offrirait pour arrêter la révolution comme avait fait *Napoléon I*er, serait accepté de tous avec empressement, lors même qu'il serait loin d'offrir les garanties de talent et de fermeté de Napoléon.

Qu'on lise dans l'*Almanach prophétique de 1852* la notice sur ce « *prophète inconnu* » et les extraits de ses ouvrages, et l'on s'expliquera ces mots de l'auteur de la notice: « Les œuvres de la Gervaisais sont à jamais oubliées ». M. Auguste Nicolas n'y a songé que parce qu'il s'est trouvé atteint de la maladie du jour: trouver un prophète ou interpréter des prophéties.

M. Amédée Nicolas, avocat (j'ignore s'il est parent de M. Aug.

Nicolas), publia dans les premiers jours de cette année (1874) :
HIER ET DEMAIN :

« SOMMAIRE : ... V. Les versets 1 et 2 du chapitre XI de l'Apocalypse marquent la fin de l'état actuel de l'Eglise et de la France. — VI. Les supputations de la prédiction d'Orval concordent avec l'Apocalypse pour marquer l'époque de cette fin. — VII. *Il en est de même dès révélations* de Marie-Lataste » (?)

Quand NOS INTERPRÈTES DE PROPHÉTIES s'étudiaient à qui mieux mieux à se faire un nom et à battre monnaie avec l'article *prophétie*, je continuais un travail ininterrompu depuis seize ans sans dépenser cinq centimes en réclames ou en annonces. Je ne lançais pas même mes prospectus ; j'ai encore le plus grand nombre des exemplaires du premier de 1860 et du second de 1870. On lit dans celui que je viens de publier et que je garde encore pour la plus grande partie :

EXTRAIT DU PROSPECTUS DE 1860 : Monsieur, il y a deux ans, un magistrat m'a dicté ces mots dans une lettre à l'Empereur, au sujet de mes manuscrits ou de *L'Histoire prédite et jugée par Nostradamus* : « Sire, c'est un événement. » On a dit de ces mêmes manuscrits : « C'est un travail de bénédictin. » Un prince de l'Eglise, après vingt minutes d'un premier entretien, m'a dit : « M. l'abbé, je suis plus convaincu que vous ne paraissez l'être. » Plusieurs journalistes sérieux de Paris et de province ont dit qu'après avoir suivi l'explication d'une prophétie aussi claire, aussi circonstanciée, embrassant toute l'histoire accomplie et les événements du jour, une seule chose étonne, c'est que son interprétation n'ait pas été connue plustôt.

Ce livre a fait, sans réclame et sans prospectus, le chemin que j'en attendais ; il a été lu et compris.

La morale de l'œuvre prophétique éclate de toutes parts ; puissiez-vous y voir, Monsieur, un miracle de la Bonté infinie. Je serais heureux si, oubliant le Prophète et son traducteur, tout homme, en lisant mon livre, se sent porter à croire en Celui qui a révélé cette prophétie, à espérer en lui et à l'aimer.

EXTRAIT DU PROSPECTUS DE 1870 et de sa SECONDE MOITIÉ, du 12 mai 1874 :

(IX. I.)	(II. 35.)
Dans la maison du traducteur de Bours	Du grand prophète les lettres seront prinses,
Seront les lettres trouvées sur la table.	Entre les mains du tyran devien-lront :
Borgne, roux, blanc, chenu tiendra de cours,	Frauder son Roy seront ses entreprinses,
Qui changera au nouveau connestable.	Mais ses rapines bien tost le troubleront.

(II. 27).

Du reserant (QUI EXPLIQUE, W.) le secret estoupé.

(Présage XI)

Denys mouille [ÉCRIT], ne taire, n'a sceu secret et à quoi tu t'amuses ?

(IV. 30).

Après faim, peste découvert le secret.

(IX. 81)

Viendra Lemprin [LAMPROS, éclat, lumière] du traducteur saillir.

MONSIEUR, le moment n'est pas encore venu de répandre de toutes parts et par toutes les voies de la publicité le travail d'interprétation que j'ai commencé au mois d'avril 1858 (« Quand la Corneille sur tour de bricque joincte, Durant sept heures ne fera que crier, Mort présagée de sang statuë taincte, Tyran meurtry, aux Dieux peuple prier, IV, 55 »). Dieu a révélé la prophétie quand il a voulu ; il en a donné l'interprétation à son heure ; il la fera arriver à la connaissance de tous au moment qu'il a fixé. Je veux ce qu'il veut. Je me tairais si son Prophète ne m'avait dit de mettre, en ce moment même dans une certaine mesure, les « lettres cachées au cierge (VI, 35) » c'est-à-dire en lumière. Ce n'est donc qu'un cri que je viens encore jeter à travers le monde.

Je complète, aujourd'hui 12 mai 1874, le prospectus dont la moitié a été imprimée le 18 novembre 1870, et que j'avais gardée devers moi.

Après avoir « tenu de court *la truduction* » de la prophétie, je « change au connestable *d'un genre* nouveau », ainsi que je l'avais annoncé en 1860, en parlant expressément de Mac-Mahon.

Après Sedan, j'ai poussé un cri, et à la mort de Napoléon III je me suis repris à crier en publiant sans cesse « lettre *sur* lettre ».

« Corneille sur tour de bricque joincte *qui* Durant sept heures (longtemps) ne fera que crier... Voye ouye de l'insolit oyseau, Sur le canon du respiral estage (II. 75) », je parle, et « Du reserant le secret *n'est plus* estoufé, le Lemprin du traducteur *vient* saillir. »

Nostradamus prophétisait « par voye des sacrées escriptures » ; il cite ici les paroles de Jésus *(S. Math.* x. 26) : « Il n'y a rien de caché qui ne doive être découvert, ni rien de secret qni ne doive être connu. Ce que je vous dis dans les ténèbres, dites-le à la lumière, et ce que je vous dis à l'oreille, prêchez-le sur le haut des maisons. » En Judée, on allait *respirer* sur le toit. Un oiseau dont la voix n'avait pas été entendue encore du plus grand nombre se tient perché sur le tuyau d'une cheminée, la « tour de bricque joincte ». Il crie et tous l'entendent. Je viens de me faire entendre à Paris aux plus grands des divers partis politiques, aux journalistes des diverses opinions, à ceux de l'Eglise qui, enseignant et consacrant les prêtres, leur disent: *Docte omnes gentes.* C'est durant ce séjour à Paris que l'*Ordre légitime* du 19 avril a rappelé à Mgr Dupanloup (1) dans le long article FAIRE LA LEÇON AUX PROPHÈTES ces paroles de S. Pierre (III. Epître) : « La prophétie est un flambeau qui nous sert de guide dans un lieu obscur, jusqu'à ce que le jour venant à luire dissipe entièrement les ténèbres. »

A l'heure où je prononçais le nom de Nostradamus devant Mgr Dupanloup et où je lui offrais la lettre que le général de Cathelineau venait de m'adresser (le 4 mai) au sujet de ma lettre de rectification sur la mort de l'empereur et de ma brochure *le Roy blanc et la Fus'on* ou *Présent et Avenir par Nostradamus*, son journal le *Français* (du 9 mai) reproduisait un article du *Courrier de Bruxelles* on ne peut plus conforme à ma brochure et à la lettre du géuéral :

« Cet honorable visiteur a eu plusieurs entrevues avec le comte de Chambord. Le prince est convaincu de son retour, quoique la chose lui paraisse humainement impossible. Il parle avec une confiance absolue du rétablissement de la royauté, sans dissimuler qu'il n'attend rien des hommes, ni de l'Assemblée, ni même do ses meilleurs amis. L'accent du prince est convaincu, on le dirait inspiré d'en haut, tant il croit à sa mission... Au premier trouble, le prince accourrait, prêt à prendre le pouvoir en main pour sauver le pays de l'anarchie et le faire rentrer dans l'ordre. Cette confiance du chef de la Maison de Bourbon, confiance uniquement inspirée par des vues providentielles,

---

(1) Le JOURNAL DE FLORENCE a fait observer à Mgr Dupanloup que le 21 janvier, dans ses colonnes, j'avais sapé par la base la brochure AU 17 FÉVRIER LE GRAND AVÈNEMENT !! dout ce prélat avait également donné le titre.

Le rédacteur en chef de ce journal avait publié, le 10 décembre : « Ce n'est pas à la légère que nous avons donné l'hospitalité dans le JOURNAL DE FLORENCE aux travaux de M. Torné ; c'est après nous être assurés par la lecture des publications de M. Torné sur Nostradamus qu'il avait rencontré juste mainte et mainte fois, en appliquant à des faits en dehors de toute prévision humaine des passages écrits des siècles à l'avance.... Je suis un chrétien qui ne méprise pas les prophéties et qui s'en trouve bien. »

est bien faite pour nous rendre courage, même quand il n'y a plus que des motifs de désespérer.
(1) »

Du moment que le prince accepte l'envoi que je lui fais de ma traduction prophétique et que ses meilleurs amis m'encouragent à *crier sur les toits ce que Dieu m'a dit à l'oreille*, comment les journaux qui défendent sa cause refuseraient-ils plus longtemps d'inviter leurs lecteurs à crier avec le prophète et moi : « Ce qui est prévu, Dieu le veut : Le vieux sang des siècles terminera eucore de longues divisions ». Donc, que ceux qui croient à Nostradamus-Orval répandent de toutes parts et par tous les moyens la bonne nouvelle !

Voilà plus de deux mois que j'ai fait cette invitation, et je n'ai pas envoyé encore et je n'enverrai pas ce prospectus aux journaux qu'on m'avait indiqués. Je puis redire comme dans LE ROY BLANC ET LA FUSION : « Le doigt de Dieu est visible dans ce qui m'encourage ou me retient au sujet de la traduction prophétique (p. 48) ».

Parmi les visites que nous avons faites ensemble à Paris, il en est une dont vous vous souviendrez toujours. J'avais publié, le 6 mars 1872, dans HENRI V A ANVERS, ce passage d'une lettre du marquis Richard d'Ivry (7 septembre 1871) :

« J'ai passé dernièrement la journée avec Madame la Maréchale de Mac-Mahon qui connaît les *Lettres du grand prophète*. Je l'ai priée et suppliée de ne pas laisser le maréchal s'attarder par trop quand il fera : « A Nismes trop séjour ».

Après vous avoir dit que le Maréchal accomplissait présentement ce passage de la prophétie et cet autre : « Voudra poursuivre sa fortune prospère » et qu'il était bon de « prier et supplier la maréchale de ne pas laisser *le prince Anglois* s'attarder davantage, j'ai adressé devant vous cette question à une personne de la maison de M. le comte de Blacas : Un des chevau-légers demeure-t-il par ici ? Elle m'indiqua le domicile de M. de la Bouillerie, qui nous reçut, m'entendit longtemps et voulut bien me promettre de remettre lui-même à la Maréchale un exemplaire de la *Nouvelle lettre du grand Prophète* : LE ROY BLANC ET LA FUSION, où se trouve l'interprétation de tant de quatrains et présages que le « prince anglois, chef anglois » vient d'accomplir où dont il poursuit l'accomplissement. Quelques jours après, M. de la Bouillerie s'efforçait de conjurer la chute de M. de Broglie, que je lui avais annoncée pour le mois de mai :

(1) Comte de Charpin Feugerolles. — « Je lis avec le plus grand intérêt vos publications sur les prophéties de Nostradamus et je suis au nombre des croyants... J'ai l'honneur de connaître celui que le prophète nomme « Chyren Selin (Henric, duc de Bordeaux) » ; il y croit et se tient prêt à accomplir sa mission qui doit être si grande. »

L'abbé H. Rigaux. — « J'ai reçu la visite d'un monsieur dont la sœur est dame d'honneur de la comtesse de Chambord. Il m'a dit qu'à Frohsdorff on s'occupait beaucoup de vos ouvrages et qu'on y croyait. »

Baron Paul d'Allemagne. — « J'ai vu à Lucerne le roi. Il a une assurance prophétique qui déconcerte ses adversaires. Il m'a dit qu'il monterait au trône, mais après une crise terrible et les armes à la main. Cela se trouve d'accord avec vos PORTRAITS PROPHÉTIQUES.

L'*Union* (19 mai) : « MERCREDI. M. Ernoul rend compte de son entrevue avec
M. de Broglie ; il ajoute que la réunion Colbert vient de tenir séance et que
la priorité de la loi municipale n'a obtenu que 2 voix. M. de la Bouillerie
répond que la réunion des chevaux-légers vient de maintenir, au contraire, la
priorité de la loi municipale. — JEUDI. M. le duc de Broglie invite les délégués
des bureaux de la droite à venir conférer avec lui à Versailles. M. de la Bouil-
rie déclare que ses amis n'ont point le désir de renverser le ministère, et
il en donne à M. de Broglie une preuve irrécusable en le sollicitant de ne
point poser la question de cabinet. Il ajoute que les députés royalistes, *déci-
dés à ne point se laisser entraîner sur le terrain constitutionnel*, demandent
simplement à l'heure présente, que l'Assemblée reste maîtresse de fixer elle-
même son ordre du jour... L'obstination aveugle de M. le duc de Broglie et
l'attitude tout à la fois ferme et conciliante des députés royalistes prouvent
jusqu'à l'évidence : 1º Que le vice-président du conseil entendait faire de la
loi électorale le point de départ de son entreprise constitutionnelle ; 2º que
les royalistes ont fait tous leurs efforts pour éviter la crise. »

Voici le présage que j'avais interprété devant M. de la Bouillerie,
et que les événements ont justifié :

XXXIX. *May*.
Par le despit nopces, epithalame,
Par les trois parts Rouges, Razez partis.
Au jeune noir remis par flamme l'âme.
Au grand Neptune Ogmius convertis.

Au sujet des noces faites en *Novembre* par le dépit des trois partis de
l'Assemblée, uoces qu'il faut consommer *(Epithalame,* de *epi,* sur ; *thalamè,*
lit, *thalamos,* mariage), les rouges et les cléricaux étant en vacances, au
jeune souverain sera remis par peur des flammes la vie politique, le peuple
français en République se retournant par le suffrage universel du côté de
l'Angleterre.

L'expression « par le despit » *adapte* ce présage à un autre
pour *Décembre* qui termine le récit accompli de la Fusion, mois
pour mois, en *Aoust, Septembre, Octobre, Novembre* 1873. L'expression « par les trois parts » l'*adapte* à un autre récit aussi pour
Décembre qui termine également un 1er récit accompli de la
Fusion, mois pour mois en *Juillet, Aoust, Septembre, Octobre, Novembre* 1873. On lit dans celui-ci : «... captiver Mars... par trois
parts » pour Napoléon IV dans « *l'isle de la captivité* » quand
trois partis se disputent le pouvoir. Les 2 récits parlent des
« nopces » dont il est question ici ; et voici ce que vous lisez dans
LE ROY BLANC ET LA FUSION, déposé le 25 mars :

(p. 71) « Ici l'expression « par despit » renvoie à des récits accomplis de
Napoléon 1er, parce que l'opinion publique se reporte au fondateur de la
dynastie à laquelle appartient Napoléon IV. (p. 28) « *Novembre* : Propos
tenuz nopces recommencées ». Proroger les pouvoirs c'était *recommencer la
noce.* (p. 99) La fiancée reste voilée pour Mac-Mahon jusqu'à la discussion des
lois constitutionnelles. Au duc par Excellence (M. de Broglie) qui s'oppose au
mariage légitime, en arrachant la fiancée encore sous le voile, qu'il faut
voir découverte parce que le temps des noces est venu, les représentants
des villes ne faisant qu'un (les républicains), les représentants du drapeau
blanc et ceux pour qui le festin des noces sera préparé (les impérialistes)
jetteront dans l'étang et les ténèbres le Duc pris dans leur vote ».

Note.— Bien qu'il y ait « trois parts » dans « l'Assemblée de Castel Franço », il n'y a vraiment en lutte que *deux partis de combat* : la révolution et le droit divin : « La loy de Sol et Vénus contendans ». La révolution fait ses lois sans tenir compte de celles de l'Eglise et en vue de satisfaire les passions du corps. Le droit divin, au contraire, veut que la loi du soleil de justice gouverne à la fois l'âme et le corps. Dans Nostradamus, les révolutionnaires sont « les rouges » et les légitimistes « les blancs ». Ceux-ci, en présence des « Rouges », sont ici les « Razez » parce que « les Rouges » les traitent de *cléricaux voulant la politique de Lourdes (sic)*. Napoléon IV étant 3 fois « le jeune prince » est ici « le jeune noir (*Lettres du grand prophète,* p. 81 : « Noir » est 17 fois pour *roi* par anagramme) ». Il a perdu la vie politique à Bordeaux : « Au port Selyn le tyran mis à mort, Le Nouveau Mars... » Dans toutes mes publications « le grand Neptune » des quatrains (607, 609) est l'Angleterre, et « l'Ogmion (521, 528) » est le peuple français en République. Depuis le 20 *novembre* on s'est repris à frapper des monnaies à l'effigie de l'Ogmion ou Hercule gaulois. Les « Razez » au mois de *juillet* devaient léser le gouverneur (p. 84) ». Nous verrons en *Septembre* « Les Razez (ou « chevaux légers ») privés de leurs harnois ».

L'Union, 28 mai : « Quand l'Assemblée nationale, à Bordeaux, a voté le fameux décret, trois ou quatre députés corses se sont seuls levés contre un acte d'entraînement national et vengeur. *Ce qui était considéré comme mort, semble vouloir revivre. La renaissance du bonapartisme* n'est qu'une forme de la lassitude du provisoire et du *dégoût de la République.*

« M. DE BOURGOING à ses électeurs : « Vous avez hautement affirmé votre at- » tachement à la cause de l'appel au peuple, inséparable de celle de l'Em- » pire. » On lit dans la *Presse :* Les quelques députés qui fréquentent les couloirs de l'Assemblée en dépit des *vacances* parlementaires, s'entretiennent de l'élection de M. de Bourgoing... »

L'Union, 29 mai : « Le *Journal de Paris* tient à nous prouver que la poli- tique de fusion monarchique était un leurre. Il dit : « Ceux qui ont fait l'élec- » tion de M. de Bourgoing sont ceux-là mêmes qui avaient fait déjà l'élection » de M. Sens dans le Pas-de-Calais, et qui ont failli faire celle du général » Bertrand dans la Gironde. Les grands électeurs du parti bonapartiste sont » — faut-il le dire ? — M. Thiers et M. le comte de Chambord...

» Supposez un malheureux surpris dans sa demeure *par l'incendie.* Il » s'élance vers une porte pour fuir *les flammes* qui le menacent, mais il la » trouve fermée cette porte, et c'est en vain qu'il l'ébranle sous ses coups. Il » court vers la porte voisine, mais il la trouve encore fermée ; alors, pris de » désespoir, il s'élance par la fenêtre. Mais cela ne signifie pas qu'il ait préféré » sortir par la fenêtre. Cela prouve tout simplement qu'il n'a pas pu trouver » d'autre issue.

» Sans le pacte de Bordeaux et la lettre du 27 octobre, M. Sens n'aurait pas » été élu dans le Pas-de-Calais et M. de Bourgoing dans la Nièvre. »

C'est à l'orléanisme seul que le prophète attribue le changement qui se produit dans les esprits. La fusion a été, dit-il, une « nou- velle tromperie », et, « les bons finement affoyblis par accord Mars et *ses Députés* unis n'arresteront ». Les *bons* pouvaient proclamer Henri V à Bordeaux ; ils ont tenté l'accord avec les orléanistes, puis avec de prétendus conservateurs impérialistes. Le peuple a vu là des causes de révolutions prochaines et il a essayé de la République. Les élections prédites du mois d'*Octobre* l'ont épou- vanté. Aux élections radicales succéderont des élections bonapar- tistes : « Le peuple univers (du suffrage universel) *veut* celle servitude bénigne et volontaire soy remettant à la protection de Mars ».

Mme la Maréchale de Mac-Mahon et M. de la Bouillerie ont dû relire bien des fois ces deux quatrains :

(VI. III. IV.)

Un prince Anglois, Mars à son cœur de ciel,
Voudra poursuivre sa fortune prospère,
Des deux duelles l'un percera le fiel,
Hay de luy, bien aymé de sa mère.　　　III. 16

(VI. V. III. IV. XIV.)

Au chef Anglois à Nismes trop séjour,
Devers l'Espagne au secours Œnobarbe.
Plusieurs mourront par Mars ouvert ce jour
Quand en Artois saillir estoile en barbe.　　V. 59.

Quand j'eus prouvé à M. de la Bouillerie, en lui montrant ces quatrains dans mes publications, que je les avais inteprétés de tout temps de Mac-Mahon (VI), Napoléon (III), Napoléon (IV), Henri (V), la France en République (XIV), je dis : Mac-Mahon, d'origine anglaise, a reçu le principat (A), Napoléon III étant dans la position indiquée par son testament : « Du haut du ciel... mon cœur est avec mon fils ». Il voudra poursuivre ses sept ans du pouvoir le plus grand qu'il ait encore reçu. Un duel entre les deux *partis de combat* l'a élevé, un second duel percera le fiel des coalisés et le renversera. Sa conduite aura été désapprouvée de Napoléon IV, désireux de monter au plus tôt au trône, et fort approuvée au contraire de l'Impératrice qui voit, grâce au maréchal, grandir tous les jours les chances de restauration de son fils (Un préfet du Loiret sous l'Empire m'a dit, quelques jours après, que l'interprétation du dernier vers rendait parfaitement les paroles que l'Impératrice venait d'exprimer).

J'ajoutai : Ce chef anglais séjourne trop dans un état de choses dont l'historique de Nîmes donne l'idée. Nostradamus prend *la partie pour le tout*. Nîmes fut une colonie de soldats romains qui soumirent l'Egypte. Elle a dans ses armes *un crocrodile enchaîné*

(A) On venait de m'écrire : « MIÉLAN, le 25 avril 1874 : Vos interprétations de « Prince, Roy et Roy Bretaine » concernant Mac-Mahon et son pouvoir actuel sont on ne peut plus justes. Quel dommage que vous n'ayez pas eu sous les yeux un ouvrage du duc de Broglie père imprimé en 1861, saisi par ordre du gouvernement d'alors et réimprimé depuis le 4 septembre 1870 par les soins du fils !

» Dans ce livre intitulé « Vues sur le Gouvernement de la France » on lit au chapitre VI : » DU PRINCE : On donne ce nom dans la langue du droit public au pouvoir exécutif quel qu'il » soit, au pouvoir exécutif quelle qu'en soit la nature ou la durée, qu'il soit unique ou multiple, » électif ou héréditaire. Nous l'employons ici afin de garder, coûte que coûte, la neutralité entre » les chances diverses que l'avenir réserve à notre pays. »

« La Gironde du 24 avril 1874 donne l'analyse de ce chapitre où M. de Broglie père avait tracé et fixé d'avance le pouvoir tel qu'il a été remis le 24 mai et surtout le 20 novembre 1873 au Maréchal Mac-Mahon. Puis le journal ajoute : « Quel nom donnera-t-on à ce ROI PROVISOIRE ? » Le feu duc va nous le dire : Quant au nom celui de Dictateur étant justement décrié, celui de » Consul emprunté au temps où la République s'affublait des dénominations romaines, et rappe- » lant d'ailleurs un souvenir de gouvernement absolu, de dictature militaire, celui de PRÉSIDENT » paraîtrait préférable si, toutefois, on ne trouvait pas que le nom de Régent exprimerait plus » exactement l'exercice DU POUVOIR ROYAL durant un temps limité ».

« Voilà ce pouvoir défini, tracé et nommé en 1861 par M. de Broglie père et créé et dirigé par le fils « duc fertile à Roy Bretaine » ! et qui plus est, annoncé et nommé par Nostradamus en 1555 ! »

à un palmier et ces mots : COL. NEM, ce qui exprime, dit *Moréri*, qu'avant Auguste personne n'avait soumis l'Egypte. Mac-Mahon a reçu le pouvoir pour enchaîner la Révolution. Il a lié le monstre, mais il ne doit pas dire que « *l'Assemblée est enchaînée* », et s'opposer au retour de « *l'Œnobarbe* » :

Henri V : « [*Salzbourg*] Je suis le pilote nécessaire, le seul capable de conduire le navire au port, parce que j'ai mission et autorité pour cela... »

Il me demanda ce qui aurait lieu à la rentrée de l'Assemblée. Je lui répondis : M. de Broglie parlera d'unir Mac-Mahon à la France par des lois constitutionnelles ; les radicaux, les impérialistes et les défenseurs du drapeau blanc renverseront ce « chalmé duc ». Je lui fis remarquer que j'avais traduit cette expression, empruntée au grec (*Calimos*, superlatif de *calos*, excellent), par l'*Excellentissime duc, le duc par Excellence,* et que depuis l'envoi à plusieurs du *Roy blanc et la Fusion* où on lit cette interprétation, M. de Broglie avait ressuscité pour lui le titre d'*Excellence,* qu'aucun ministre n'avait porté depuis le 4 septembre 1870.

L'arrivée de la comète « en Artois » doit bien ajouter à l'étonnement de M. de la Bouillerie et de la Maréchale. Je vous enverrais pour l'un et l'autre 2 exemplaires de *Nostradamus éclairci.* D'après une lettre d'un instituteur, *le Roy blanc et la Fusion* aurait déjà éclairci suffisamment la question :

Orcet, le 16 juillet 1874 : Monsieur le Curé, Enfin cette comète tant annoncée V. 59, VI. 6, II. 43 est visible à la place annoncée... Les nos 102, 559, 727, 826, 829-831, 855 et 914 sont près de recevoir leur accomplissement ; le présage 52 pour le mois de *juillet* confirme bien aussi la venue de la comète, laquelle doit « léser le Gouverneur ».

Cet instituteur s'est reporté à tous les passages que j'avais signalés dès 1862 comme étant sur cette comète, d'après le grand secret d'interprétation. Le prophète a donc eu raison de dire que la découverte de ce secret rendra « le cas plus esclaircy ». L'étude de ces 3 quatrains, tels qu'on les voit dans la *Réédition* de 1862, ne laisse aucun doute à ce sujet :

(*Voir* 664, 669)

La grande bande et secte crucigère,
Se dressera en Mésopotamie :
Du proche fleuve compagnie légère,
Que telle loy tiendra pour ennemie. III, 61

(*Voir* 617)

Proche del duero par mer Tyrrhene close,
Viendra percer les grands monts Pyrénées :
La main plus courte et sa percée glose,
A Carcasonne conduira les menées. III, 62

(I, IX, III)

Romain pouvoir sera du tout à bas,
Son grand voisin imiter les vestiges,
Occultes haines civiles et débats,
Retarderont aux bouffons leurs folies.   III, 63

Je renvoyais donc, en 1862, pour les deux premiers quatrains à d'autres sur
le temps présent, et dès lors on aurait pu interpréter ainsi le troisième : « La
révolution italienne (I) renversant Pie (IX) pour imiter le grand peuple français renversant Napoléon (III), les divisions entre les partis *révolutionnaires*
retarderont les folies des plus bouffons d'entre eux. Dans le même temps, les
bons chercheront en France et en Espagne à restaurer le trône pour restaurer
l'autel, ainsi qu'il est dit dans les deux quatrains précédents.

Dans le premier l'armée du Sacré-Cœur surmonté d'une croix poursuit
ses succès : « Combat sera si aigre, Mésopotamie (« Babyloune ») défaillira en France (664) ; le camp plus grand mis en fuite (669); *Paris étant as-
siégé par* « les chevaux-légers (765, 690), la loy œthinique (païenne) laschera
(759) ». Déjà Paris a fourni, dit-on, un « secours d'Œnobarbe *pour* l'Espagne ».
En *Novembre* 1870, « le grand du ciel soubs la Cape donna secours » à la
France par de Charette et ses zouaves.

Dans le second, « del duero proche » arrête l'invasion d'un *homme qui veut
régner* (en grec, *Tyranneine.* Napoléon Ier fut « le plus grand du Rhosne »).
Concha était marquis del duero. L'armée la moins nombreuse rentrera
décimée en France. L'Allemagne vient *clore la mer.* Il est dit : « les deux
grands frères seront chassés d'Espagne,.. Rougir mer sang d'Allemagne ».
J'avais dit, en 1870, dans les *Lettres du grand prophète* (p. 92) : « Quand
Nostradamus prend un nom pour sa signification et non pas seulement pour
le lieu, il dit : « Près de, non esloigné de, autour de, aux confins de, etc. » Je
reste donc dans sa manière quand je vois Concha dans « del duero », et que je
dis : « L'aisné vaincu sous les monts Pyrénées, passera les grands monts
Pyrénées, del duero *ayant été* proche ».

Depuis 16 ans, je ne suis revenu sur aucun de mes secrets
d'interprétation ; je n'ai demandé grâce pour l'interprétation d'un
seul des quatrains que je disais accomplis et j'ai toujours répété
que l'événement seul pouvait fixer le sens des quatrains dont
l'accomplissement était entrevu.

C'est mon travail qui a porté bien des gens à s'occuper de prophéties. M. Le Pelletier m'a copié ; un anonyme rééditait en
quelque sorte les *Lettres du grand prophète* à mesure qu'elles
paraissaient ; un autre publiait : *Nostradamus, la France et la fin
du monde;* d'autres ne se contentaient pas de s'inspirer de mes
vues sur l'avenir, comme l'abbé Margotti dans sa lettre à
l'Empereur. Ils résumaient mon travail et publiaient *La grande
découverte prophétique!...* Si je disais tout ce qui s'est fait à
ce sujet on répéterait avec moi que ce sont nos honnêtes
gens du jour qui attirent sur le monde la colère de Dieu. On
exhumait, on inventait des prophéties toujours dans un but mer-
cantile. M. Chabauty dit de sa *Concordance de toutes les prophéties (Prophéties vengées,* p. 31) ; « *Notre humble opuscule sûrement
n'a pas l'honneur d'être connu à Rome* ». Il s'adressait bien à
l'acheteur et non à l'Eglise, on le voit clairement.

Il y a quelques mois un notaire, M. Parisot, vendait plus de 30,000 exemplaires de sa brochure *Au 17 février le grand avénement !!* où il n'offre au lecteur qu'un calcul, et *ce calcul est quatre fois faux* ! Alléché par cette vente, M. l'abbé Raboisson publiait aussitôt *Les événements prochains d'après le livre de Daniel et l'Apocalypse*. Il n'est question dans cette brochure que d'un chapitre de Daniel et de quelques versets d'un chapitre de l'Apocalypse. C'est alors que Mgr Dupanloup protesta en ces termes :

« On applique intrépidement à l'époque présente les oracles de l'Ancien Testament et les mystérieuses révélations de l'Apocalypse. La spéculation misérable exploite ici, sous couleur de religion. la crédulité et la piété… Tout spéculateur, tout illuminé, tout rêveur, tout esprit faible et borné peut donc jeter en pâture à la piété des fidèles n'importe quel aliment ? »

M. Léon Plée, du *Siècle*, m'avait dit en 1860 ; « Vous avez là un million ! » Après 14 ans j'ai… des dettes et… la conviction de plus en plus entière de ce que j'exprimais ainsi en 1860 :

Prospectus : « L'œuvre de Nostradamus est un miracle de la Bonté infinie. Je serai heureux si, oubliant le Prophète et son Traducteur, tout homme en lisant mon livre se sent porté à croire en Celui qui a révélé cette prophétie (et qui en a donné la traduction), à espérer en lui et à l'aimer. »

Nos interprètes de prophéties disparaissent ou disparaîtront bientôt. M. Mounier *(Almanach pour 1873)* avait écrit à mon sujet : « Je suis en mesure d'en apprendre au maître quand je m'en mêle ». Il a publié depuis plusieurs ouvrages qui n'ont que trop justifié ce que je lui avais écrit : *Vous devez vous abstenir d'une œuvre que vous ne pouvez pas servir* ». On m'écrit de Nantes aujourd'hui : « M. Mounier vous admire ». Une fois encore : *Non nobis Domine, non nobis, sed nomini tuo da gloriam*. La foi donne des forces et transporte les montagnes ; mais j'étais loin d'avoir la foi en Nostradamus quand, malade, j'ai ouvert son livre. Dieu m'a donné aussitôt une santé de fer, et il a aplani les difficultés jugées insurmontables et comblé les profondeurs jugées infranchissables :

J'avais à envoyer à l'imprimeur la matière de la feuille 9 du deuxième volume de *l'Histoire prédite et jugée* où je cite ce quatrain :

Le pénultiesme du surnom de Prophète
Prendra Diane pour son jour et repos,
Loing vaguera par frénétique teste,
Et deslivrant un grand peuple d'impos.   II, 28.

Comme Nostradamus nous a dit qu'il a fait ses quatrains « par continuelles vigilations nocturnes », j'écrivais ces mots : Il travaillait à la clarté de la lune (« Diane »). Au même moment, mon dictionnaire, poussé par mégarde, tombe de dessus ma table. Il est ouvert, la couverture en l'air. Je le détourne et je lis : « *Dianœa (Dianoia)*, 1. entendement, intelligence ; 2. figure de pensée *(W.)* »

Le quatrain tout entier a un « sens perplexe, œnigmatique ». « Le pénultiesme du surnom de prophète » n'est pas *l'avant-dernier prophète*. Nostradamus n'a pu dire que de 1555 à la fin du monde il n'y aurait plus qu'un autre
prophète. Comment reconnaîtrait-on cela ? Il s'est dit pour le temps présent
« le grand prophète » (*pene*, presque, *ultimus*, le premier, le chef. *W.*) »,
presque le plus grand des prophètes. Il a conservé le « surnom de prophète »
bien que, pour avoir pris un style figuré afin de ne pas troubler le repos public, il soit demeuré incompris jusqu'à l'époque éloignée qu'il avait eue particulièrement en vue et où il doit délivrer le grand peuple français de ce que
la révolution lui a imposé.

J'interprétais de la bataille de Waterloo un quatrain où l'expression « sept
bornaux » réveilla en moi la pensée des sept puissances alliées qui mirent des
bornes à l'ambition de l'échappé de l'île d'Elbe. Pourquoi ne m'en suis-je pas
tenu là, et comment la pensée me vint-elle que cette expression désignait le
lieu même de la bataille ? J'ouvris le *Theatrum orbis terrarum* du temps de
Nostradamus. A l'endroit où nous écrivons *Waterloo*, je lus *Sept-Born*. J'ai
su depuis que c'est au village de *Sept-Born* que le lion de Waterloo a été
placé. Cette pensée n'a pu me venir que de Celui qui porta ma bonne mère à
glisser dans ma bibliothèque, avec bien d'autres volumes achetés çà et là, le
vieux Nostradamus et le vieil atlas.

Combien de faits de ce genre je pourrais raconter ! Mes interprétations ont été souvent confirmées d'une façon tout aussi
extraordinaire :

J'avais montré la victime du 21 janvier dans ces mots : « Eclipse solaire le
plus obscur et le plus ténébreux depuis la mort et passion de Jésus-Christ »,
quand M. Dupeyrat, de Bordeaux, sans connaître mes interprétations, me
donna une médaille où Louis XVI est *couronné d'épines ;* elle a ces mots :
« SOL REGNI ABIIT, *21 janvier 1793* » !

Depuis que j'ai vu la mort de Louis XVI dans ces mots d'un long récit sur la
Révolution de 1789-1815 : « Dressant la tête au ciel (*Fils de saint Louis, montez au ciel !*), BOUCHE sanglante dans le SANG nagera, Au sol sa face ointe de
LAIT ET MIEL », j'ai lu des mots de l'*Office du 21 janvier* où sainte Agnès,
décapitée le 21 janvier, dit de Jésus : « MEL ET LAC *ex ejus* ORE *suscepi et*
SANGUIS *ejus ornavit genas meas* ». Nostradamus, en copiant ce texte, fixait
le 21 janvier pour le jour de l'exécution de Louis XVI.

Des interprétations que l'événement ne devait pas justifier ont
augmenté quand même la confiance que les autres avaient inspirée:

J'avais dit à des légitimistes de Bordeaux : Il y a dans le quatrain VII, 42,
surmonté du chiffre v, une tentative d'empoisonnement faite par un Napoléon
sur un Bourbon-aîné. Après la mort du comte de Montémolin, M. de Saint-
Marc m'obligea à envoyer mon interprétation à Frohsdorf. Quelques jours
après, il me montra dans l'histoire le fait tel que je l'avais vu dans le quatrain.
Il s'agissait bien d'un Napoléon et d'un Bourbon-aîné, mais le quatrain s'était
accompli durant le séjour de Louis XVIII à Varsovie.

Mes paroles et mes actes étaient peu propres à disposer en ma
faveur le gouvernement et sa police :

J'ai publié, en 1862 (t. I, p. 2) : « Ces découvertes et bien d'autres tout aussi
importantes qui ne semblent faites que pour moi, sont pour moi le meilleur
stimulant à continuer sans crainte mon travail, dont une nouvelle partie
arrive au lecteur comme ces découvertes me le donnaient à espérer. On m'of-
frit, avant toute publication (le secrétaire général de la préfecture de police)

d'acheter mes manuscrits ; j'ai répondu : Dieu n'a pas fait cette prophétie, il y a 300 ans, et il ne la révèle pas aujourd'hui pour qu'on la cache au fond d'un tiroir. »

J'ai dit au préfet de Bordeaux qui recevait par parties le dépôt de mes ouvrages : Si l'on attend la 25ᵉ feuille pour saisir, les 24 premières paraîtront », Je les serrais 48 heures après le dépôt.

Dieu gardait mon travail mieux que je n'aurais pu le faire. *Si Deus pro nobis, quis contra nos ?* Vous avez vu avec quelle liberté j'ai parlé de la prophétie à tous dans mon dernier voyage à Paris. Je n'ai cherché à plaire,— pas plus que je ne l'avais fait pendant 16 ans,— ni aux légitimistes, ni aux impérialistes, ni aux républicains, et j'ai eu pourtant la satisfaction d'être écouté de tous avec le même intérêt. Vous savez avec quelle sympathie un journaliste des plus radicaux m'a entendu et questionné depuis 8 heures du soir jusqu'après minuit. Je lui dis en terminant : Si je m'époumone à vous entretenir de cette œuvre de Dieu, vous devez bien penser que ce n'est pas pour être applaudi de vous (je ne sais pas même son nom). Je cherche la brebis égarée; je vous ai sur les épaules depuis 4 heures. Un jour vous entrerez au bercail. La maison où je tins ce langage et où Gambetta avait habité comme étudiant, prit ce soir là à mes yeux un air d'Eglise ; et c'est avec la foi d'un prêtre que je dis-là : Le moment n'est pas éloigné où sous le gouvernement d'Henri V on verra l'accomplissement de cette parole du maître des prophètes : « Il n'y aura qu'un troupeau et qu'un pasteur. »

Retrouvons-nous, mon cher monsieur, dans le Sacré-Cœur, qui a tant aimé les hommes et qui fait miracle sur miracle afin qu'aucun de ceux que lui a donnés le Père ne soit perdu.

Votre tout dévoué,
H. TORNÉ.

PROCÈS DU PROPHÈTE ET PROCÈS DU TRADUCTEUR
Comme interprétations justifiées, p. 45.

P. S. Si le *9 janvier* 1873 tout conspira pour accomplir cette prophétie : « Le divin verbe sera du ciel frappé, On marchera par dessus *le Prophète et le Traducteur* », maintenant tout conspire pour faire de Nostradamus « le grand prophète » et pour faire « saillir le Lemprin (éclat) du Traducteur ». Le 15 juin, j'avais commencé ainsi ma *Lettre* NOSTRADAMUS DEVANT NOS INTERPRÈTES DE PROPHÉTIES MODERNES, en m'adressant à M. Chabauty :

« Vous m'envoyez votre nouvel ouvrage où vous dites de moi : « Les libraires lui font un procès qu'il perd. » Le libraire qui vous imprime m'a fait seul un procès. Il a obtenu, il y a seize mois, une saisie-arrêt entre les mains de son correspondant, parce que le tribunal n'a pas connu ceux de ses écrits qui jettent le plus grand jour sur cette ténébreuse affaire. Je les publierai, il le sait, s'il met le jugement à exécution. Le jour où j'ai été condamné a été l'un des plus beaux de ma vie. »

Le 2 juillet, jour de Notre-Dame ou de la *Visitation* et anniversaire de la mort de Michel de Notre-Dame, un huissier accompagné de deux témoins et de M. le Maire s'est présenté pour saisir mon mobilier. — Saisissez, lui ai-je dit, ce soufflet sur ma cheminée ; je vous le rachète aussi cher que vous voudrez. J'ai donné mon argent et tout a été dit. Celui qui avait obtenu un jugement contre moi avait écrit à La Rochelle et dans mon ancienne paroisse qu'il allait faire vendre mon mobilier. Un de ses commis-voyageurs était venu le dire à Saint-Jean-d'Angély et ici même à Saint-Denis-du-Pin. Il m'avait envoyé huissier sur huissier. Ne pas mettre à exécution le jugement après cela, c'était se condamner aux yeux de tous pour le jour où l'on saurait qu'il a reculé devant la menace de la publication du procès. Le mettre à exécution, c'était 1º obtenir une somme, 2º me faire perdre le bénéfice d'une bonne action, 3º m'exposer à un grand danger pour le cas où je dépasserais le droit de légitime défense. Dieu a permis cela encore pour qu'on ne reprochât plus au « grand prophète » d'avoir eu des procès, car l'homme le moins avare et à l'esprit le plus conciliant peut être forcé d'en soutenir et même d'en engager, et pour qu'on acceptât qu'il avait dû, malgré son innocence, craindre de comparaître devant un tribunal.

A l'évêché de Montauban on me fit cette objection : « Nostradamus a été en procès avec la famille de sa défunte femme ».

L'abbé Barrère : « Nostradamus dit, en 1534, à un frère qui coulait une statue de Notre-Dame dans un moule d'étain, qu'en faisant de pareilles images il ne faisait que des diables. Il eut à comparaître en 1538 par devant l'inquisiteur envoyé de Toulouse à Agen pour y juger les crimes d'hérésie, mais il se garda bien de répondre à cette citation. »

Nostradamus était alors âgé de 30 ans et n'avait point encore prophétisé. Il ne protesta sans doute que contre la forme de la statue, car la *Renaissance* condamnait le *Gothique*. Un ancien disait qu'il ne se fierait pas même à sa mère qui, ayant à le juger, pourrait bien prendre une fève noire pour une blanche et le condamner ainsi quand elle penserait l'absoudre. Un moderne a dit : « Si l'on m'accusait d'avoir dans mes poches les tours de Notre-Dame de Paris, je commencerais par fuir ». Le libraire qui m'a écrit ceci, le 7 mai 1873, après la perte de mon procès, ne pensait pas autrement :

« La recherche que j'ai dû faire pour vous satisfaire m'a donné un peu d'agitation parce qu'elle m'a remis sous les yeux la correspondance que j'ai eue avec votre éditeur, en 1871 (en même temps que moi), au sujet d'une édition de 10,000 cantiques. Je m'étais trompé en lui donnant ma confiance. Je ne lui ai pas fait de procès. Je n'en fais jamais. Je me suis exécuté, mais je n'en regrette pas moins de m'être adressé à lui. Je ne suis donc pas étonné si vous avez des difficultés ».

Je n'ai point voulu d'avocat par ménagement pour mon adversaire. Je croyais m'être suffisamment défendu et avoir gagné ma cause, le 9 janvier, quand le lendemain j'appris la mort de l'Empereur en arrivant au tribunal. Combien ne virent plus en moi, ce jour-là, qu'un misérable qui, après avoir exploité la crédulité publique, refusait de payer ce qu'il devait légitimement ! Avant la comparution personnelle, on condamna sous mes yeux à un an de prison un ouvrier qui avait volé 0,40 centimes et deux diamants de vitrier. Je pris la résolution de glisser plus encore que la veille sur cette conclusion de ma partie adverse :

« Attendu que monsieur X... repousse avec indignation l'insinuation contenue dans les conclusions de M. Torné, à savoir que deux cent cinquante exemplaires (le chaperon) auraient été tirés avant les autres et que le prix ne figurerait pas dans le compte de M. X..., que M. Torné aura à s'expliquer à cet égard d'une manière catégorique, sauf à M. X... à demander acte de ses réserves dans le cas où M. Torné viendrait articuler le fait calomnieux dont il s'agit... »

M. X... m'a imprimé deux petits ouvrages : Les *Portraits prophétiques* et l'*Almanach du grand prophète pour 1872.* L'annonce de ce dernier ouvrage devait se trouver sur la couverture de tous les exemplaires des *Portraits* que M. X... livrerait au commerce. Les premiers que j'ai rencontrés étaient sans l'annonce. J'écrivis à M. X... pour savoir comment il se faisait que cette annonce que je lui avais portée moi-même, qui avait été composée sous mes yeux, qu'on m'avait montrée après sur une couverture, n'était pas sur les exemplaires que vendait M. Petit, libraire à La Rochelle. Il m'écrivit le 9 septembre 1871 :

« Quant à l'annonce de l'almanach, elle a été imprimée sur la couverture de tout le tirage, et si vous avez vu des exemplaires sans annonce c'est qu'il y avait eu probablement quelques feuilles de tirées avant votre voyage. Je n'en sais rien, et je ne vois pas l'intérêt de votre question. »

Par quel hasard serais-je tombé sur les « quelques feuilles » dont M. X... ne peut s'expliquer l'existence ? Pendant que je me demandais cela, la *première lettre* où il est parlé de la vente des *Portraits* vint me découvrir l'existence de bien d'autres exemplaires sans l'annonce :

Amiens, 28 octobre : « M. Sauvé aura écoulé bientôt une centaine de *Portraits*. Samedi dernier, il a encore fait venir 50 exemplaires de chez M. Palmé. Ceux qu'il vend maintenant n'ont plus la même couverture. Vous n'annoncez plus l'almanach. »

Je vais à Paris et je demande à M. Palmé *un exemplaire* des *Portraits.* Il est sans l'annonce ! Je vais à Angoulême où l'on m'imprimait deux ouvrages. M. Bourdon, libraire, me dit que *tous les exemplaires* qu'il a vendus étaient sans l'annonce !! M. X... charge un de mes amis qui passait à Poitiers de voir à régler notre affaire. Quand je lui parle de cette annonce, il tire de sa poche *un exemplaire* des *Portraits*. Il est sans l'annonce !!! Quelle fatalité ! diront plusieurs. Je dis, moi : Quelle Providence !

Le tirage des 5,000 *Portraits* me donnait droit, par convention formelle, à un chaperon de 250 exemplaires environ. Je les réclame, et M. X... répond, le 14 février 1872 :

« Il n'a pas été parlé de chaperon, voyez la correspondance. On n'a donné à la presse que quelques feuilles de papier en sus des 5,000, ce qui explique que le nombre de 5,000 n'a pas été produit par le tirage. Néanmoins je vous tiens compte de 5,000 ; mais de ce nombre seulement, car le chaperon n'est pas dû lorsqu'il n'y en a pas, à moins de convention expresse. »

Comme j'insiste, M. X... veut savoir si je n'ai pas en main la pièce dont j'évite de lui parler, et qui établit mon droit au chaperon. Il m'écrit le 2 avril :

« A l'occasion de votre réclamation du chaperon, j'ai relu toute la correspondance et j'ai trouvé dans une de vos lettres, contrairement à mes engagements personnels, que vous m'avez demandé la passe (ou chaperon) de 50 feuilles de papier par mille, ce qui produit 20 à 30 exemplaires au plus quand il n'y a pas d'accident. Je n'ai pas eu ces exemplaires et je perds de l'argent avec vous. Cependant, pour éviter toute cause de difficulté, je consens à déduire encore sur ce que vous me devez 30 exemplaires par mille à 0,18 cent., c'est-à-dire 5 fr. 50 ; soit pour 5,000, 27 fr. ; reste 835 fr. 40. J'attends cette somme sous huit jours : passé ce délai, vous recevrez du papier timbré. »

M. X... était bien bon de me donner 150 exemplaires auxquels je n'avais pas le moindre droit, disait-il. Le tribunal lui demanda pourtant de m'en accorder 185 et d'élever leur prix :

« Que même *si l'on en croit X...*, *il n'a pas existé de chaperon*... Que X..., dans son compte, en déduisant seulement vingt-sept francs pour le chaperon, a donc déduit quarante-deux francs trente-sept centimes de moins qu'il n'aurait dû faire... »

M. X... accepta cela par crainte sans doute de me voir mettre sous ses propres yeux sa lettre du 22 août 1871 qui constate l'existence du chaperon et sa promesse de me le livrer. Nous n'avions pas eu encore la moindre difficulté quand il m'écrivait :

« Je vous dirai le nombre exact du chaperon aussitôt tous les exemplaires brochés ».

Le livre des ventes et des livraisons porte 5,000 exemplaires. Si le chaperon a existé, d'où vient qu'on n'en trouve aucune trace ? Or il a existé, d'après nos conventions verbales, confirmées par la lettre du 22 août.

M. X... m'écrivit de lui laisser vendre l'*Almanach pour 1872* qu'il imprimait, comme je lui laissais vendre en partie les *Portraits prophétiques*. Je refusai pour n'avoir plus les mêmes difficultés Il s'efforça de m'amener à les lui céder. On lit sur la dernière page de l'Almanach :

« Le dépôt a été effectué à la Préfecture le 1er novembre 1871 ».

La veille, M. X... m'avait écrit :

« Les almanachs vous seront expédiés la semaine prochaine ».

Ils sont terminés ; rien ne peut plus retarder leur livraison... Après treize jours je n'ai pourtant encore rien reçu, pas même un avis au sujet de ce retard. 1,000 exemplaires sont vendus à M. Ruffet ; ils doivent être livrés au plus tard le 15 novembre. Le 13, je suis à Poitiers. — Pas un almanach n'est prêt, me dit M. X... Je lui rappelle les conditions de M. Ruffet. — Restez jusqu'à demain, je vous livrerai en gare 200 exemplaires que vous lui porterez ; les 800 autres suivront de près.

Me voici donc forcé d'aller à Paris parce que les 4,250 ne m'ont pas été expédiés à Saint-Denis-du-Pin, et qu'il faut se hâter de les vendre, et parce que M. Ruffet pourrait bien refuser de tenir son marché. A Paris, je reçois cette lettre de M. X.. :

Poitiers, 19 novembre : « Le lendemain de votre départ de Poitiers, le ballot contenant le complément des 1,000 exemplaires a été remis au chemin de fer à l'adresse de M. Ruffet. »

La même main qui m'a écrit cela, m'écrivit bientôt :

Poitiers, 4 décembre : « Je vous envoie une lettre du chef de gare de Poitiers qui prouve que j'ai expédié le 7 novembre ; le colis n'ayant pu être livré, la gare de Paris a écrit à la gare de Poitiers pour demander des instructions. »

Ce colis expédié le 7 était celui qu'on prétendait avoir expédié « le lendemain de mon départ ». Les 800 exemplaires qu'il contenait étaient partis depuis six jours quand on me disait : « Pas un almanach n'est prêt. Restez jusqu'à demain, je vous livrerai en gare 200 exemplaires ». Pourquoi me retenir à Poitiers en me déguisant la vérité et pourquoi me révéler plus tard un pareil jeu ? On m'avait retenu à Poitiers pour avoir le temps de s'entendre avec le correspondant de Paris au sujet de l'*Almanach,* et l'on me disait la vérité parce que j'allais la découvrir.

M. Ruffet venait d'expirer, et son magasin était fermé quand le facteur apporta le colis. Il dut le remporter. Il fallait bien me demander ce qu'on en ferait. J'allais apprendre ainsi que ce colis était parti de Poitiers plusieurs jours avant moi et non « le lendemain de mon départ ». Quelle fatalité ! diront encore plusieurs. Quelle Providence ! répéterai-je.

Je vis le correspondant de M. X... pour une affaire particulière entre lui et moi. Nous la réglâmes et il m'acheta 3,000 almanachs à 50 %. Quand je revins pour passer l'écrit de vente, il me dit que, par crainte de déplaire à M. X... qui avait imprimé l'almanach et dont il était le correspondant à Paris, il voulait recevoir de lui mon ouvrage. J'écrivis à celui-ci de livrer à M. Palmé 3,000 almanachs. Il les aurait envoyés à moi ou à tout autre sur mon ordre Après avoir écrit à ce sujet deux lettres dont l'une chargée, la dernière, je reçus cette réponse :

« Votre lettre du 16 m'apprend que si j'avais traité avec vous, M. Palmé aurait été disposé à recevoir de moi et à mon compte 3,000 exemplaires de l'almanach à 50 % de remise. Or, nous n'avons pas traité, et si j'avais votre ouvrage à 50 % du prix fort je ne le vendrais pas à 50 %, attendu que cette opération commerciale ainsi faite me donnerait du travail, des embarras et une perte d'argent de 2 à 3 pour cent. Votre lettre du 18 porte injonction de faire cette expédition dans ces conditions-là et ajoute l'ordre de préparer le surplus pour votre passage, ce qui ne me laisse pas un seul exemplaire à vendre. »

On raisonnait ainsi : « Pas un libraire n'achètera fin novembre des milliers d'almanachs. L'auteur donne 50 % à l'un, il donnera ce qu'on voudra à l'autre. » M. Palmé me dit : « C'est à prendre ou à laisser. » La lettre de M. X... exprimait si clairement son désir de vendre mon almanach, que le premier libraire qui la vit comprit qu'il ferait une bonne affaire en l'achetant. Il me fit signer cet écrit :

« J'ai vendu ce jour (22 novembre 1871) à M. Blériot trois mille exemplaires de l'almanach du grand prophète, à 75 centimes et 50 %, livrables au plus tard dans quinze jours pour la somme de onze cent vingt-cinq francs payable le 15 janvier 1872. »

Le lendemain j'étais chez M. X... Le père, indisposé, ne put me recevoir. Un de ses fils prit lecture du billet de M. Blériot et me promit que les 3,000 almanachs seraient rendus à Paris avant le 7 décembre et que le reste allait être expédié de suite. M. X... m'avait écrit le 19 novembre :

« J'ai livré la commande Ruffet, broché le mille à votre nom seul et attendu vos ordres pour imprimer le reste des couvertures. »

Le mille à distribuer était prêt. Il arrivera en retard comme les trois mille que M. Blériot n'a reçus que le 16 décembre. M. Roumanille, libraire, m'avait écrit :

Avignon, 8 novembre : « Si comme je le crois votre *Almanach du grand prophète* est bon, ce n'est pas une douzaine qu'il faut m'adresser — pour qui me prenez-vous ? — mais par centaines ».

Il m'écrivit le 19 décembre :

Une lettre de M. X... m'annonce, le 23 novembre dernier, qu'il m'expédie *en grande vitesse*, de la part de M. l'abbé Torné-Chavigny, 200 almanachs, 200 extraits. Aujourd'hui 19 décembre, je n'ai rien reçu encore. Je crois devoir vous en avertir. Si ces almanachs arrivent, ils arriveront trop tard. Que faudra-t-il en faire, vous les renvoyer ou à peu près tous ? »

M. X... a expliqué ce retard en disant que les chemins de fer n'étaient pas encore bien organisés à la fin de 1871, et le tribunal a prononcé ainsi :

« Attendu que ce ne serait plus à X... qu'incomberait la responsabilité ; mais au chemin de fer... déclare bonne et valable la saisie-arrêt pratiquée par X... »

Une fois le jugement rendu, je fus demander à Poitiers à l'administration du chemin de fer comment tant de colis expédiés *en grande vitesse* de divers côtés étaient tous arrivés en retard. On me montra sur les cahiers d'expédition que M. X... avait bien expédié *en grande vitesse*, le 7 décembre, à M. Palmé un colis (qui ne contenait aucun exemplaire de mes livres), mais que tous les autres colis avaient été expédiés sur son ordre formel *en petite vitesse*. J'ai écrit aux libraires pour savoir si, conformément à mes ordres, M. X... leur avait bien dit qu'il expédiait à leur adresse *en grande vitesse* mes almanachs. Ils m'ont envoyé les lettres mêmes de M. X..., où je lis :

« Je vous expédie *en grande vitesse* » !!!

J'ai dû reprendre le plus grand nombre de mes almanachs. La maison Ruffet, servie la première, vendit son mille, et la librairie Blériot en vendit 1,300, malgré le retard.

M. X..., sans vouloir répondre à mes questions au sujet du nombre des *Portraits* vendus par lui, m'avait envoyé par quatre fois un compte s'élevant à 937 fr. 55. Quand ce compte me revint pour la cinquième fois, il ne s'élevait plus qu'à 862 fr. 40. M. X... ne m'a expliqué ce changement que devant le tribunal, qui prononça ainsi :

« Attendu que de lui-même et sans attendre à cet égard les observations de l'abbé Torné, ainsi que celui-ci l'a reconnu le neuf de ce mois dans le cours de la comparution personnelle des parties à l'audience, X... a rectifié ce premier compte en déduisant le prix de deux cents Portraits dont il avait profité et qu'il avait omis de porter à l'avoir de Torné... »

FAITS PARTICULIERS AU PROPHÈTE ET AU TRADUCTEUR

Comme interprétations justifiées, p. 45

M. X... voulait ne me compter que 140 exemplaires de l'*Almanach* comme chaperon au lieu de 250 environ. Le tribunal a élevé le nombre à 185 et les a fait payer à l'imprimeur au prix fort de 75 centimes. L'imprimeur d'Angoulême me donnait dans le même temps 241 exemplaires de chaperon sur 250 pour un ouvrage offrant deux fois plus de chances d'accident que l'Almanach, car il a deux fois plus de feuilles ; le tirage était encore de 5,250.

« Le divin verbe *a été* frappé ». Le Père n'avait point épargné le divin Verbe qui dit en mourant : « Mon Père pardonnez-leur, ils ne savent ce qu'ils font. » Le jour de la Visitation, il s'était manifesté, bien que caché dans le sein de Marie, à l'enfant caché dans le sein d'Elisabeth. Mais quand il se montra aux yeux de tous, il ne fut point reçu des siens quoi qu'il affirmât sa divinité par ses miracles et ceux de ses disciples.

« *Saint Luc*, X : Jésus dit aux soixante-douze disciples : Guérissez les malades... Ils revinrent avec joie en disant : Les démons même nous sont assujettis par la vertu de votre nom. Il leur répondit : Je voyais Satan tomber du ciel comme un éclair. Vous voyez que je vous ai donné le pouvoir de fouler aux pieds les serpents et les scorpions, et toute la puissance de l'ennemi, et rien ne pourra vous nuire. »

Avant d'être devenu le « grand prophète » et d'avoir écrit en tête de ses prophéties : « Le Divin près s'assied » et à la fin : « Plus n'en fera, sera allé à Dieu », Nostradamus sembla avoir été tiré par Dieu de l'ordre ordinaire des choses :

Il vivait au milieu des pestiférés qu'il guérissait par des moyens à lui quand les médecins, ses confrères, fuyaient devant le fléau.

Plus tard, à Argentan, il demanda à voir un nommé Pitard qu'on disait mort. Il le remit aussitôt sur pied. Celui-ci érigea, par reconnaissance, une statue à ce médecin de passage et la plaça sur le faîte de l'église d'Argentan.

Il n'y a là aucun miracle, pas plus que dans ceci :

En octobre dernier, mon neveu m'écrivit que sa mère serait morte quand j'accourrais à la Rochelle. Le soir même il me dit à la gare qu'elle vivait encore, mais ne passerait pas la nuit. Ma première parole devant 10 ou 12 personnes, en prenant la main de la mourante, n'en fut pas moins : Tu guériras. Le lendemain, le médecin qui avait dit la veille : Elle n'en a pas pour cinq minutes, le prêtre qui l'avait administrée et bien du monde en ville m'entendirent répéter : Elle guérira.

Quelques années auparavant j'avais trouvé, au milieu d'un groupe fort nombreux, devant la porte de la sacristie de Saint-Sauveur, à la Rochelle, un homme étendu qu'on disait mort. Je lui ouvris les yeux en plein soleil. Il me regarda. Je le soulevai vivement par le bras et l'emmenai. Il m'apprit quelques pas plus loin qu'il était épileptique. Je courus le redire à ceux qui l'avaient cru mort.

Il n'y a là que de l'observation : la coloration chez l'épileptique, la fermeté de la chair de la main chez ma sœur et l'absence chez elle de toute moiteur m'avaient fixé dans l'un et l'autre cas. Le prophète a puisé dans des faits naturels, mais particuliers à sa personne, une confiance de plus en plus grande en sa mission et une volonté de plus en plus ferme de la remplir malgré tout. Il en a été de même pour le traducteur ?

Un ami me rend plus de 30 caisses de mes volumes et sa maison brûle après !... Le 14 juin dernier, jour du Sacré-Cœur, de 1ʳᵉ communion et seconde fête du Saint-Sacrement, je dis après la messe, à la foule de mes paroissiens : « Nous ferons ce soir la procession dans les mêmes conditions que dimanche dernier ». Nous avions dû rebrousser chemin parce que le conseil municipal avait accepté la fermeture du chemin des processions malgré notre droit et les protestations écrites de 203 électeurs et chefs de famille sur une population de 1,000 habitants. Personne n'était encore sorti de l'église, quand on m'apprit à la sacristie qu'aussitôt mes paroles, le christ qui était devant la chaire s'était détaché de la muraille avec la croix et était tombé brisé.

Je lus le dimanche suivant à la messe, le passage de Lamartine où il dit qu'un orage épouvantable brisa toutes les croix des monuments de Paris et celles des chemins dans les environs, pendant la nuit du 10 août 1792, Dieu abandonnant le peuple qui le répudiait. J'ajoutai : Je rétablirai moi-même ce christ qui n'a aucune égratignure à la tête et au tronc et dont les jambes, les bras, les pieds et les mains se sont détachés par des fractures très-nettes (il est en plâtre presque plein. Rien n'est resté sur la croix de bois dont un bras s'est brisé). Je le remettrai en place comme souvenir de ce qui se passe présentement parmi nous, et je lui demanderai de ne point nous abandonner.

Mes paroles ont été accueillies avec foi comme l'ont été ces premières et dernières lignes Lettre LA SALETTE ET LOURDES :

MA BONNE ADÉLAÏDE, Tu m'écrivis un jour : « Depuis des années, je suis un embarras pour la famille, mais j'offre à Dieu pour elle mes souffrances ; et peut-être lui suis-je plus utile ainsi que je ne le serais dans l'état de santé. » Maintenant tu m'écris que tu demandes ta guérison à Notre-Dame de Lourdes non pour toi mais pour sa gloire. Puissent les lecteurs de LA SALETTE ET LOURDES obtenir de Marie la guérison de ma sœur !.,. Et maintenant, ma bonne Adélaïde, puise dans l'attente du bien que Dieu et Marie promettent aux bons, l'espoir de ta guérison prochaine ».

Cette *Lettre*, déposée le 4 avril 1873, a été lue par des personnes qui m'ont écrit : Nous prions chaque jour Notre-Dame de Lourdes pour votre sœur comme nous l'avons fait à Lourdes. Elles seront heureuses d'apprendre que trois mois après, ma sœur, que je ne devais plus revoir, me disait-on à chaque visite que je lui faisais depuis des années, est descendue de son lit malgré bien des objections, pour se rendre à Lourdes avec le pélerinage du diocèse de la Rochelle, qu'après avoir passé une nuit en wagon pour se rendre à Lourdes, une nuit sur une chaise dans l'église de Lourdes, une nuit en wagon pour revenir à l'hôpital, où son état de santé l'avait contrainte de se renfermer, il y a plus de vingt ans, elle fait chaque jour de longues promenades en ville, se trouvant juste dans l'état de santé qu'elle désirait.

M. Sauvé, le médecin de ma famille, la vit auprès du lit où sa sœur attendait la mort. Il lui dit : Comment êtes-vous ici et d'où vient votre santé ? Elle répondit devant moi : Ayant reconnu la médecine impuissante pour me guérir, j'ai demandé ma guérison à Notre-Dame de Lourdes et je l'ai obtenue.

J'éprouve une vive satisfaction à rendre gloire devant vous et au Sacré-Cœur et à Notre-Dame de Lourdes, parce que j'ai des raisons particulières de croire, quand je m'adresse à vous, que notre Mère trouvera bien 50 justes dans notre malheureuse Sodome pour désarmer le divin cœur de son Fils.

Je croyais *Nostradamus éclairci* terminé quand *Le Français* du 20 juillet est venu replacer Nostradamus devant Mgr Dupanloup, M. L. Veuillot et nos interprètes de prophéties modernes par son article *Nostradamus et la politique actuelle*. Continuons donc à parler « *à ciel ouvert* », car une fois encore *Dieu seul a tout conduit !* :

NOSTRADAMUS ET *LE FRANÇAIS*

Paris, le 20 juillet : « Je n'achète et ne lis jamais le journal *Le Français.*
Il me tombe aujourd'hui un numéro de cette feuille sous les yeux où vos
œuvres et votre personne sont fort maltraitées... Ou bien cette attaque est
inspirée par Mgr Dupanloup, sinon dirigée personnellement par cet évêque
qui... Vous avez un droit de réponse dans *Le Français...* »

Je garde cette lettre de notre ami l'abbé Cloquet. Tout son con-
tenu s'explique quand on a lu *Le Français :*

« ... Mgr Dupanloup a signalé dernièrement dans sa lettre sur les prophéties, un mal grave qui avait atteint certains esprits faibles ou téméraires. Ce
mal, paraît-il, est loin d'être guéri. Nous avons sous les yeux des feuilles im-
primées distribuées gratuitement, sortes d'appels ou de prospectus, où l'on
retrouve la plaie étrange déjà sondée par l'illustre prélat. Il est bon que l'autorité religieuse, que le public chrétien et aussi certains personnages dont les
noms sont ainsi compromis sachent ce qu'on publie et qu'on répand ainsi...
» Au début de l'un de ces prospectus, ce prêtre raconte qu'ému de la lettre
de Mgr Dupanloup, il a voulu l'entretenir de ses prophéties, mais qu'il n'a pu
y parvenir. « M. Veuillot, ajoute-t-il, refusait aussi de m'entendre...» Dans un
autre prospectus, il ajoute à propos de M. Veuillot : « M. Veuillot m'a assuré
» qu'il n'aurait point écrit à la suite de Mgr Dupanloup, contre les prophéties
» dont il ne s'est jamais occupé, si la *Lettre pastorale* de cet évêque ne lui
» avait fourni l'occasion de lui faire encore la leçon. »

Le journaliste a retranché ce membre de phrase :

« Mgr Dupanloup m'a autorisé, le 8 mai, devant plusieurs personnes, à publier que de mes nombreux ouvrages, il n'avait lu que le seul titre de ma petite brochure *Portraits prophétiques,* et M. Veuillot m'a assuré, etc. »

Le but de son écrit est donc de retirer les paroles de l'évêque et
aussi d'engager le Roi et les auteurs des lettres citées dans mes
prospectus à retirer les leurs. Comme Mgr Dupanloup, il condamne
mon travail sans en rien connaître, si ce n'est ces prospectus. Il
rejette une prophétie qui contrarie ses vues en politique et en
religion sans remarquer que d'autres l'acceptent après une étude
d'autant plus sérieuse qu'elle leur montre depuis 1858 la persécution de l'Eglise et l'exil de la royauté, et qu'elle ne leur promet
le triomphe de leurs principes politiques et religieux qu'au péril
de leur propre vie. — Tout cela est absurde et compromet votre
cause, votre nom et votre honneur, crie le journaliste d'un ton
habitué à donner des conseils aux chefs de l'Eglise et de l'Etat :

« C'est, du reste, un interlocuteur et un correspondant fort compromettant
et indiscret que l'auteur de ce prospectus. Il exploite notamment d'une façon
singulière les relations que M. de Cathelineau a eues avec lui. Il publie d'a-
bord dans son factum la lettre qu'il avait écrite au général, et qui est un spé-
cimen étrange de ces divagations maladives (suit ma lettre, p. 51).
» On aurait pu croire qu'une telle lettre ne méritait que d'être jetée au pa-
nier, mais le général Cathelineau en a jugé autrement et a adressé au Nostradamus une réponse que celui-ci a publiée dans son prospectus pour « faire
oublier, » dit-il, les attaques dont il a été l'objet : il fait allusion à la lettre de
Mgr Dupanloup (suit la lettre du général, p. 52).
» L'auteur des prospectus ne s'en tient pas là. C'est un personnage plus
considérable que, dans son indiscrétion téméraire, il prétend compromettre.
Nous touchons ici à un fait grave que nous signalons à ceux qui ont particulièrement mission pour exercer en France, dans l'intérêt de M. le comte de
Chambord, une surveillance que le prince ne peut exercer à Frohsdorf. Nous
ne pouvons admettre un seul instant que M. le comte de Chambord ait donné
son approbation à ces malsaines extravagances, et encore moins qu'il ait permis qu'on fît connaître et qu'on exploitât publiquement cette approbation.
C'est pourtant ce qui est fait dans ce prospectus, imprimé et distribué en tous

lieux. L'auteur prétend opposer au blâme de l'évêque l'adhésion du prince, et il ajoute :

« Du moment que le prince accepte l'envoi que je lui fais de ma traduction » prophétique et que ses meilleurs amis m'encouragent à *crier sur les toits* » *ce que Dieu m'a dit à l'oreille,* comment les journaux qui défendent sa » cause refuseraient-ils plus longtemps d'inviter leurs lecteurs à crier avec. » le prophète et moi : « Ce qui est prévu, Dieu le veut ; le vieux sang des siè- » cles terminera encore de longues divisions » ? Donc, que ceux qui croient à » Nostradamus-Orval répandent de toutes parts et par tous les moyens la » bonne nouvelle ! »

« Voici qui est plus audacieux encore : le représentant de Nostradamus énumère en note des témoignages qu'il attribue à des personnages connus, portant des noms honorables. Ces personnages savent-ils l'abus qu'on fait de leurs noms, et le rôle qu'on leur fait jouer dans le document qui circule par-tout ? S'ils ne le savent, nous le leur signalons. Voici ces notes que nous aurions vraiment honte de reproduire s'il ne fallait dénoncer jusqu'au bout cette audacieuse exploitation (suivent les trois lettres du Comte de Charpin-Feugerolles, de l'abbé H. Rigaux et du Baron Paul d'Allemagne, p. 112).

« Les personnes dont les noms sont cités ainsi doivent au prince qu'on leur fait compromettre, des explications complètes, explications qui, nous n'en doutons pas, tourneront à la confusion de cet étrange prophète. Mais, nous le répétons, ces insanités sont trop publiques, trop répandues dans un certain monde pour qu'il ne convienne pas d'y mettre aussitôt bon ordre. »

Le journaliste lira, s'il le veut, dans mes ouvrages les lettres en question. Leurs auteurs les y ont lues, il y a longtemps, et ils se sont inscrits après pour tout ce que je publierais à l'avenir. Ils ne reviendront donc pas sur ces lettres pour répondre à l'injonction d'un journaliste qui les insulte si grossièrement et avec eux le comte de Chambord, le général de Cathelineau et « un certain monde » :

« Faut-il maintenant suivre ce moderne interprète de Nostradamus dans ses diverses prophéties ? Ce serait une façon de repasser tous les incidents de la politique contemporaine, car il prétend avoir tout prédit. C'est ainsi qu'il se vante d'avoir annoncé à « cinq Chevau-légers » qu'ils renverseraient M. le duc de Broglie, et que ce vote heureux serait, bien entendu, un achemine-ment vers le retour du roi. Faudrait-il donc supposer que, le 16 mai, certains suffrages ont pu être déterminés par les promesses de ce Nostradamus, et que là doit être cherchée l'explication de ce qui a pu paraître à d'autres points de vue inexplicable ?

« Voilà pourtant ce qu'on répand partout sur des feuilles volantes et ce dont se nourrissent un certain nombre d'âmes malades, c'est une folie dans le genre du spiritisme et des tables tournantes. Seulement elle a ce danger particulier de compromettre la religion, au nom de laquelle ces débitans de prophéties prétendent parler. Il appartient donc aux catholiques de les répu-dier et de les flétrir. Par la même raison, les amis de M. le comte de Chambord ont le même devoir et le même intérêt (1). Nul n'est plus que nous respectueux des vrais prophètes, et c'est précisément pour cela qu'à la suite de Mgr Dupan-loup nous sommes impitoyables pour ceux qui usurpent sans titre cette mis-sion divine et qui exploitent, fût-ce sincèrement, la crédulité et la bêtise publique.

_____

(1) J'avais répété (p. 44) ce que je dis depuis 1858 : « Henri V descendra à Marseille : « Par toy Phocen tiendra son trosne, ... qui prendra terre au Tyrrhenphocéan ». L'UNION du 2 août vient de publier cette lettre, datée de la SAINT-HENRI :

« Frohsdorf, le 15 juillet 1874.

» Je voulais depuis longtemps, mon cher Monsieur Roux, vous donner une marque toute spéciale de mon estime et de ma reconnaissance. Plus d'une fois le marquis de Foresta a transmis par mon ordre au vaillant rédacteur de la GAZETTE DU MIDI et à ses dévoués collaborateurs mes plus vives félicitations. Ce vieil ami me quitte aujourd'hui même pour retourner dans cette grande ville de MARSEILLE QUE J'AIMERAIS TANT A CONNAITRE, et dont le temps n'a pu ébranler la fidélité. Je le charge de vous porter ces quelques lignes, en témoignage de mon entière satisfaction, et je vous remercie d'apporter dans vos luttes quotidiennes une fermeté si inébranlable au service du droit et de la justice.   HENRI. »

« Nous nous proposons, du reste de revenir sur ce sujet, et de montrer quel verdict la science théologique et la critique historique ont rendu dernièrement, par la plume d'un savant religieux de la Compagnie de Jésus, sur *toutes les prétendues prophéties politico-religieuses*, répandues malheureusement dans ces derniers temps. »

La *Lettre pastorale* et l'article du *Français* ne suffisent pas: on va appeler à la rescousse un écrivain qui n'a pas non plus étudié la question. J'ai répondu courrier par courrier au *Français* par l'intermédiaire de M. l'abbé Cloquet qui m'a écrit:

« *Le 23 juillet:* Un rédacteur espère que votre réponse sera insérée sous peu de jours. J'ai d'ailleurs insisté au nom du droit, de l'équité et de l'honneur. J'espère donc que *Le Français* s'exécutera... » — Le *4 août:* « Je me suis rendu une seconde fois dans les bureaux du *Français* le 28 juillet. Il m'a été répondu que votre article avait été remis à un rédacteur pour y donner suite dès que la politique envahirait moins le journal. J'ignore ce qui est advenu depuis ce jour. Je ne crois pas devoir y retourner. »

Le journal aurait publié sans retard les protestations qu'il sollicitait contre mes écrits, mais elles lui font défaut. Vous avez en partie dans cette *Lettre* le prospectus que le *Français* incrimine (p. 110), tout en se taisant sur l'article du 9 mai que je lui avais emprunté et que je disais « on ne peut plus conforme à ma brochure *Le Roy blanc et la Fusion*, à la lettre du général Cathelineau » et aux trois autres lettres dont je l'ai fait suivre. Il voudrait bien n'avoir pas publié cet article (1). Les menées de l'orléanisme expliquent le vote des députés qui reçoivent mes ouvrages ou qui m'ont entendu. L'influence du « grand prophète délivrant un grand peuple *de la Révolution* » peut cependant commencer à se faire sentir. Avant de demander à des légitimistes de renier leurs lettres, *Le Français* devrait bien demander à des orléanistes de renier celle-ci :

L'UNION, 25 juin 1870 : « Messieurs les députés, Vous êtes saisis de la demande d'abroger les « mesures d'exception qui nous frappent. En présence de cette proposition, nous ne devons pas « garder le silence. Dès 1848, sous le gouvernement de la république, nous avons protesté contre « la loi qui nous exile, loi de défiance que rien ne justifiait alors. Rien ne l'a justifiée depuis, et « nous venons renouveler nos protestations devant les représentants du pays. Ce n'est pas une « grâce que nous réclamons, c'est notre droit, le droit qui appartient à tous les Français et dont « nous sommes SEULS dépouillés. C'est notre pays que nous redemandons NOTRE PAYS que nous « aimons, que NOTRE FAMILLE a toujours loyalement servi, NOTRE PAYS DONT AUCUNE DE NOS « TRADITIONS NE NOUS SÉPARE et dont le seul nom fait toujours battre nos cœurs; car pour les « exilés rien ne remplace la patrie absente.
« LOUIS PHILIPPE D'ORLÉANS, comte de Paris. — FRANÇOIS D'ORLÉANS, prince de Joinville.
« — HENRI D'ORLÉANS, duc d'Aumale. — ROBERT D'ORLÉANS, duc de Chartres.
« Twickenham, 19 juin 1870. »
'« ... Ils seraient plus sûrs d'être écoutés, s'ils se souvenaient qu'ils ont une famille. Ils ne sont, disent ils, « séparés de leur pays par aucune de leurs traditions » et en cela ils entendent apparemment se séparer de la famille qui a constitué la patrie. Mauvais expédient pour remuer l'âme des Français ! HEURE MAL CHOISIE POUR ACHEVER DE DÉSAVOUER MILLE ANS D'HISTOIRE, ET POUR LES JETER SOIT AUX PIEDS DE L'EMPIRE D'UN NAPOLÉON, SOIT AU-DEVANT D'UNE RÉPUBLIQUE IMAGINAIRE ! »

En 1870, pas plus qu'en 1820, à sa naissance, Henri V n'était de la famille pour les d'Orléans. Le d'Orléans du 29 septembre 1820, a été Louis-Philippe Ier *quoique Bourbon*; le d'Orléans du 5 août 1873, a paru ne vouloir pas être Louis-Philippe II *quoique Orléans* quand il a dit à Henri V :

« Je salue en vous, au nom de tous les membres de ma famille et en mon

_____

(1) L'ORDRE, 7 août 1874 : « La bonne foi des feuilles orléanistes est proverbiale, et l'on sait comment LE FRANÇAIS, dans sa polémique, respecte la vérité et les convenances. Une feuille de Bordeaux, LE COURRIER DE LA GIRONDE, égale LE FRANÇAIS, et le dépasserait même s'il pouvait être dépassé...»

nom, non-seulement le chef de notre Maison, mais encore le seul représentant du principe monarchique en France. »

Mais le prophète avait dit de cette « nouvelle tromperie. Dedans
Hongrie par Navarre et par bannière faincte séditions, … par
fleur de lys contre Orléans ». On remplacerait encore le drapeau
blanc par le drapeau tricolore, et la fleur de lys par la *Charte-
vérité* (Il était dit de Louis-Philippe, en 1814 : « Orléans Chartre
trahira ») :

L'Univers rappelle, dans son article *Les Parlementaires et les
Royalistes*, la verte « leçon » du roi à Mgr d'Orléans, sans pourtant citer le passage où il lui montre « le Vatican » :

3 août 1874 : « Les royalistes tricolores n'ont pas renoncé à faire, un jour ou l'autre, la monarchie sans le roi... Nous regrettons, avec beaucoup d'autres, que les princes n'aient rien trouvé à
dire depuis l'entrevue de Frohsdorf, il y a un an... Veulent-ils rester possibles quand on juge que
le roi, — qui n'abdiquera pas, — ne l'est plus ? Non, telle ne peut être leur pensée, malheureusement c'est celle de leurs amis, lesquels parlent tout haut, les mettent en avant et ne sont pas dés-
avoués...
» La question du drapeau, qui devait être le levier de la manœuvre parlementaire, n'offrait
aucune prise à l'incertitude et à l'équivoque... Elle fut soulevée dès 1849 ou 1850 par les premiers
fusionnistes. Il y eut alors un débat dans lequel les légitimistes tricolores reçurent le nom de « co-
cardiers », et où M. de Falloux, qui déjà voulait les trois couleurs, fut conspué.... Le comte de
Chambord dit le 5 juillet 1871 : « Je ne laisserai pas arracher de mes mains l'étendard d'Henri IV,
de François Ier, de Jeanne d'Arc ». Le 25 janvier 1872, il affirmait de nouveau cette résolution....
Enfin, le 6 février 1873, S'ADRESSANT A MGR DUPANLOUP, QUI S'ÉTAIT MÊLÉ AU DÉBAT, IL LUI
DISAIT QUE « LA FRANCE N'AVAIT PAS ASSEZ PERDU LE SENTIMENT DE L'HONNEUR POUR DEMANDER
» AU CHEF DE LA MAISON DE BOURBON DE RENIER L'ÉTENDARD D'ALGER » .... On devait comprendre
que le roi répéterait ce jamais ! jamais ! que le comité des Neuf n'ignorait pas » (1).

Mes deux prospectus m'avaient attiré déjà une lettre de l'évêché d'Orléans bien avant l'article du *Français*. Elle est restée sans
réponse, parce qu'elle déguise la vérité. Mgr Dupanloup l'aura
signée sans la lire. Datée du 5 juin, elle a été mise non affranchie
à la poste le 9. Je la publie, afin que *Le Français* ne dise plus que
je n'ai pu parvenir à voir Mgr Dupanloup :

ÉVÊCHÉ D'ORLÉANS. — *Viroflay, le 5 juin 1874. Monsieur l'abbé, Je ne
puis que vous répéter ce que j'ai eu l'honneur de vous dire à Orléans, je ne*

(1) L'UNION, 12 août : Nous lisons avec satisfaction dans L'UNIVERS : « Marienbad (Bohême), 4
août. Je viens de lire votre article sur LES PARLEMENTAIRES ET LES ROYALISTES. J'étais dans mon
coin, entendant Monseigneur prononcer ces mots de sa voix la plus timbrée : Parfait ! Parfait !
Quand sa lecture fut achevée, il me tendit le journal en me disant : — Tenez, lisez le meilleur
article qui ait été écrit sur toutes ces histoires de Salzbourg. Son visage portait l'empreinte de la
plus vive satisfaction. »

*me sens aucun goût pour entrer dans le détail de ces prophéties douteuses,
de ces oracles mystérieux ; et je regrette que vous consacriez votre vie de
prêtre à ces hiéroglyphes d'où vous ne tirerez jamais une lumière ni pour
la vie chrétienne, ni pour la vie politique.*

*Veuillez agréer, Monsieur l'abbé, tous mes bien dévoués hommages en
N. S.* † F., ÉV. D'ORLÉANS.

Il se rencontre que, vous-même précisément, vous m'avez écrit
au sujet de Mgr Dupanloup : « Le catholicisme libéral m'avait séduit
trop longtemps. Nostradamus m'a appris à être royaliste avec le
Roi et catholique avec le Pape. » Ainsi, « le grand prophète » a
été pour vous, comme pour bien d'autres, « *une lumière pour la
vie chrétienne et la vie politique,* » et non « *un faux prophète qui,
sous une peau de brebis, dit Jésus, vous dupe en loup.* » (1)

J'ai dit (p. 87) que je n'avais « *aucun goût* » pour toute prophétie
quand j'ai commencé à « *consacrer ma vie de prêtre à ces hiéroglyphes* ». Mais lorsqu'un prince de l'Eglise se fut prononcé en faveur
de mon travail après une étude sérieuse, je compris que ma *vie
de prêtre* ne saurait être mieux employée qu'à dire au monde de
se ranger du côté de saint Michel et de ses anges dans la lutte
apocalyptique contre le Serpent et ses anges.

En juin 1858, je demandai tout ce qu'on a publié sur Nostradamus à M.
Gergerès, ancien avocat, le bibliothécaire de la ville de Bordeaux. Foncière-
ment catholique, il montra son étonnement de voir un jeune prêtre se plonger
dans de pareilles recherches. Je lui expliquai alors des quatrains. Il appela un
jésuite qui était dans la salle et je repris mes explications. Elles furent accep-
tées. Puis je montrai la ruine du pouvoir temporel par Napoléon III et la mort
de celui-ci à Biarritz. — J'irai vous parler plus longuement de cela chez vous,
dis-je au jésuite. — Non, Monsieur, répondit-il vivement, gardez votre barri-
que de poudre ; vous nous feriez sauter. Du reste, nous avons dans notre maison de Lyon l'explication de quatrains sur les derniers Valois ; ils nous ont
donné foi en Nostradamus. — Je ne puis taire à la police ce que vous venez de
nous dire, reprit M. Gergerès. Comme je me récriais, il fut convenu que le jour
même, je parlerais de Nostradamus au cardinal Donnet.

Je n'avais pas l'honneur de le connaître. Des prêtres faisaient antichambre
à sa porte ; ils me laissèrent passer.—Eminence, dis-je en entrant, M. Gergerès
me dénoncera à la police si vous refusez de recevoir la communication que je
viens de lui faire.... Après vingt minutes, il me dit : Je suis plus convaincu que
vous ne paraissez l'être. Laissez-moi vos manuscrits et revenez dans quinze
jours. Quand je revins, il me demanda la *Vie de Napoléon III* pour l'Empereur.

Plus tard, M. Gergerès me dicta une lettre à l'Empereur où on lit : Sire,
c'est un événement ! J'ai gardé cette lettre. Ce qui a suivi n'a point détruit la
foi en Nostradamus chez le bibliothécaire, le jésuite et le cardinal qui ont pu
trouver dans ce prophète une direction pour la vie politique et religieuse :

L'Union (1 juillet 1874) : » Le procureur général de Nancy eut recours au
dossier du procès du *Christ et César* contre l'abbé Bénard. Celui-ci déconcerta
ses juges en leur racontant les incidents de ce procès curieux et les terrifia en
leur lisant à son tour, la lettre du cardinal Donnet qui approuve son ouvrage
en termes flatteurs et annonce ruine, honte et châtiment aux persécuteurs de
l'Eglise de tous les temps et de tous les pays (c'est ce que lui avait dit Nostradamus). »

L'Union (7 août 1871) : *Journal d'un aumônier militaire* : « Je me pré-

(1) MM. Chabauty, Ponroy, etc., ont « turlupiné le traducteur jusqu'au calembour (Torné) » et
tous les ennemis du prophète ont répété le calembour de Jodelle (Nostradamus). On disait à Rome
pendant le Concile qu'il y avait en Mgr Dupanloup DU PAON et du LOUP. Je ne me suis permis un
jeu de mots qui s'est présenté de lui-même ou parce qu'il rendait énergiquement ma pensée en me
rappelant ces paroles de Mgr Dupanloup : « Tu es PIERRE et sur cette PIERRE je bâtirai mon Eglise.
On sent dans ce jeu de mots singulier je ne sais quelle assurance familière et toute-puissante, je ne
sais quelle complaisance divine de langage. Cette sorte de jeu de mots est fréquente dans l'Ecriture
(voir LE ROY BLANC ET LA FUSION, p. 87). »

sentai chez Mgr l'archevêque de Reims qui me parla avec une émotion profonde de la situation de la France. Mgr Landriot entrevoyait déjà nos désastres futurs; je le croyais alarmiste, il n'était que juge éclairé de l'état de notre société (pour avoir entendu Nostradamus). »

L'abaissement prédit est arrivé, le triomphe prédit arrivera.

RÉPONSE A QUELQUES CRITIQUES

QUE SOULÈVERA *Nostradamus éclairci*.

Ceux qui connaissent l'ensemble de mon travail accepteront cette brochure telle qu'elle est. Les autres feront certaines réflexions auxquelles il est utile de répondre : 1º l'auteur manque de respect envers l'autorité religieuse ; 2º il se dresse un autel ; 3º il n'a aucune charité pour le prochain.

Un homme d'âge avancé et de vraie science, tenu à une grande circonspection par le milieu où il vit, la place qu'il occupe dans le gouvernement, l'influence morale qu'il exerce autour de lui, suit mon travail depuis des années et le répand. Il m'écrivait le 3 août 1873 :

« J'ai lu le livre de l'abbé Chabauty... Comme en matière prophétique et religieuse, Dieu développe ou restreint à son gré le sens intellectuel de chacun de nous, je n'ose pas affirmer que ce prêtre est de mauvaise foi, mais on le croirait cependant, en lisant la critique qu'il fait des centuries et de votre traduction.

» Il faut remarquer que les gens qui s'attaquent au Prophète et qui prétendent qu'on peut voir dans les quatrains tout ce que l'on veut, ont soin de signaler les plus obscurs et se gardent de faire mention de ceux qui sont limpides de précision et de clarté.

» Je serais curieux de savoir ce que pense ce prêtre de votre *Essai d'interprétation des présages* qui termine si heureusement votre dernière lettre sur Mac-Mahon ?

» Certes, vous n'avez pas eu besoin de torturer les dictionnaires grecs et latins pour faire saisir le sens de ces présages si clairs et si précis !

» Et l'on veut dénier le don de prophétie à Nostradamus qui a écrit ces choses il y a 300 ans ! et l'on prétend comme le fait ce prêtre que vous faites, vous, Monsieur l'abbé, en l'interprétant, un travail inutile et même préjudiciable aux intérêts religieux !... »

M. Chabauty a lu la *Lettre* MAC-MAHON et l'ESSAI D'INTERPRÉTATION DES PRÉSAGES qui l'accompagne. Il s'est « gardé encore de faire mention des quatrains qui sont limpides de précision et de clarté » et il s'est tu absolument sur l'ESSAI D'INTERPRÉTATION DES PRÉSAGES. Il ne dit mot non plus de l'interprétation des présages qui forment deux récits suivis sur LA FUSION dans LE ROY BLANC. Il « dénie le don de prophétie à Nostradamus » et il affirme plus que jamais que mon « travail est inutile et même préjudiciable aux intérêts religieux ». Il savait que bien des chefs de l'Eglise s'étaient prononcés en faveur de ce travail quand il a dit : « Nous conseillons à tous de ne point s'en occuper ». Les plus grandes autorités ne sont donc rien à ses yeux ?

Instruit de presque tous mes rapports avec l'Eglise par ma lettre du 6 avril, Mgr Dupanloup les regarde aussi comme sans importance, et, tout en déclarant qu'il ne connaît rien de mon travail, qu'il n'a « aucun goût pour l'étude de ces hiéroglyphes », il prononce que l'on n'y trouvera rien pour la vie politique et religieuse».

Cette lettre particulière de Mgr Dupanloup et l'article du *Français* m'obligent à revenir sur ma visite à l'évêché d'Orléans :

M. l'abbé Lagrange voulut me présenter à un laïc qui entrait dans la salle où nous étions. Ce qu'il dit du comte de Chambord, du général Cathelineau et des Chevau-légers fut accueilli par un mouvement d'épaules du visiteur qui passa outre. Pendant que je faisais antichambre, un ecclésiastique vint me regarder sous le nez sans m'adresser une seule parole et entra dans la salle à manger. Lorsque Mgr Dupanloup m'eut dit qu'il ne connaissait rien de mon travail, je repris: D'après la *Lettre pastorale* vous aviez pourtant sur votre table plus de 20 brochures prophétiques. — Oui, mais je n'en ai ouvert aucune.

Il y avait un si profond dédain dans la voix de l'évêque quand il me dit, en faisant deux pas en arrière: A l'honneur de vous revoir, que je ne pus m'empêcher de répondre: Si nous ne devons jamais nous revoir que dans des circonstances semblables, il sera plus digne de vous et de moi que nous ne nous revoyons jamais. — Déjà fini? s'écria un ecclésiastique en éclatant de rire. — Personne ici ne croit aux prophéties (modernes), me dit M. Lagrange, en me reconduisant.

Cinq évêques avaient donné leur approbation aux *Voix prophétiques* de l'abbé Curicque. Ils ne se prononçaient pas évidemment sur la valeur de chacune de ces prophéties, mais ils approuvaient la pensée qui avait porté l'auteur à dire au public: « Espérez, Dieu nous a fait des promesses de salut ». Mgr Dupanloup n'a donc pas craint de condamner ses collègues dans l'épiscopat en se prononçant autrement qu'eux. Le 7 août dernier, un religieux m'a écrit :

« Ni théologiquement ni historiquement la lettre de l'évêque d'Orléans n'est dans le vrai... Je sais de bonne source l'estime que l'on fait à Rome de cette lettre pour laquelle l'évêque d'Orléans a sollicité vainement une approbation qui n'est pas venue et qui ne viendra jamais. »

Le *Journal de Florence* du 7 août a repris la publication du catalogue de mes livres après l'avoir suspendu depuis le jour où je lui avais fait parvenir les premières feuilles de NOSTRADAMUS ÉCLAIRCI ou *Nostradamus devant Mgr Dupanloup* Il faut bien reconnaître que la politique, plus que la religion, inspire malheureusement certains actes et certaines paroles même chez ceux qui ont reçu de Dieu la mission d'instruire les peuples :

—Je souhaite au comte de Chambord autant de bon sens dans toute sa personne que l'Empereur en a dans son petit doigt, avait dit un jour publiquement un évêque qui pourtant encourageait mon travail d'interprétation. — Ce qu'il faut à la France, c'est le duc d'Aumale à la place de Mac-Mahon ; le royaume des cieux est seul digne d'Henri V, dit un autre publiquement encore. A mon retour de Rome, j'avais dit à ce dernier: Défendez-moi, au nom de Dieu, de poursuivre mon travail et je le laisserai de côté (le supérieur du grand séminaire m'avait écrit qu'on allait me nommer à un poste qui prendrait tout mon temps).— Je ne puis, me fut-il répondu. J'avais dû lui raconter mon voyage à Rome où ces deux évêques passaient pour avoir les mêmes principes que Mgr Dupanloup en politique et en religion. Les pierres crieraient: Gloire à Dieu ! s'il n'y avait des enfants pour le faire par entraînement.

Non, je ne perdrai jamais le respect dû au caractère épiscopal ; mais n'ai-je pas le droit de demander qu'on respecte aussi en moi le caractère sacerdotal, et que l'on compte un peu avec le travail d'un homme qui doit vouloir que «les princes des prêtres» ne soient pas encore les derniers à reconnaître que « le royaume des cieux est venu jusqu'à nous ».

Non, je ne me dresse pas un autel; mais pourquoi tairais-je aujourd'hui des faits qui reportent à Dieu le mérite de mon travail, qui m'ont laissé convaincu jusqu'à ce jour que je n'avais rien à redouter tant de l'autorité civile que de l'autorité religieuse et qui ont été ainsi pour moi les meilleures preuves et de la protection divine et de ma mission comme traducteur :

M. Desclaux, maire de la Clotte, suivait avec intérêt mes interprétations. Un jour qu'il vint me demander un *Te Deum* pour la bataille de Magenta, je lui montrai sur la carte le mot *Buffalorra* auprès de *Magenta*. — L'Empereur était à *Buffalorre* pendant la bataille, me dit-il. Je lui fis lire alors ces mots écrits depuis plusieurs mois: Napoléon III, victorieux auprès de Buffalorre entrera dans Milan (« Apparoistra auprès de Buffalorre... entrer dedans Milan...»)—Il marche sur Milan, me répondit-il. Il savait à l'avance le résultat de cette campagne après un combat meurtrier sur « le territoire mantouan (Solférino) » : annexion de la Savoie, les Légations soustraites à Pie IX, la révolution à « Naples, Palerme, Ancône, Venise, Rome» etc. etc.

Son fils tomba malade. Le docteur Lafargue le jugea perdu.— La prochaine crise l'emportera, me dit le père désespéré, au moment où je le quittai pour chanter la grand messe. Il avait la fièvre typhoïde. Je chantai ces mots de l'Evangile du jour (XXᵉ dimanche après la Pentecôte) : Un seigneur demanda à Jésus de guérir son fils qui s'en allait mourir... Jésus lui dit: Va, ton fils se porte bien... La fièvre le quitta. » Des sanglots interrompirent plusieurs fois mon chant et la lecture que je fis après de cet évangile. Tout le monde pleura dans l'église. — Si vos prières et vos larmes obtiennent de Dieu la guérison de cet enfant, ajoutai-je, le père vous devra plus que vous ne lui devez pour 30 ans d'administration de la commune. Le père se jeta dans mes bras, quand je revins auprès du malade, aussitôt la messe. On lui avait dit ce qui s'était passé à l'église. — Il n'a plus de fièvre, me dit-il. — Vous lirez cette évangile qui se termine par ces mots: Et le père crut et toute sa famille.

Plus tard, le curé et le maire se divisèrent au sujet de l'église. Le curé eut la commune pour lui contre le maire qui ne voulait faire aucune réparation à l'église sous prétexte qu'on la rebâtirait tôt ou tard. L'évêché et la préfecture intervinrent. Dieu intervenait aussi d'une façon inexpliquée pour tous. Il fut convenu que le prêtre laisserait la Clotte à la Trinité. Pendant plus d'un mois la paroisse m'entoura de respect et tous les fabriciens écrivirent à Monseigneur qu'ils donneraient leur démission si je laissais la paroisse. Je fus à l'évêché où mon évêque, sans me faire la moindre observation au sujet de ma vie privée (il ne m'en avait point fait auparavant, et ni lui ni son successeur ne m'en ont fait depuis), m'engagea vivement à revenir sur ma détermination de laisser le ministère. Mon successeur était déjà installé ; je promis d'accepter un nouveau poste. Le jour même où je donnai cette parole, Mgr Landriot me fit écrire :

« 10 juin 1865. Sa Grandeur a pensé qu'il vous serait agréable de connaître sans retard le poste qu'elle vous destine. La paroisse du Pin, près de Saint-Jean d'Angély....»

J'écrivis que ce poste était connu de mes paroissiens par les rapports désavantageux qu'en avait faits, en en prenant possession, dix ans auparavant, le prêtre que j'allais remplacer et qui avait habité auprès de la Clotte; qu'on me croirait en disgrâce. Il me fut répondu aussitôt :

« 16 juin. Puisque vous éprouvez de la répugnance à aller au Pin, Sa Grandeur est disposée à chercher le moyen de vous placer ailleurs. »

Presque aussitôt, un prêtre avec qui j'avais passé 13 ans au petit séminaire de Montlieu, ayant été son élève, puis son collègue dans le professorat, m'apprit qu'il était précisément du Pin où il passait les vacances chez ses parents, que cette paroisse était sur un meilleur pied qu'à l'époque de l'installation de M. Douet et qu'elle me conviendrait en raison du temps qu'il me fallait pour continuer mon travail d'interprétation. Je rapportai à l'évêché cette conversation de M. de Meschinet, en disant que j'accepterais le Pin. Je reçus cette réponse :

« 23 juin. Sa Grandeur vous nomme de nouveau au Pin, conformément à votre demande. J'avise M. Douet de cette nomination....»

En passant par Saint-Jean d'Angély, j'entendis nommer *Saint-Denis-du-Pin* ma paroisse. Mes paroissiens me la nommèrent *Saint-Denis-du-Pin*. Je ne fis pas la remarque que je devenais « Denys ». Ce n'est que plus tard qu'on me le fit remarquer à Libourne dans la famille Bilhon. Mgr Landriot ne put s'empêcher de me dire à ce sujet: Dieu l'a voulu. — Oui, *Dieu avait tout conduit !* M. Desclaux, sa femme et sa sœur moururent peu après. J'eus la consolation d'apprendre que mon ancien maire avait dit : Si M. Torné me savait malade, il accourrait auprès de moi (1).

Je puis paraître manquer à la charité quand je découvre les misères du moment. Pourtant je suis sans rancune, et indifférent à la louange, je le suis plus encore à l'offense. L'imprimeur-libraire de Poitiers ne m'aurait pas traité comme il l'a fait si je ne lui avais donné la preuve qu'on peut se permettre tout à mon égard :

Au mois de Juin 1871, son correspondant à Paris m'avait pris de la main à la main tous les exemplaires des *Lettres du grand Prophète* que j'avais portées à Paris. Il me demanda d'en faire venir 100 autres le jour même. Il achetait à 50°/₀ payable aussitôt livraison. Le lendemain, il me donna en paiement de ce que je lui avais livré, un billet belge. On le refusa à l'hôtel. Je le reportai au libraire qui me dit : Vous le placerez à Saint-Denis-du-Pin si vous ne pouvez le placer à Paris. — Vous plaisantez? — Reprenez votre grand Prophète. Il me paya les exemplaires déjà vendus aux clients et me remit les autres. Je les portai à M. Ruffet qui retint les 100 déjà demandés chez moi. Le premier libraire me promit de les lui faire porter aussitôt leur arrivée à Paris.

M. Ruffet m'écrivit bientôt qu'il manquait la vente des *Lettres* parce que les 100 exemplaires n'arrivaient pas. Je l'adressai à son collègue en librairie qui déclara n'avoir rien reçu. L'administration du chemin de fer m'écrivit qu'il avait pris livraison. Je lui envoyai successivement MM. d'Harcourt et Grasilier. Après six mois, quand je me présentai moi-même, il me dit enfin : J'ai reçu et j'ai vendu. Réglons. Il me donna 450 fr. au lieu de 300. Mais durant six mois je n'avais pas expédié à Paris un seul exemplaire des *Lettres* dans la pensée qu'on retrouverait cette caisse. Cette étrange aventure m'arriva précisément au moment où l'attention de tous se portait sur les prophéties. Je perdis là des milliers de francs. Je subis facilement toute perte d'argent.

Un évêque qui m'avait donné l'hospitalité entra de grand matin dans ma chambre et me dit avec le ton de la prière : Avez-vous besoin d'argent ? — Non, Monseigneur, j'ai sur moi les cinq sous du Juif-Errant.

Quatre libraires dans une seule ville m'ont fait banqueroute sans même me rendre les dépôts de mes livres. J'ai pu en racheter un. — Ne parlez pas de règlement à ce malheureux paralysé, me fut-il dit chez un autre libraire de la même ville. Je n'ai pas remis les pieds chez lui. Je rencontrai un des faillis. — Pourquoi ne m'avez-vous rien dit de votre embarras ? lui dis-je. — Je craignais de vous faire de la peine, me répondit-il. — Au contraire, j'aurais partagé la vôtre. Je n'ai fait de reproche à aucun.

Il y a peu de mois, un autre libraire m'instruisit de sa faillite. Il m'avait compté 15 fr. plusieurs années auparavant et m'en devait encore 235. Je le trouvai, lui aussi, paralysé. Nous nous embrassâmes comme de bons camarades de classe, et depuis je n'ai entendu parler de rien.

Hier, j'ai reçu une lettre chargée contenant 106 fr. Aujourd'hui l'imprimeur m'envoie les épreuves de la feuille 8 et ces mots : Il y aurait 5 pages de plus interlignées. J'écris quelques pages pour former une nouvelle feuille du moment que l'argent est arrivé. Je lui avais dit avant-hier de tout désinterligner car je ne voulais pas dépasser 8 feuilles. Les cinq sous du Juif-Errant me sont revenus. Mon mobilier est à la Clotte depuis 9 ans. Ma table de travail est une porte supportée par des bûches. Je suis devenu *l'homme d'un seul livre*.

Combien de fois ai-dit : Dieu me l'a donné, Dieu me l'a ôté, que son saint nom soit béni ! Je répète ces paroles quand des personnes qui se sont offertes d'elles-mêmes pour me seconder, se retirent soit par crainte, soit parce

(1) Samedi dernier, jour de l'Assomption et renouvellement de la première communion, j'ai fait la procession du Vœu de Louis XIII par le chemin qu'on nous avait interdit. Il n'y a pas eu de protestation. Le propriétaire de la pièce m'avait dit, quinze jours auparavant, en maintenant sa volonté de ne laisser qu'un mètre et demi : Je vous donnerais tout mon sang... Aussitôt son fils et sa fille tombèrent malades. Et comme le fils ne pouvait marcher et s'aider d'un bras, on se rappela mes paroles au sujet du Christ dont les bras et les jambes s'étaient brisés. Les enfants sont guéris. Mes paroissiens m'avaient entendu dire qu'un habitant de l'île de Ré eut les yeux complètement mangés par des vers après avoir percé les yeux d'un Christ avec une tarière, en 1793.

qu'elles voient les rives d'Ithaque fuir devant elles. Qu'on examine ma conduite et l'on verra que je n'ai qu'un but : le bien de mes frères. Bienheureux
celui qui ne se scandalisera pas à mon sujet, il trouvera dans « le divin verbe »
la voie, la vérité et la vie.

Un religieux m'écrivait le 31 décembre 1872 :

« Si la prophétie est une mine pour vous, vos ouvrages sont une mine pour
moi. J'y puise depuis douze ans, et dans vingt ans je ne les aurai pas épuisés.
Ils sont une nourriture forte et substantielle pour mon cœur et pour mon
intelligence. Jamais je ne pourrai assez remercier le bon Dieu de la grâce
qu'il m'a faite de vous connaître vous et votre œuvre à laquelle je reste et
resterai à jamais attaché d'esprit et de cœur. Je ne crois pas que vous puis-
siez trouver de disciple plus dévoué. Que ne puis-je vous rendre de meilleurs
services ! On a remarqué que vous traitez un peu rudement M. l'abbé Chabauty... »

L'homme du monde qui m'écrivait le 3 août 1873 qu'il était peu
porté à croire à la bonne foi de M. Chabauty, (p. 134) ignorait que
je publiais *Nostradamus éclairci* quand il m'a écrit cette nouvelle
lettre qui complète ma brochure à divers points de vue et *l'éclaircit* :

Miélan, le 8 août 1874.

Monsieur l'abbé.
« Faute de nouvelles publications de l'interprétateur, je relis les anciennes,
grâce à quelques instants de loisir que je n'avais pas eus depuis plusieurs
années.
« Cette fois ma lecture ne se fait pas à la course, mais posément et en
recourant aux textes cités... Le volume des *Lettres du Grand prophète* (publié en 1870-1871), malgré des erreurs relatives d'ordinaire à la mort de Napoléon III, mérite d'être relu. J'ajoute qu'il mérite une très-grande considération,
non seulement à raison de l'annonce de faits qu'il était humainement impossible de prévoir, mais encore pour l'enchaînement des idées, pour l'indication
surtout des motifs qui ont porté le prophète à rapprocher des quatrains concernant des périodes de notre histoire présentant une certaine similitude de
catastrophes ou de triomphes. Puis quel heureux choix de citations !
« Il est vrai que l'on retrouve à chaque instant la confirmation des expressions employées, il y a 300 ans, par Nostradamus pour peindre notre situation
politique.
« Ainsi dans la lettre à Henri II, il dit que le fâcheux état de l'église durera
« *jusques à ce que naistra d'un rameau de la stérile de longtemps qui
délivrera le* PEUPLE *univers de celle* SERVITUDE *bénique et* VOLONTAIRE *soy
remettant à la protection de Mars* »
« Ces mots SERVITUDE VOLONTAIRE étaient tellement exacts pour peindre
l'état de la France sous Napoléon III et le seront si bien pour désigner la situation sous le règne du fils, que *Jules Janin* les a employés lui-même en
1861 pour la même cause. Voici, en effet, ce que j'ai lu dans la *Gironde* du 30
juin 1874. Je cite textuellement :
« Dans son feuilleton de l'*Indépendance belge*, M. Jules Clarétie raconte
l'anecdote suivante sur Jules Janin :
« Il aimait la liberté à la passion. Et lui, cet homme bon et sans fiel, il
» savait haïr avec vivacité toute tyrannie... Jules Janin n'était pas un républi-
» cain, mais, encore un coup, il adorait la liberté. Nous nous rappelons avoir
» vu sous l'empire, exposé chez un libraire du passage des Panoramas, un
» exemplaire du livre de Jules Janin, sur *Rachel et la Tragédie*, ouvert à la
» première page et qui portait cette dédicace : A mon ami... (le nom avait été
» soigneusement effacé). Souvenir affectueux, et comme date :
« *1861, l'an 9 de la servitude volontaire du peuple français.* JULES
JANIN. »
« Ainsi Nostradamus et Jules Janin ont désigné l'un et l'autre le régime de
l'empire de Napoléon III et IV par ces 3 mots :

LA SERVITUDE VOLONTAIRE DU PEUPLE.

« Seulement Nostradamus a complété la peinture de la situation en ajou-
tant « univers » : C'est, en effet, le suffrage *universel* qui s'est mis et se remettra sous cette servitude volontaire (p. 114).

« La *Gironde* m'a fait connaître l'usage qu'a fait de la lettre de Mgr Dupanloup un de nos libres penseurs.

« C'était inévitable. Pourquoi, à propos des prophéties modernes, parler de *faux miracles*, de *prétendues révélations orales*, convaincus de mensonge ? Une prophétie a-t-elle été écrite ou imprimée il y a longues années et les faits annoncés se sont-ils réalisés ? Tout est là pour décider de son mérite. Pourquoi faire comme Mgr Dupanloup, à propos de prophéties, une narration de faux miracles et terminer sa lettre par un conseil général de suspicion ? Voici le fruit de cette malheureuse lettre de l'évêque d'Orléans :

Gironde, 20 juin 1874. — Correspondance. M. Jules Girard, auteur des MYSTÈRES DE LOURDES, nous adresse la lettre suivante :

« Je publie à Bordeaux, un ouvrage historique intitulé les MYSTÈRES DE
» LOURDES et pour lequel j'avais fait faire ces jours derniers des affiches
» timbrées. M. le Maire de l'ordre moral et M. le Préfet interdisent l'affichage
» de mes placards. Voici le libellé de l'affiche incriminé par nos deux fonc-
» tionnaires à poigne: Les mystères de Lourdes, etc. Les 9e, 10e, 11e, 12e et 13e
» livraisons contiennent, en parallèle avec ceux de Lourdes, les récits histo-
» riques et juridiques de l'affaire de la Salette, l'un des plus curieux procès
» de notre époque et dont la publicité fut interdite... J'avais fait remarquer à
» M. le Maire que Mgr Dupanloup, évêque d'Orléans, avait dans une lettre
» adressée au clergé de son diocèse, flétri encore plus énergiquement que
» je n'avais pu le faire moi-même les exploiteurs de miracles et tous ceux
» qui les font. Il me répondit que pour cela il ne s'en rapportait qu'au pape
» et quand il avait un conseil à prendre, ajouta-t-il, c'était le cardinal, Mgr Don-
» net, qui dirigeait en ce cas sa concience ».

« Je pense, Monsieur l'abbé, que les mots du quatrain V. 59 concernant *l'estoîle en barbe* se sont réalisés. Quoique dans le récit de MARS LE NEVEU (657), vous ayez écrit « Quand en Artois *saillir* estoile en barbe », l'édition de Pierre Ruau et toutes les autres portent *faillir*. Ainsi la comète devait faire défaut, cesser d'être visible le 15 juillet, jour de la St Henri ou *d'Artois*. C'est ce qui a eu lieu exactement pour la comète Coggia (voir *Gironde*, 4 août 1874).

« Quand à l'obstination du chef Anglois à rester au pouvoir, elle est, Dieu merci ! visible...

« Comme le présage XXXIX *May* que vous indiquez dans votre dernière note sur Mgr Dupauloup (voir l'interprétation, p. 113) donne admirablement le récit de la dissolution de l'Assemblée (vacances), de l'échec de toute tenta-tive d'établissement de gouvernement défini et du mouvement spontané qui portera les esprits vers le jeune roi se trouvant dans l'*Isle* ! (1) Si tous les présages étaient aussi clairs que celui-ci, on pourrait les interpréter pas-sablement. Mais il fallait l'indiquer et vous seul l'avez fait. Pardon de ce bavardage... »

Il me faudrait moins de temps pour démontrer à M. Jules Girard que Nostradamus est prophète et lui faire accepter les quatrains sur la Salette et Lourdes qu'il ne lui en a fallu pour trouver dans la Lettre pastorale de Mgr Dupanloup la condamnation des « ex-ploiteurs de miracles et de tous ceux qui les font ».

Ce que dit mon correspondant au sujet de la comète est exact :

---

(1) L'UNION, 19 août. L'ÉLECTION DU CALVADOS : Au 8 février 1871, les royalistes tiennent la tête de la liste avec 75,000 voix. De bonapartistes, il n'en est pas question. « En 1872, un de ces royalistes meurt. Il est remplacé par un républicain modéré... Le candidat bonapartiste avait eu 2,500 voix. L'Empire ne semblait ni possible, ni tolérable. Pourquoi aujourd'hui le candidat bona-partiste a-t-il 40,000 voix ?... Le nouvel élu du Calvados est déjà en route pour Arenenberg. Il va porter ses lauriers aux pieds de l'élève de Woolwich. Un peu plus, il se serait rencontré avec M. Bazaine, évadé.. »
L'élu en MAY alla trouver « le jeune ROI au grand Neptune ». Mais « le jeune prince a laissé l'isle de la captivité. » J'avais dit (p. 84) que ces mots du présage pour AOUST étaient au moment de s'accomplir : « L'édit, arrest, et griève loy cassée. » On voit dans un autre présage pour AOUST (LXIIII): « Mort et saisi, des nonchalans le change, S'eslongnera en s'approchant plus fort... » Nostradamus qui a parlé de la « trahison » de celui qui devait arrêter « le Lorrain déluge » ou de Bazaine, nous dit que celui qui fut condamné à « mort » puis « saisi » pour 20 ans, devait s'échap-per au mois d'Août.

toutes les éditions portent « faillir ». Je l'avais fait observer dans
la *Réédition* (p. 315) en n'indiquant nul changement pour le quatrain V, 59, et j'avais bien laissé « faillir » dans les *Lettres du
grand prophète* (p. 102) en donnant les deux quatrains sur le
« chef anglois, prince anglois ». Si j'ai mis « saillir » aux numéros
727, 809, c'est que ma pensée s'était reportée à la prophétie de
Balaam : *Une étoile sortira de Jacob*. Mais cette allusion subsiste
avec « faillir ». Elle sortira d'Artois avant de faillir en Artois. *Apparue* pour les habitants de l'Artois « vers le septentrion non loin
de Cancer », elle a disparu pour eux le jour même de la fête de
Henri V d'Artois (« Chyren Arras »). La *comète de la Saint-Pierre*
avait apparu pour eux le jour de la *Saint-Pierre*. Voici qui recule
encore l'epoque où la comète de Coggia disparaîtra pour le monde
entier :

L'Union, 2 août : En ce moment la lune, qui se lève à dix heures, empêche
de bien observer la comète de Coggia. Pourtant la comète approche de son
maximum d'éclat. Vers le 3 ou le 4 août elle sera comparable à la comète de
1861 *(de la Saint-Pierre)*. Elle sera alors 245 fois plus éclatante qu'au moment de sa découverte. A la fin de septembre, elle ne sera plus guère visible
que dans l'hémisphère australe... Sa queue atteindra son maximum d'accroissement d'ici la fin du mois. Le noyau a aujourd'hui plus de 6,437 kilomètres
de diamètre ; la queue doit avoir 6,437,260 kilomètres de longueur. Après M.
Coggia, de Marseille, voici M. Borelly, de la même ville, qui vient de découvrir une nouvelle comète. C'est dans la nuit du 26 au 27 juillet que M. Borelly
l'a observée au nord-ouest, à droite de la Grande-Ourse. Le nouvel astre
errant sera assez beau. (Cette comète est encore « vers le Septentrion et non
loin de Cancer »).

Il est inutile de combattre l'opinion étrange de Mgr Dupanloup
que la croyance aux prophéties modernes conduit à admettre la
fatalité. Mais il est bon d'opposer à sa lettre ces extraits de la
Dissertation sur les Prophéties, par le cardinal de la Luzerne :

« Nous définissons la prophétie, la prévision certaine et la prédiction des
choses futures dont la connaissance ne peut pas être acquise par les causes
naturelles (ainsi parle Nostradamus).
» La prophétie est possible à Dieu ; elle n'est possible qu'à Dieu... Il est
évident qu'il est au-dessus de tout pouvoir humain, non-seulement de diriger
les évènements lointains, mais même de prévoir les causes soit nécessaires,
soit accidentelles, qui dans le cours des siècles, pourront influer en différents
sens sur les futurs contingents, sur ceux spécialement qui dépendront de la
volonté d'hommes qui n'existent pas encore.
» *La prophétie est la parole de Dieu* (« le divin verbe »). Les anciens apo-
logistes du Christianisme ont constamment opposé aux Juifs et aux Païens qui
l'attaquaient, l'autorité suprême des prophéties ; ils faisaient valoir cette
preuve victorieuse, les Justin, les Théophile, les Athénagore, les Clément
d'Alexandrie, les Origènes, les Lactance, les Jérôme, les Augustin. Saint
Irénée déclare que les instructions des prophètes ont dû rendre facile la foi en
Jésus-Christ. Origène dit que Celse a omis à dessein la preuve la plus forte au
sujet de Jésus-Christ, celle des prophéties, parce qu'il sentait l'impossibilité
d'y répondre. Ne croyez pas seulement à mes raisonnements, dit saint Cyrille
de Jérusalem ; vous pourriez croire qu'on vous fait illusion par des sophismes :
ne croyez qu'aux choses qui avaient été prédites par les prophètes. Vous pouvez soupçonner celui qui est présent ; mais quel soupçon peut-on concevoir
sur celui qui a prophétisé plus de mille ans avant l'évènement ? Avant ces
grands docteurs, l'apôtre Pierre, après avoir rapporté qu'étant sur la montagne sainte, il a entendu la voix céleste qui proclamait Jésus-Christ Fils de
Dieu, avait ajouté : Mais *nous avons le discours prophétique qui est encore
plus certain*. Saint Augustin, commentant ce texte, dit qu'en effet la voix prophétique a, pour convaincre les incrédules, quelque chose de plus fort que la
voix même descendue du ciel. On attribuait à la magie les miracles opérés

par Jésus-Christ ; on aurait pu attribuer à la même cause la voix céleste ; mais dira-t-on qu'un homme était magicien avant de naître ?...

» *Une seule prédiction non effectuée démontre que celui qui l'a faite n'est pas l'organe de la Divinité (« Possum non errare, falli, decipi »).*

» En admettant, si on veut, et de complaisance, que le démon ait fait des prédictions, nous dirons d'abord que nous ignorons la mesure de connaissances que Dieu a données au démon sur les choses de ce monde : Ainsi, il serait possible que par ses lumières naturelles, il prévît des événements futurs, auxquels les nôtres ne peuvent atteindre. Cependant il serait, dans cette hypothèse impossible de lui accorder la prévoyance des choses qui dépendent des volontés libres, sur lesquelles il n'a pas de puissance et qu'il ne peut pas connaître... *Dieu n'autorise point des prodiges pour accréditer le mensonge : il doit à lui-même, à ses divins attributs, à sa véracité, à sa bonté, même à sa justice, de prévenir l'erreur funeste où ils entraîneraient...*

» Les prophètes n'observent pas toujours l'ordre dans leurs écrits. Ils passent rapidement d'un objet à l'autre, de la figure à la réalité, d'un personnage à un autre. Nous avons un grand nombre d'exemples de cette confusion : elle tient au génie poétique dont étaient animés les prophètes, et aux mouvements de l'Esprit divin qui les inspirait. Dans les poètes profanes on voit souvent ce désordre apparent. Pindare entre autres et tous les poètes lyriques en présentent beaucoup d'exemples, d'après cela, il ne doit pas paraître étonnant que nous fassions usage, non de membres de phrases, dont nous coupons la continuité, mais de phrases entières qui se trouvent comme isolées au milieu du discours prophétique, et qui n'ont point de connexion avec celles qui précèdent et celles qui suivent.

» Quand Dieu, disent les incrédules, daigne manifester aux hommes des
» vérités importantes à leur bonheur, ce doit être avec une clarté telle qu'ils
» ne puissent les méconnaître. S'il avait dicté des prophéties, elles auraient
» dû avoir un caractère de clarté qui les distinguât de toutes les autres ma-
» nières de deviner l'avenir... Les prophéties qu'on nous rapporte de l'ancien
» Testament sont d'une obscurité à laquelle on ne comprend rien. Ce sont
» des énigmes dont chacun donne le mot à sa guise : les Chrétiens les expli-
» quent d'une façon, les Juifs de l'autre. Ce n'est pas tout encore : les docteurs
» chrétiens sont entre eux dans de continuelles disputes sur cette interpré-
» tation ; et les rabbins hébraïques ne sont plus d'accord dans leurs explica-
» tions : quelle lumière peut-on faire sortir de ces épaisses ténèbres ? »... Ils décident qu'elles sont indignes de Dieu... Nous établirons positivement qu'il y en a dont la clarté est au-dessus de toute contradiction. Car il ne faut pas croire qu'une proposition devienne obscure parce que quelques personnes intéressées auront cherché à répandre des doutes sur son véritable sens.... Le mélange de clarté et d'obscurité dans les oracles divins sont un des traits de la sagesse suprême qui les a dictés. Assez clairs pour persuader l'esprit droit et de bonne foi, elles renferment assez d'obscurité pour n'être pas aperçues des esprits obstinés qui n'y cherchent que des difficultés, et qui sont punis de leur haine pour la vérité par les prétextes de leurs erreurs. »

Nostradamus est pour Mgr Dupanloup un imposteur, et pour le cardinal Donnet, « le grand prophète ». Deux petites histoires expliquent, comme l'a fait le cardinal de la Luzerne, cette divergence d'idées :

Mgr Landriot dit devant plusieurs, à Montendre, au supérieur du petit séminaire de Montlieu, M. l'abbé Rainguet : On voit ce qu'on veut dans Nostradamus. — Qui donnera jamais deux interprétations à ce quatrain, répondit le supérieur :

> Le noir qu'aura de tous les saints le nom,
> Conquestera l'isle Saint Dominique,
> Le blanc qu'accourt au bruit de son renom,
> Le soumettra à la grand République.

— Qu'est-ce que cela peut signifier ? dit l'évêque. — Mais, reprit le supérieur, « le noir qu'aura de tous les saints le nom » est le nègre Toussaint-Louverture qui a conquis l'île Saint-Domingue : « Conquestera l'isle Saint-Dominique ». Le général Leclère, un blanc, est accouru et l'a soumis à la République française : « Le blanc qu'accourt au bruit de son renom, Le soumet-

tra à la grand République » — On voit ce qu'on veut dans Nostradamus, répéta
l'évêque. — Oh ! Monseigneur, reprit l'abbé Rainguet, voilà bien le parti pris,
car ce quatrain n'est pas de Nostradamus et il a été fait depuis la soumission
du noir Toussaint.

La France nouvelle fit son article contre Nostradamus, peu de
jours après le 9 janvier 1873. Ce journal légitimiste et religieux
donna la main pour cela à un radical irréligieux, rédacteur du
Messager de Mirande, et annonça son NOSTRADAMUS DÉMASQUÉ.
Voici des extraits de la *France nouvelle* :

« On croit encore aux revenants, aux loups-garous, aux esprits-follets et
aux prédictions de Nostradamus. De tout temps, il est vrai, les sots ont formé
la majeure partie du genre humain, et dans tous les pays, il s'est trouvé des
charlatans pour exploiter la bêtise humaine... Pour donner une idée des ba-
nalités contenues dans les centuries, nous reproduisons les vers suivants. —
Comprenne qui voudra ou plutôt qui pourra ! :

> Quand le fourcheu sera soustenu de deux paux,
> Avec six demy cors, et six ciseaux ouverts ;
> Le très-puissant seigneur, héritier des crapauds,
> Alors subjuguera sous soy tout l'univers.

» O bêtise humaine, seras-tu donc toujours la même ! Croiras-tu donc des
charlatans.. L'histoire d'une main et les folies de Nostradamus de l'autre, on
peut en changeant les lettres, construire en entier la silhouette du fameux
Gambetta, désigner dans le livre prophétique par ces mots significatifs :

> Le grand criard sans honte audacieux,
> Sera esleu gouverneur de l'armée,
> La hardiesse de son contentieux.
> Le pont rompu, cité de peur pasmée.

» On le voit, cette prophétie est de toute exactitude ; mais elle a un défaut
capital : celui d'avoir été faite après coup. Au moins M. Thodar (du *Messager
de Mirande*) l'avoue ; un charlatan ne l'avouerait pas ». ANATOLE POSSON.

Le quatrain : « Le grand criard » que l'on dit avoir été fait après
coup est dans *toutes* les éditions des Centuries et le quatrain :
« Quand le fourcheu » que l'on dit être de Nostradamus est surmonté toujours de ces mots : *Adjousté depuis l'impression de 1568.*
Il est rejeté après le dernier quatrain de la dernière centurie d'un
homme mort en 1566 et dont les vers dans les centuries ont 10
pieds et non 12. Les attaques contre Nostradamus tournent toujours à la honte de leurs auteurs.

—————

ERRATA

P. 29: De coq et d'aigle... — Louis XVIII et Charles X.
P. 32: Qui avait fait contre lui sept ligues continentales.
P. 38: Se promenaient dans le jardin du Temple.
P. 39: *Spectabilis*, 1° visible ; 2° titre d'honneur...
P. 46: Henri V est « l'Iris *qui* par quarante ans n'apparoistra ». Il
s'était montré à Chambord, le 5 juillet 1871, avant la fin de
la 41° année d'exil. Le *Dieudonné.*
P. 62: Elle concordera toujours avec les autres. Ses termes va-
gues permettent de la faire commencer et finir quand on
veut (!!!).
P. 84: Dieu) de tous ses honneurs et dignitez (1) »....
(à la note) « *péremptoirement* » et ce ministère a été dislo-
qué avant.
P. 85: Le *vrai nombre de la bête* dans M. A. CHABAUTY, ABBÉ, CHA-
NOINE...

P. 120 (à effacer): Comme interprétations justifiées, p. 45.
P. 126 (à effacer): Comme interprétations justifiées, p. 45. (Le titre:
   FAITS PARTICULIERS AU PROPHÈTE ET AU TRADUCTEUR de-
   vrait être 8 lignes plus bas).
P. 128: Lignes de la *Lettre* LA SALETTE ET LOURDES.

TABLE DES MATIÈRES

Commencé le 5 juin, déposé le 24 août 1874.

Imprimerie de Pons (Charente-Inférieure). — Noël Texier.

www.ingramcontent.com/pod-product-compliance
Lightning Source LLC
Chambersburg PA
CBHW070944100426
42738CB00010BA/1996